감리교회와 에큐메니칼 운동

The Korean Methodist Church
and Ecumenical Movement

감리교회와
에큐메니칼 운동

초판 1쇄 2017년 2월 2일

기독교대한감리회 선교국 에큐메니칼위원회 엮음

발 행 인 전명구
편 집 인 한만철
지 은 이 박도웅

펴 낸 곳 도서출판 kmc
등록번호 제2-1607호
등록일자 1993년 9월 4일

03186 서울특별시 종로구 세종대로 149 감리회관 16층
(재)기독교대한감리회 출판국
TEL. 02-399-2008 FAX. 02-399-4365
http://www.kmcmall.co.kr

인   쇄 리더스커뮤니케이션

ISBN 978-89-8430-731-5 93230

값 12,000원

이 도서의 국립중앙도서관 출판예정도서목록(CIP)은 서지정보유통지원시스템 홈페이지(http://seoji.nl.go.kr)와
국가자료공동목록시스템(http://www.nl.go.kr/kolisnet)에서 이용하실 수 있습니다.(CIP제어번호: CIP2017001751)

감리교회와 에큐메니칼 운동

The Korean Methodist Church and Ecumenical Movement

박도웅 지음

kmc

감리교회 에큐메니칼 뿌리를 알리고 전통을 회복하다

감리교회는 태생적으로 에큐메니칼하다. 고향산천의 대지나 공기와 같다고 할까? 감리교인이라는 자부심의 뿌리에는 아펜젤러 선교사 이래 이 땅에서 펼쳐온 활발한 사회선교 역사가 있었다. 웨슬리 형제가 어두워가던 영국 사회를 복음으로 밝히고 새롭게 일으킨 역사를 배울 때 나의 자부심은 더욱 커졌다. 신학교를 졸업하고 목회 현장에서도 그러한 확신은 변함이 없었다.

그러나 근래 들어 우리 몸에 잘 맞는 옷이라고 여기던 에큐메니즘이 감리교회 안에서 점점 위협을 받는 것처럼 느껴진다. 에큐메니칼 운동에 대한 오해는 둘째 치고, 그 말을 이해하지 못하는 세대가 등장했다는 소식에 놀랐다. 교실에서 배우지 않더라도 선배들과 우리 사회의 그늘진 곳을 찾아 봉사하며 함께 땀 흘리며 우리는 에큐메니칼 신학을 배우기 전에 에큐메니칼 운동에 참여했고, 에큐메니칼한 삶을 먼저 살았다. 그것이 예수님이 보여주신 삶이라 믿었다. 그런데 에큐메니칼 운동과 신학에 대하여 처음부터 다시 설명해야 하는 시대가 되었다. 어쩌다 이렇게 되었을까?

우리가 에큐메니칼 운동과 신학에 대한 연구와 교육, 치열한 목회적 적용을 게을리한 결과이다. 이제라도 감리교회의 에큐메니칼 뿌리를 알리고 전통을 회복하는 일이 절실하게 필요하다. 그러한 이유에서 에큐메니칼위원회는 박도웅 박사를 통하여 이 책을 출판하게 되었다. 박박사는 감리교회가 배출한 에큐메니칼 학자이다. 학부 시절부터 보아왔기에 그의 품성과 의지를 믿는다. 1990년대 말, 미국 방문 길에 드류 대학교에 들러 유학중이던 박박사를 만난 적이 있다. 이 책은 당시 그가 꿈꾸던 에큐메니칼 신학의 결실이라고 믿는다. 그는 학위를 마치고 조국에 돌아와 세계교회협의회 10차 총회 한국준비위원회에서 감리교회의 파송을 받아 수고하였고, 총회 후 본부 선교국에서 에큐메니칼위원회 활동을 도우며 다시 제네바를 방문하여, 세계교회협의회 도서관에서 이 책의 자료가 될 문서들을 뒤졌다. 그 수고가 고맙다.

그리고 이 책이 완성되었다. 처음 원고를 보았을 때 느낀 감동을 잊을 수 없다. 감리교인인 것이 자랑스러웠던 오래 전 기억이 되살아났다. 우리가 잊고 있었던 에큐메니칼 뿌리를 온전히 발굴해 낸 수고에 감사한다. 그는 감리교회의 에큐메니칼 뿌리를 웨슬리의 목회적 열정과 신학에서 찾아냈다. 오늘 우리가 추구해야 할 복음적 에큐메니즘이다. 한국교회 선교 역사에서 감리교회가 보여주었던 에큐메니칼 정신은 오늘날 감리교회와 장로교회가 한국사회에 전파된 기반이다. 만일 아펜젤러와 처음 감리교인들이 학교와 병원, 고아원과 여성들을 위한 시설 대신 지역마다 마을마다 교회를 짓는 일에 전념하고, 사람이 가득 차면 허물고 또 짓는 일을 반복했다면 어떻게 되었을까? 이렇게 기독교가 성장하기 어려웠을 것이고, 현대사에서 예언자적인 기능을 발휘하지 못했을 것이며, 한국사회의 인정을 받지 못했을 것이다. 그 아름다운 흔적들을 찾아내 우리 앞에 보여주었다. 그리고 지금 우리는 어떤지 묻고 있다. 그 물음은 질책이 아니다. 다시 한 번 웨슬리와 아펜젤러와 함께, 처음 이 땅에 감리교회를 세운 믿음의 선배들과 일치와 연합의 정신을 회복하자는 것이다.

이 책은 우리의 어제와 오늘을 돌아보게 하고, 그 바탕에서 내일을 바라보게 한다. 진작 나왔어야 할 책이다. 우리가 헤매고 있는 신학적 좌표를 찾게 하는 이 책의 발간을 축하한다. 늦었지만 다행이다.

이광섭 목사
감리회 에큐메니칼위원회 위원장. 전농교회 담임

다양성 속에 일치를 추구하는 에큐메니칼 운동

에큐메니칼 운동과 신학이라는 주제를 다룰 때 꼭 필요충분의 조건이 있다. 우선 주제를 이론적으로 꿰뚫어 보고 분석하고 정리하고 요약하여 문서화하는 작업이다. 많은 연구자들과 학자들이 논문형식으로 발표하는 작업이다. 꼭 필요한 조건이다. 그러나 그걸로 충분하지는 않다. 직접 몸으로 마음으로 이 운동에 참여하고 신학 이론의 실천현장에 헌신하여 터득한 바를 함께 기술하는 작업이 있다. 이것이 충분조건에 해당할 것이다.

박도웅 박사가 필요조건과 충분조건을 두루 갖추고 이론과 실제를 연결시키고 정리하여 아름다운 결실로 내어 놓았다. 저자는 우리나라 교회가 WCC 제10차 총회를 유치하기 위하여 준비를 시작한 2009년부터 총회를 치른 2013년을 거쳐 오늘에 이르기까지 총회의 신학적 토대를 수립하는 작업에서부터 대회의 조직운영과 행정적 뒷받침에 이르도록 헌신한 에큐메니칼 신학 이론가요 에큐메니칼 운동 실천가이다. 이것은 입바른 소리가 아닌 박 박사를 지켜본 솔직한 평가이다. WCC를 중심으로 하는 세계적 차원의 에큐메니칼 운동과 신학을 일목요연하게 설명해주고 있어 대단히 고맙다.

에큐메니칼 신학과 운동은 초교파적 차원의 공감대 형성이 기본이다. 이 말을 뒤집어 보면 에큐메니칼 운동에 참여하는 각 교파전통의 특이하며 다양한 요소가 에큐메니칼 공동광장을 아름답고 풍성하게 꾸민다는 의미이다. 그래서 생긴 말이 에큐메니칼 운동이 '하나됨'을 지향하지만 다양성이 존중되고, 다양성이 있기에 아름답게 살아가는 하나의 교회, "다양성 속에서의 하나됨"(unity in diversity)이다. 한 몸에 여러 다양한 지체가 연결되어 각자의 기능을 주체적으로 행사하여 건강한 한 몸을 이루듯이, 여러 다양한 악기가 화음을 내어 아름다운 오케스트라 연주를 해내듯이, 다양성이 화음과 화해와 조화를 통해 내는 음악과 공동체와 살림살이가 곧 에큐메니칼 운동이요, 그곳을 뒷받침하는 이론이 에큐메니칼 신학이다. 여기에는 신학, 선교, 봉사, 교육 등 가능한 기독교적 삶의 영역이 다 해당된다.

그런데 에큐메니칼 운동을 주도하는 주체는 주님의 몸으로 부름받고 보냄받은 교회이다. 교회는 역사적 실체가 되면서 여러 교파전통의 교회로 다양한 옷을 입고 살아왔다. 박박사는 이 책에서 아주 아름다운 교파전통의 하나인 감리교회의 에큐메니칼 정신과 특징과 실제를 일목요연하게 분석하고 있다. 특히 감리교의 창시자인 존 웨슬리의 에큐메니즘을 살피면서 세계적 차원의 감리교 에큐메니칼 운동의 궤적을 살피고, 또 한국 감리교회 첫 선교사인 아펜젤러의 에큐메니즘을 시작으로 하여 한국 감리교회가 걸어온 에큐메니칼 전통과 헌신을 상세하게 언급하고 있다. 이를 계기로 한국의 다양한 교파전통의 교회들이 하나를 이루는 에큐메니즘을 나름의 공헌과 특징들을 제시하는 노력들이 있었으면 한다.

에큐메니칼 운동은 어느 한 곳, 어느 한 때에 머무르지도 고착되지도 않는다. 항상 움직이며 훌륭한 옛 것을 보존하고 계승하며 새 일을 창출해 낸다. 옛 것은 그래서 오래된 미래가 되고, 미래는 오래 전에 생긴 바탕과 연결되어 오늘에 꽃핀다. 에큐메니칼 운동은 교회를 부추겨 약속된 하나님의 나라를 이 땅에 이루라는 명령에 부응하는 운동이다. 그리스도의 오심이 그 시작이고, 그리스도의 다시 오심이 그 끝이다. 우리의 에큐메니칼 운동은 그리스도의 시작과 끝의 '사이 시간'을 살며, 이 속에서 하나님이 결국에는 온 인류와 온 세계를 자신과 화해시켜 하나를 이루실 구원의 사건을 증거하고 스스로 증인되어 살자는 운동이다. 「감리교회와 에큐메니칼 운동」이 이 일에 아름다운 안내자가 되기를 기대한다.

박종화 목사

전 한신대 교수, 경동교회 원로목사

　　13년간의 미국 유학과 목회를 마치고 돌아온 지 8년, 세계교회협의회 (WCC) 제10차 부산 총회 한국준비위원회의 행정사무국장 직무를 마친 지 3년이 흘렀습니다. 돌아보면 신학교 시절부터 저를 사로잡았던 에큐메니칼 신학을 한국과 미국에서 공부하고, 조국에서 개최되는 WCC 총회를 준비하는 일에 참여한 것은 큰 보람과 기쁨이었습니다. 그러나 큰 잔치 뒤에 남겨진 우리의 모습은 잔치 이전과 달라진 것이 크게 없어보였습니다. 오히려 더 많은 과제들이 남았습니다. WCC 부산 총회 이후 감리회 본부 선교국에서 「감리교회와 에큐메니칼 운동」 출판 프로젝트를 시작하였습니다.

　　처음에 감리교회의 에큐메니칼 운동의 역사와 현황, 그리고 전망을 담은 백서를 계획하였습니다. 그 후 목회자와 평신도, 청년, 신학생을 망라하여 에큐메니칼 운동에 대한 이해를 도울 수 있는 교재 성격의 책을 발간하는 것으로 수정하였습니다. 기획부터 시작하여 3년 만에 빛을 보는 책입니다. 읽을수록 부족한 부분이 눈에 들어와 부끄럽기만 합니다. 그러나 한국교회와 감리교회 에큐메니칼 운동의 현재이기에 그대로 세상에 내어놓습니다. 앞으로 발전적 논의의 기초가 되기를 바랄 뿐입니다.

　　저에게 세계교회협의회 부산 총회 한국준비위원회 파송과 본서 출판의 기회를 주신 본부 선교국과 출판을 맡아주신 출판국(도서출판 kmc), 이번 프로젝트 진행에 힘을 주신 에큐메니칼위원회에 감사를 드립니다. 아울러 삶의 모든 과정에서 인내와 사랑으로 함께 해 준 저의 반쪽 김정아와 하나님께서 주신 선물들, 충인, 지인, 충언에게 고마운 마음을 전합니다.

　　좋은 사람들과 환경과 능력을 허락하신 우리 주 하나님께 말로 다할 수 없는 감사와 영광과 찬송을 올립니다. 주님께서 하셨습니다! 주님께 감사드립니다.

박도웅 목사

들어가는 말

•

감리교회가 한국사회와 교회에 든든히 뿌리내리기 시작한 1900년대 초부터 한 세기 동안 감리교회 안에서 에큐메니칼이라는 용어는 자랑스러운 표현이었고, 목회자들과 평신도 지도자들에게 친숙한 개념이었다. 그러나 언제부터인지, 아마도 21세기 들어서면서 심화된 것으로 느껴지는데, 이 말이 감리교회 안에서 낯설거나 사회선교의 한 부분을 지칭하는 용어로 축소되었다. 현대 기독교의 물량적 성장주의의 이면에서 사회적 책임과 약자에 대한 관심이 줄어드는 것과 같은 맥락에서 이해할 수 있을 것이다.

본서는 한국감리교회의 에큐메니칼 전통과 현재 에큐메니칼 선교 상황, 그리고 장기적 관점에서 에큐메니칼 선교의 전망과 비전을 제시하기 위하여 계획되었다. 특별히 지난 2013년 부산에서 열린 세계교회협의회 제10차 총회를 준비하면서 한국의 회원교회(기독교대한감리회, 대한예수교장로회 통합측, 한국기독교장로회, 한국성공회)가 협력하여 준비한 경험을 계기로 감리교회의 에큐메니칼 운동 상황에 대한 정리가 필요하다는 공감대 위에서 출발하였다.

한국 기독교 선교 초기부터 에큐메니칼 운동과 선교의 선구자였던 감리교회가 한 세기 만에 교회연합사업, 즉 에큐메니칼 운동에서 주도권과 영향력을 크게 잃은 상황을 보면서 새로운 인식과 실천의 전환이 필요하다는 공감대가 널리 퍼졌다. 실제로 세계교회협의회 제10차 부산 총회를 반대하는 운동에 감리교회의 목회자들과 교인들이 참여했다는 사실은 정당성의 문제를 넘어 정체성의 물음을 제기한다. 자신의 전통에 대한 무지에 기인하는 것이지만 보수교파와 이단 세력의 무분별한 왜곡과 비난을 분별할 수 있는 신학적 근거들을 제공하지 못한 에큐메니칼 진영의 불성실에도 책임이 있다고 생각한다.

지금이라도 감리교회의 자랑스러운 에큐메니칼 전통과 신앙운동의 뿌리를 재발견하고 회복하는 일은 필요하고 시급한 과제다. 아펜젤러 선교사부터 시작하여 양주삼 초대 총리사를 거쳐 20세기 후반 뛰어난 에큐메니칼 지도력을 꾸준히 배출해 온 감리교회가 에큐메니칼 정신을 다시 회복하고 21세기 한국사회와 교회의 요청에 바르게 응답하기를 소망한다. 감리교회가 민족과 사회의 요청에 응답하는 예언자적 청지기의 사명은 에큐메니칼 운동과 신학, 사역을 통하여 풍성해질 것이다. 개체교회의 복음전도가 웨슬리의 개인성화의 길을 보여준다면 에큐메니칼 운동의 사회선교는 사회성화의 길을 열어가는 걸음이기 때문이다. 단순히 감리교회라는 한 교파의 명예와 위상을 높이는 일이 아니라 한국교회와 사회를 향한 건강한 영향력을 회복하기 위하여 에큐메니칼 운동과 신학의 재정립이 필요하다.

본서는 에큐메니칼 운동의 일반적인 정의와 발전과정에 대한 이해를 공유하는 것으로 출발한다. 먼저 웨슬리를 중심으로 18세기 영국에서 시작된 감리교회 운동이 담보하고 있었던 에큐메니칼 정신과 전통을 고찰하고, 한국교회 안에서 한국감리교회가 감당해 온 에큐메니칼 운동에의 참여와 교회사적 책임을 고찰할 것이다. 1885년 시작된 아펜젤러 선교사의 선교를 감리교회 선교의 차원이 아닌 에큐메니칼 선교의 차원에서 정리하고 평가한다. 아펜젤러에게 기독교와 더불어 근대 학문과 정신을 배운 처음 감리교인들은 그의 신앙과 정신을 따라 자연스럽게 에큐메니칼 사역으로 투신하였다. 아펜젤러에서 시작하여 윤치호, 신흥우, 전덕기, 최용신 등으로 이어지는 감리교인들의 희생과 헌신이 민족의 독립을 염원하는 조선 민중들에 대한 교육과 의료, 복음전도로 나타나는 과정을 서술한다. 이 과정에서 우리는 한국 감리교회가 민족의 암흑기에 빛이 되는 밑거름이 되고, 그 후 한국의 근대화 과정에서 성장과 함께 분배와 정의를 선언해 온 감리교회의 전통이라는 것을 밝혔다.

20세기 후반부터 감리교회는 복음주의와 에큐메니즘을 이분법적으로 생각하면서 선교 초기부터 이어온 감리교회의 사회적 성화, 즉 에반젤리컬 에큐메니즘의 건강한 신앙실천의 모습을 상당 부분 잃어버렸다. 필연적으로 국내외 에큐메니칼 운동과 기구에서 그동안 감당한 지도력과 영향력을 상실하게 되었다. 때문에 선교 130년을 지낸 감리교회가 앞으로 국제 에큐메니칼 운동과 국내 교회연합운동에 있어서 지난 세기 보여주었던 책임과 역할을 회복하고 새롭게 도약할 수 있는 방향을 생각해 보았다.

한 권의 책으로 그러한 과제가 해결될 것이라 생각하지 않는다. 그러나 감리교회의 자랑스러운 전통을 기억하는 사람들이 아직 남아 있는 지금이 감리교회의 에큐메니칼 활동과 목회를 복구할 수 있는 골든타임이라고 생각한다. 존 웨슬리가 오늘 한국에 살아온다면 감리교회를 보고 어떻게 생각할까 생각해본다. 18세기 영국보다 훨씬 더 타락하고 악해진 세상 속에서 그들과 함께 세속화되고 타락한 교회를 보는 것이 아닌지 염려된다.

본서는 세 가지 방식으로 집필하였다. 먼저 웨슬리와 감리교회, 그리고 한국감리교회 역사와 신학에 나타난 에큐메니칼 정신과 전통, 실천적 유산들을 "역사신학적 방식"으로 서술하였다. 필자의 전공이 조직신학인 까닭에 이 부분은 역사신학자들의 선행연구에 크게 의존하였다. 역사신학적으로 상이한 관점이 있을 수 있다는 점을 의식하면서, 목회와 신학에서 진정한 에큐메니칼 정신을 구현한 웨슬리와 감리교회 운동, 그리고 아펜젤러와 한국의 처음 감리교인들의 에큐메니칼 유산들을 분별하였다. 작업은 고단했지만 밭에 묻힌 보화를 캐내는 기쁨이 넘쳤다.

두 번째로 각 시대와 교회 및 기구에서 이루어진 에큐메니칼 운동과 감리교인들의 참여에 대한 평가에 있어서 "조직신학적 분석틀"을 사용하였다. 조직신학적 분석은 역사적 사건과 인물들 사이에 흐르는 철학적이고 논리적인 연관성을 발견하고 그 흐름을 개념화하는 데 유용하다. 신학적으로 에큐메니칼 운동과 신학, 감리교회와 감리교인들의 참여 범주와 방식을 가능한 한 객관적으로 평가하였다.

　세 번째로 에큐메니칼 운동과 신학을 종합하고 전망과 비전의 제시에 있어서 "목회적 관점"을 견지하였다. 에큐메니칼 운동은 세상 속에서 교회를 교회되게 한 신앙실천이었음에도 불구하고 세월의 흐름 속에서 교회와 거리가 생겼다. 이미 대부분의 교회에서 에큐메니칼 목회를 하고 있음에도 불구하고 에큐메니칼 운동에 대한 오해와 거부감이 상당한 이유는 교회적 실천으로 연결되지 못했기 때문이라 생각한다. 때문에 21세기 한국교회 에큐메니칼 운동은 지구적이고 지역적이고 국가적 차원에서 구체적인 현장으로 내려와 개체교회와 교인들의 구체적인 실천의 자리로 연결되어야 한다. 특별히 감리교회는 선교 초기부터 교육과 의료, 사회복지 등의 사회선교를 통하여 에큐메니칼 목회의 굳건한 뿌리를 가지고 있다. 이제 감리교회에 속한 모든 교회들과 교인들의 의식 속에 건강한 에큐메니즘, 웨슬리가 보여준 에반젤리컬 에큐메니즘이 나타나기를 기대한다.

에큐메니칼 운동이란 무엇인가?

세계교회협의회(WCC) 로고

1. 세계교회협의회 총회의 한국 개최

지난 2013년 10월 30일부터 11월 8일까지 부산에서 "생명의 하나님, 우리를 정의와 평화로 이끄소서"라는 주제로 세계교회협의회(The World Council of Churches: WCC) 제10차 총회가 열렸다. 이 총회는 한국 개신교 선교사에 오래 기억될 만한 역사적인 사건이다. 이 부산 총회가 중요한 이유는 기독교 2천 년 역사와 개신교 5백 년 역사에 비교해서 겨우 선교 1백 년을 넘긴 젊은 교회가 세계의 동방정교회와 개신교회 형제자매들을 초청하여 인류와 교회의 문제들을 논의하는 자리를 마련했기 때문이다. 부산과 유치경쟁을 했던 도시는 시리아의 다마스쿠스였다. 사도행전에서 바울의 회심사건에 등장하는 "다메섹"으로 잘 알려진 이 도시는, 이를테면 기독교의 본격적인 출발과 오랜 역사를 상징한다. 그러한 면에서 한국의 부산은 기독교와 거의 상관없는 도시이며, 피선교지 한국의 지방도시라고 할 수 있다. 한국과 부산이 내세울 수 있는 강점은 기독교의 미래, 혹은 미래의 기독교를 상징하는 나라와 도시라는 점이었다. 또한 다종교 상황에서 여러 종교들이 평화적으로 공존하는 가운데 기독교가 자기 정체성을 드러내며 성장한 교회의 범례로 한국교회를 보기 원했다.

이러한 강점으로 한국교회가 2천 년 역사를 내세운 다마스쿠스를 제치고 WCC 총회를 유치할 수 있었다. 덧붙여 세계 유일의 분단국가인 한국에 세계 기독교인들이 모여 평화를 주제로 회의를 함으로 한반도의 평화와 통일을 위하여 함께 기도하는 기회를 만들기 원하는 한국교회의 소망이 있었다. 중동과 아시아, 아프리카 여러 곳에서 국지적으로 발발하는 내전과 갈등을 종식하고 인류의 평화를 위해 기도하는 장소로 한반도는 적절한 장소였다. 아울러 장차 세계를 주도하는 역할이 동북아 지역으로 움직이는 시대적 흐름과 관련하여 중국과 일본을 포함한 한국과 한국교회의 역할에 대한 세계교회의 인식을 반영하는 결정이었으며, 한국의 복음주의나 오순절 전통의 교회들이 에큐메니칼 진영과 서로 이해와 협력 관계 속에서 에큐메니칼 운동의 차원을 확장하고 있다는 점을 세계교회가 긍정적으로 받아들였다는 증거이기도 하였다.

세계교회는 한국의 부산을 세계 기독교인들이 모이는 열 번째 축제의 장으로 결정하였다. 앞에서 정리한 이유들은 단순히 한국이라는 지역에 대한 인정만이 아니라 한국교회와 한국 기독교인들의 신앙적 열정과 에큐메니칼 정신을 인정한 것이고, 앞으로 한국교회가 감당할 에큐메니칼 사역을 격려하는 것이었다. WCC 부산 총회에는 한국교회에 대한 세계교회의 긍정적인 평가와 높은 기대가 담겨 있다고 볼 수 있다.

WCC 총회를 유치하여 성공적으로 총회를 개최했음에도 불구하고 한국교회가 기대했던 한국교회 에큐메니칼 운동의 발전과 이해의 확산이라는 가시적 성과를 쉽게 찾아보기 어려운 것이 현실이다. 그러한 결과는 준비 과정에서 이미 예상되었다. 근본주의 신앙노선을 지닌 보수교단과 교인들, 그리고 그들에 편승한 이단들의 악의적인 공격과 비난은 총회가 다가오면서 극에 달했고, 한국교회와 교인들은 그러한 비난과 공격들을 사실로 받아들이면서 총회의 참가와 참관을 주저하였다. 그러나 많은 우려와 달리 WCC 부산 총회는 역대 어느 총회보다 많은 인원이 참가하여 성황을 이루었고, 한반도의 평화와 통일을 위한 세계교회의 관심과 기도를 받은 총회였다. 2021년 11회 총회까지 WCC를 비롯한 많은 에큐메니칼 단체의 사업들이 생명, 정의, 평화라는 부산 총회의 주제와 연결되어 진행되고 있기 때문에, 세계교회의 기억 속에 부산이라는 이름은 오랫동안 남을 것이다.

한국감리교회는 1948년 암스테르담에서 열린 창립총회부터 WCC 창립 회원으로 참여하여 오늘에 이르렀고, 부산 총회를 준비하는 과정에서도 주도적으로 참여하였다. 130년 동안 이어온 감리교회의 에큐메니칼 전통과 신학, 활동의 열매라 할 수 있다. 그러나 WCC 부산 총회를 준비하면서 감리교회 안에도 에큐메니칼 전통과 신학에 대한 이해가 많이 부족하다는 것을 많은 사람들이 지적하였고, 지난 역사를 돌아보며 에큐메니칼 정신과 사역의 뿌리를 발굴해야 할 필요성을 공유하였다. 때문에 우리는 감리교회 에큐메니칼 운동의 출발과 걸어온 길, 그리고 오늘에 주는 성과와 교훈을 돌아보면서 앞으로 걸어가야 할 선교 200년을 위한 감리교회의 비전을 세우고자 한다. 감리교회의 에큐메니칼 전통과 현재 에큐메니칼 운동에 대한 평가, 그리고 비전을 위하여 먼저 에큐메니칼 운동이 무엇이고, 왜 필요한지 생각해보자.

2. 에큐메니칼 운동의 정의

에큐메니칼이라는 말을 낯설게 느끼는 사람들이 적지 않지만, 대부분의 교회와 감리회 단체들이 에큐메니칼한 사역을 수행하고 있다. 그렇기 때문에 에큐메니즘, 혹은 에큐메니칼이라는 용어를 분명하게 정의하는 것이 필요하다. 그러나 정확한 우리말 번역어가 없기 때문에 여전히 에큐메니칼이라는 용어를 사용하고 있다. 아마 앞으로도 적절한 번역어를 찾는 것이 쉽지 않아 보인다. 이전에 "교회일치"나 "교회연합" 혹은 "초교파" 등의 용어로 옮기기도 했지만 특정한 맥락에서만 적절할 의미를 나타낼 뿐 완벽한 번역은 되지 못했다. 때문에 에큐메니칼이라는 용어는 부가적인 설명과 이해를 요구하는 것이 사실이다. 일반적인 어원과 용례를 간략하게 살펴보자.

장로회신학대학교 역사신학 교수로 오랫동안 에큐메니칼 신학을 가르친 이형기 교수는 역사 속에서 사용된 에큐메니칼이라는 용어에 대한 비서트 후프트의 설명을 다음과 같이 소개하고 있다.(Marlin Van Elderen, 이형기 역, 「세계교회협의회 40년사」) 첫째, 사람들이 거주하는 온 세상, 둘째, (로마) 제국 전체, 셋째, 교회 전체, 넷째, 보편적인 교회론적 유효성, 다섯째, 교회의 전 세계적인 선교의 확장과 관련된, 여섯째, 두 개 혹은 그 이상의 교회들 간의,

혹은 여러 교파들에 속한 기독교인들 간의 관계와 일치에 관련된, 일곱째, 기독교의 일치에 대한 자각과 그 바람을 표현하는 내용 혹은 태도 등이다. 그리고 이중 한 가지 이상의 의미가 중첩적으로 사용되기도 하였다. 그리고 현대에 들어와 에큐메니칼에 대한 보편적인 개념은 "예수 그리스도의 교회의 하나됨과 세계적 선교에 관계된 어떤 것"이라 할 수 있다.(이형기 "하나님 나라와 에큐메니칼 운동")

에큐메니칼이라는 말의 어원이 되는 "오이쿠메네"는 원래 희랍어 *oikeo*("살다, 거주하다"), 혹은 *oikos*("집")에서 유래한 말로, "사람이 사는 모든 땅"이라는 의미를 갖고 있다. 지리적 의미 외에 문화적·정치적 의미로 사용할 때도 있었는데, 그런 경우에는 "그리스 문명 안에 있는 사람들"을 가리켰고, 그리스 문명권 밖에 있는 사람들은 야만인들로 규정되었다.

구약성서에도 에큐메니즘의 근거들을 자주 볼 수 있다. 계약의 보편성과 제의의 일치라는 관점에서 현대의 에큐메니즘과 서로 연결된다. 먼저, 창세기의 창조사건과 그 뒤에 이어지는 민족들의 족보는 보편적 세계사의 구조 안에서 하나님의 계약 백성을 취급하고 있다.(창 1, 2, 5, 10장 참조) 아브라함의 계약은 이스라엘 민족과의 배타적인 계약으로만 이해할 것이 아니라 땅의 모든 족속들을 포함하는 것으로 보아야 한다.(창 12:1~3; 17:1~8) 모세와 맺은 시내산 계약 역시 구원론적 배타주의보다는 보편적 제사장식의 의미로 해석할 수 있다. 야훼 하나님은 이스라엘이 제사장 나라와 거룩한 백성이 되도록 부르신다.(출 19:5~6) 왕조시대로 들어와 다윗 왕은 전 세계적 사명에 대한 의식이 더욱 성장하였고(시 9:11; 18:49; 57:9 참조), 솔로몬은 성전을 세운 후 그 성전이 모든 민족이 야훼를 예배하는 곳이 되도록 기도하였다.(왕상 8:41~53) 예언서 역시 이방인들을 향한 하나님의 심판과 구원의 메시지를 선포함으로 이스라엘의 신앙구조 안에 자리한 보편주의를 보여준다.(암 1:3~2:3; 사 13~28장; 렘 46:51 참조)

신약성서에는 "오이쿠메네"라는 단어가 열다섯 번 나온다. 70인역은 세계, 흙, 혹은 대지를 뜻하는 다양한 히브리어 단어들을 자주 오이쿠메네로 번역하였다. 신약성서에서 오이쿠메네는 대체로 "온 세상"이라는 의미로 쓰일 뿐 문화적·정치적 의미를 갖지 않았으나(행 17:31; 마 24:14), 간혹 제국이라는 의미로 사용된 본문들이 있었다.(눅 2:1; 행 17:6) 일치를 뜻하는 용어로 오이쿠메네보다 자주 사용된 용어는 "코스모스"다. 이 용어는 "신에 의해 창조된 질서와 인간성의 세계, 인간들의 질서 있는 사회, 악한 존재에 의해 통제된 하나의 유기적인 사회"를 뜻하며, 예수 그리스도를 통하여 구원된 하나의 세계를 의미했다.(마 4:8; 5:14; 26:13; 막 8:36; 요 1:9, 10, 29; 3:16, 17, 19; 4:42; 12:31; 행 17:24; 롬 1:18, 20; 11:15; 고전 1:20, 21; 고후 5:19; 갈 4:3; 요일 2:15~17 참조) 신약성서가 증언하는 교회의 사명은 예수 그리스도의 보편적 구원과 같은 범위다.(막 16:15; 고후 5:14~21 참조)(배현주, "신약성서에서 살펴보는 에큐메니칼 운동")

에큐메니즘은 성서에 철저하게 근거하고 있다. 구약성서와 신약성서 모두 하나님의 구원의 의지와 그 대리인인 이스라엘과 교회의 보편성과 일치를 주장하기 때문이다. 또한 그리스도의 교회 안에서 제도와 전례, 성직의 일치와 통일성은 중요한 가치를 지닌다. 주후 2세기경 교회를 이끌었던 이레네우스, 오이세비우스, 오리게네스와 같은 교부들은 교회의 활동 영역이나 전체 교회를 가리키는 말로 오이쿠메네, 즉 에큐메니즘을 이해하였고, 암브로시우스와 아우구스티누스와 같은 서방교회 교부들도 같은 의미로 사용하였다.

오늘날 에큐메니칼 운동 역시 성서와 교회사의 전통을 따라 일치를 향한 노력으로 정의할 수 있다. 이 말을 보다 구체적으로 표현하면, "하나님 나라(Kingdom of God)를 소개하고 하나님의 형상(Image of God)을 회복하게 하는 하나님의 선교(Mission of God)"라고 할 수 있다. 이 문장 속에 에큐메니칼 운동의 목적과 방법이 모두 담겨 있다. 하나님의 선교라는 방식으로 하나님의 나라를 이 땅에 선포하고 전함으로 세계 모든 인류가 하나님의 형상을 회복하도록 돕는 기독교인들의 모든 활동을 포함하는 것이다. 이러한 의미에서 기독교인들의 매일의 삶은 자신이 의식하든 의식하지 못하든 에큐메니칼하다고 할 수 있다.

이형기 교수는 에큐메니칼이라는 말이 1차 세계대전 이후 완전히 새로운 의미를 갖게 되었다고 설명한다. 즉 하나의 단일한 흐름이 아니라 신앙과 직제 운동, 삶과 봉사 운동, 복음전도와 세계선교운동을 가리키는 말이 되었다는 것이다. 즉 "신학"이라는 말이 여러 분야의 신학을 포괄하는 개념인 것처럼 에큐메니칼도 이 세 가지 운동을 포괄하는 개념으로 볼 수 있다. 20세기를 대표하는 신학자 가운데 한 사람이며 히틀러의 나치 정권에 저항하며 고백교회를 이끌었던 독일의 양심 디트리히 본회퍼는 "고백교회와 에큐메니칼 운동"(1935)이라는 강연에서 에큐메니칼 운동과 교회일치를 강조하였다.

성경에 따르면 하나의 거룩한 에큐메니칼 교회가 있고 현존하는 교회들은 각각 본질적으로 같은 교회의 특별한 형태와 형식이다. 마치 가지들이 나무의 뿌리들과 줄기들로부터 나오고 오직 이 모든 것들이 함께 나무 전체를 이루는 것처럼 그리고 모든 지체들을 가진 몸만이 몸 전체인 것처럼, 세상의 모든 교회들로 구성된 공동체만이 진정한 에큐메니칼 교회이다. 그렇다면 에큐메니칼 운동의 의의는 그리스도교 세계(Christendom)의 풍부함과 조화를 대변하는 것에 있다. 아무도 자신만이 정당하다고 주장할 수 없고, 각자는 자신만이 가지는 특별한 선물을 가지고 오고 전체를 위해 자신만의 특별한 봉사를 한다. 진리는 오직 일치 안에만 있다.

3. 에큐메니칼 운동의 필요성

기독교인들의 모든 활동이 에큐메니칼 의미를 지닌다면 에큐메니칼 운동을 굳이 정의하여 수행해야 할 필요성은 어디에 있는가? 오늘날 우리가 사용하는 에큐메니칼 운동은 구체적인 협의의 정의라 할 수 있다. 그러한 의미의 에큐메니즘을 처음 소개한 사람은 스코틀랜드 태생의 존 매카이(1889~1983) 박사라고 할 수 있다. 그는 영국과 스페인에서 공부하고, 페루 선교사를 거쳐 미국 프린스턴 신학교의 교장으로 23년간 봉직하였다. 그는 프린스턴 신학교에 "에큐메닉스"라는 강좌를 개설하고 오늘 우리가 사용하는 의미의 에큐메닉스라는 말을 처음 사용하였다. 매카이 박사는 1964년 세계교회협의회 교육국의 지원을 받아 「에큐메닉스 : 세계교회운동원론」(*Ecumenics : The Science of the Church Universal*)을 집필하였다. 한국에서는 1966년 민경배 박사의 번역으로 대한기독교서회에서 출판되었다.

이 책에서 매카이 박사는 에큐메닉스를 "세계선교공동체인 세계교회의 본질과 기능, 관계 및 전략을 연구하는 학문"이라고 정의하였다. 그가 에큐메니칼 신학에서 중요하게 제기한 요소는 교회가 복음을 들고 나갈 목적지인 세상, 즉 "오이쿠메네"에 대한 강조였다. 그는 에큐메니칼 운동이란, 오이쿠메네를 향하여 침투해가는 기독교인들의 역동적이고 선교적인 운동이라고 보았다.

교회사학자 후스토 곤잘레스는 19세기 교회 역사에서 가장 중요한 사건으로 진정한 의미의 보편교회의 등장을 말하고 있다. 그는 20세기 초에 지구상의 거의 모든 나라에 교회들이 존재하게 되면서 비로소 자신들이 처한 상황 속에서 기독교인의 의미를 이해하기 시작했다고 보았다. 곤잘레스에 의하면, 교회에 대한 보편적 이해가 나타난 것을 에큐메니칼 운동의 발생이라고 한다. 이 말은 두 가지 의미를 갖는다. 첫째, 에큐메니칼이 "사람이 사는 모든 지역"을 뜻할 때 19세기 들어서야 기독교가 사람 사는 모든 곳에 전파된 에큐메니칼한 교회가 되었다는 뜻이고, 두 번째, 세계 곳곳에서 활발하게 일어난 선교활동이 기독교의 에큐메니칼 운동을 가져온 원동력이라는 것이다. 즉 에큐메니칼 운동의 두 가지 축인 "선교"와 "교회일치"를 추구하는 기독교회의 운동으로 등장하였다는 설명이다.(후스토 곤잘레스, 「기독교사상사 3」)

에큐메니칼 운동의 역사는 교회의 분열을 극복하고 공동의 선교와 일치를 위하여 노력해 온 여정이라 할 수 있다. 교회사를 통해 우리는 교회가 하나님 나라를 선포하고 지향하는 동시에 불완전한 죄인들의 공동체로서 분열하기 시작한 것을 알 수 있다. 교회가 분열할 때마다 교회공동체와 구성원들은 일치와 연합의 필요성을 절감하였고, 하나의 교회에 대한 신앙고백을 표현하였다. 그런 의미에서 초대교회 이후 교회의 역사는 한 분 하나님을 고백하는 하나의 교회에 대한 신앙고백과 공동실천을 모색하는 과정으로 보아야 한다.

유대교와 구별하여 "예수 그리스도는 주님이시다"라는 고백 위에서 출발한 초대교회에서 이러한 고백을 정확하게 정리한 인물은 바울이었다. 바울은 기독교인은 "그리스도와 연합하여 새로운 피조물이 되고 그리스도 안에서 하나가 되는 사람들"이라고 가르쳤다. 교회와 기독교인은 시간과 공간을 초월하여 그리스도라는 동일한 소속을 가지고 있는 것이다. 따라서 에큐메니칼 운동은 온 세계에 있는 모든 교회들이 자신의 정체성을 분명하게 그리스도에 속한 지체로서 연합과 일치의 신앙과 실천을 위하여 반드시 필요한 교회와 성도들의 신앙고백운동이라 할 수 있다.

4. 교회분열과 에큐메니칼 운동

사도행전은 교회의 분열이 오늘의 문제가 아니라 이미 초대교회의 출발과 함께 시작되었음을 보여준다. 아나니아와 삽비라의 범죄와 징벌(5장), 헬라파와 히브리파의 갈등(6장), 스데반의 순교와 반대파의 조직적 외압(7~8장), 복음전파에 따른 이방인과 유대인의 갈등(10~11장) 등이다. 분열의 아픔을 겪은 교회는 분열을 치유하기 위하여 예루살렘에 모였고 이는 최초의 에큐메니칼 공의회였다.

교회사에서 가장 큰 분열은 동방교회와 서방교회의 분열이었다. 외형적으로 성자로부터 성령이 나왔다고 보는 필리오케 논쟁으로 인한 분열로 보이지만 그전에 5백 년을 이어온 로마교회와 동방교회의 갈등이 있었다. 결국 1054년 로마의 교황과 콘스탄티노플의 총대주교를 서로 파문하면서 갈라섰고, 분열은 현재까지 이어지고 있다. 이러한 교회의 분열은 교회의 일치와 공교회성을 심각하게 위협하였다.

교회분열과 함께 교회를 위협한 세력은 이단이었다. 이들은 교회의 형성과 거의 동시에 등장하여 그리스도의 신성과 인성에 의문을 제기하고, 삼위일체 교리를 부정하며, 구약성서의 정경성을 부인하였다. 초대교회 교부들의 노력과 가톨릭교회의 중앙집권체제를 통하여 중세기 교회는 안정되었지만 한편으로 중세의 강력한 전통 중심주의와 교회와 사제의 타락은 교회의 갱신을 위한 신앙운동을 불러왔고 이는 종교개혁의 도화선이 되었다. 교회의 분열과 부패는 성경의 가르침에서 벗어난 그릇된 것이기에 초대교회의 정신과 성서의 가르침으로 돌아가려는 신앙운동의 동기가 된 것이다.

1517년 루터의 항거로 시작된 종교개혁은 개신교회의 출발만을 의미하지 않는다. 오히려 성서적 교회 회복을 위한 신앙운동이라 할 수 있다. 종교개혁의 목표는 새로운 교회를 만드는 것이 아니라 교회를 새롭게 하는 것이었다. 그러나 가톨릭교회는 개혁의 요구를 수용할 만한 의지와 능력이 없었고, 결국 종교개혁은 새로운 교회의 탄생을 가져왔다. 종교개혁은 유럽 각국에서 새로운 신앙운동으로 이어져 개혁교회(장로교회)와 감리교회의 탄생을 가져왔고, 그 후 많은 교단들이 출현하였다. 개신교회 안에 출현한 다양한 교단들은 서로 같은 신조를 공유하면서 예전과 신학적인 교류를 넓혀갔다.

19세기 유럽에서는 전도와 선교를 위한 다양한 단체들이 등장하였다. 1846년 조직된 복음주의연맹, 1875년 개혁파교회연맹, 1891년 회중교회 국제협의회, 1905년 세계침례교회동맹 등이다. 또한 1844년 선교와 봉사, 기독교 신앙의 일치를 모토로 YMCA 운동이 영국에서 시작되었다. 미국에서는 카네기의 후원으로 "평화를 위한 교회연합"이 출발하였다. 다양한 교단과 선교단체의 출현은 국제적인 교회일치운동과 이를 추진할 국제기구의 필요성을 제기하였다. 종교개혁 이후 진행된 교회의 분열과 교단들의 등장은 교회일치에 위협으로 다가왔지만 역설적으로 교회의 일치와 하나 됨을 돌아보고 필요성을 자각하는 계기가 되었다.

이러한 상황 속에서 인류는 1, 2차 세계대전을 겪게 되고, 갈라진 세계와 교회를 바라보며 세계교회의 일치를 기도하며 소망하는 움직임이 일어나게 되었다. 이러한 노력이 1948년 세계교회협의회(WCC) 창립으로 이어졌다. WCC가 에큐메니칼 운동의 전부는 아니지만 현대 에큐메니칼 운동에 있어서 귀중한 결실이며 주요한 동력이라는 사실은 부인할 수 없다. 그런 의미에서 WCC는 2천 년 교회사에 나타난 교회의 분열상을 극복하고 성서에 기초한 초대교회와 종교개혁 전통에 입각하여 온전한 복음을 전하기 위한 에큐메니칼 노력의 결실이라 할 것이다. 에큐메니칼 운동은 교회분열의 모순을 극복하기 위하여 "그들도 다 하나가 되어 … 세상으로 아버지께서 나를 보내신 것을 믿게 하옵소서."(요 17:21) 기도하신 주님의 비전에 동참하는 회개운동이라 할 것이다.

에큐메니칼 운동은 나누어진 교회를 다시 하나 되게 하려는 노력이며, 그리스도의 몸인 교회가 각 지체의 존재와 다양한 역할을 인정해야 한다는 성서적 진리를 실천하는 교회의 응답이다. 그러므로 오늘 개체교회의 부흥과 성장에 몰두하여 그리스도의 몸으로서 전체 교회를 보지 못하는 것은 성서적인 관점에서 볼 때 올바르지 못한 모습이다. 특별히 한국감리교회는 존 웨슬리와 헨리 아펜젤러의 강력한 에큐메니칼 정신과 전통, 유산을 이어받은 교회라는 점에서 에큐메니칼 운동과 신학을 올바르게 이해하고 계승하여 발전시켜야 할 책임을 가지고 있다.

에큐메니칼 운동의
발전 과정

니케아공의회(325)

기독교 신학은 본질적으로 하나님의 구원의 완성인 예수 그리스도를 진술하고 전하는 행위다. 성서와 예배, 교회공동체에 관한 모든 진술들이 이 기초 근거 위에서 이루어진다. 하나님의 선교를 지향하는 에큐메니칼 신학 역시 이 범주에서 벗어나지 않는다. 에큐메니칼 신학의 구체적 표현인 에큐메니칼 운동의 두 가지 중심축인 교회일치와 세계선교가 지향하는 것 역시 그리스도의 희생 사역을 통하여 드러난 하나님의 위대하신 사랑의 행위를 전파하는 것이다.

에큐메니칼 운동과 함께 등장한 에큐메니칼 신학을 한마디로 정의하는 것은 쉽지 않다. 그것은 "신학"을 일반적으로 정의하기 어렵다는 점과 함께 에큐메니칼 운동과의 관련성 속에서 다양한 범주를 포괄하기 때문이다. 앞 장에서 살펴본 것처럼 에큐메니칼 운동은 "지구상에 사는 모든 사람들"의 삶과 연관된다. 그러므로 인류의 삶이라는 광범위한 영역을 가지고 있고, 에큐메니칼 신학 역시 같은 범주를 갖고 있다 할 수 있다. 이 장에서는 먼저 교회사에 나타난 에큐메니칼 신학의 내용과 범주들을 살피고 현대 에큐메니칼 운동의 발전과 함께 진행된 전개과정을 살피도록 하자.

1. 에큐메니칼 운동의 출발

기독교 신학의 기본적인 책임은 기독교 신앙의 진리를 진술하고 신앙공동체의 표준을 제시하며 잘못된 가르침을 물리치는 것이다. 때문에 교회는 초대교회 시기부터 그러한 신학적 과제를 감당하기 위하여 많은 노력을 감내해야 했다. 밖으로는 로마제국의 박해와 억압, 그리고 영지주의와 같은 이단의 가르침에 맞서 싸워야 했고, 안으로는 유대 - 기독교인들의 율법주의와 금욕주의, 그리스도의 신성과 인성을 둘러싼 논쟁에 응답해야 했다.

기독교가 로마의 국교가 된 후 신학적 논쟁은 국가의 개입을 불러왔고 주후 325년 니케아공의회부터 시작하여 787년 니케아에서 다시 열린 공의회까지 일곱 번의 공의회를 에큐메니칼 공의회라고 부른다. 이는 보편교회의 등장을 의미하는 것이었고, 보편교회의 일치된 신앙고백을 위한 모임을 가졌다. 이 자리에서 논의된 고백과 진술들이 고대의 에큐메니칼 신학이다. 초대교회의 대표들은 교회를 혼란스럽게 하는 문제들이 일어날 때마다 한자리에 모여 기독교회의 통일성을 만들어냈다. 이러한 과정에서 삼위일체와 기독론이라는 교회의 근본적인 교리가 정립되었다. 이러한 교리적 통일성의 목적은 교회의 일치된 신앙고백을 위한 것이었고 오늘날 모든 교회가 기본적으로 고백하는 신앙적 근거가 되었다.

주후 1054년 동방교회와 서방교회가 분열된 후, 서방교회는 자신을 보편(Catholic)교회라 불렀고, 동방교회는 에큐메니칼 교회로 스스로를 인식하였다. 서방교회의 수장을 교황으로 부른 반면에 동방교회의 콘스탄티노플 총대주교는 에큐메니칼 총주교를 자처하였다. 초대교회의 에큐메니칼 신학은 교회일치와 교리적 통일성을 위한 것이었고, 이는 16세기 종교개혁기까지 계속되었다.

본래적인 신앙을 회복하려는 순수한 열정으로 폭발한 종교개혁은 오직 믿음과 오직 성서, 그리고 오직 은총을 강조하면서 기독교의 본질을 회복하고자 했다. 루터는 뛰어난 신학자로 가톨릭교회의 개혁을 원했지만 결국 별도의 교회를 세워야 했다. 루터의 신학은 대부분 스스로 구축한 것이 아니라 밀려오는 도전에 대한 응답으로 이루어졌다. 루터의 신학의 중심은 믿음으로 의롭게 되는 것이고, 그것은 오직 하나님의 은총으로 이루어지는 것이었다. 루터의 신학이 은총에 강조점이 있었다면 칼뱅과 마틴 부처 같은 이들은 교회의 수호를 중요하게 여겼다. 루터는 가톨릭교회와 동방교회가 공통적으로 수용하는 세 개의 신조를 받아들였다. 오늘 우리에게까지 전해진 "사도신경"과 "니케아 신조", 그리고 "아타나시우스 신조"를 세 개의 에큐메니칼 신조라 불렀다. 이는 보편교회가 고백하는 신조이며, 보편교회가 되기 위한 고백이었다. 그리고 가톨릭교회와 동방교회와 신앙적 통일성을 유지하기 위한 노력이었다. 진정한 에큐메니칼 신학은 다양성 속에 통일성을 지향하는 모습이어야 하며 이는 이미 종교개혁의 선구자들이 공감하고 있던 신학적 방향이었다.

교회의 일치와 교리적 통일성을 지향하던 에큐메니칼 신학은 현대에 들어와 새로운 의미를 갖게 되었다. 그것은 모든 교회들을 포함하는 보편적인 의미와 모든 지역을 포괄하는 지역적 의미를 담은 것이다. 19세기 복음주의권의 여러 지도자들이 사용한 에큐메니칼이라는 말은 "민족과 국가, 교파와 교회, 계층과 직업을 초월"하는 범주를 뜻하였다.

1차 세계대전 이후 현대교회 안에서 에큐메니칼이라는 말은 획기적인 의미 변화를 겪게 되었다. 에큐메니칼이라는 용어는 구체적으로 신앙과 직제(Faith and Order), 삶과 봉사(Life and Work), 세계선교운동(International Mission Movement)을 가리키는 용어가 되었다. 이들은 세계교회협의회(WCC)의 중심축이 되었고, 현대 에큐메니칼 신학은 이 세 운동과 함께 발전하였다. 따라서 에큐메니칼 신학을 알려면 위에 말한 세 운동의 흐름을 따라가야 한다. 한편으로 에큐메니칼 신학은 1948년 창립총회를 시작으로 7년 혹은 8년 주기로 열린 WCC 총회의 주제와 자료들, 보고서들을 통하여 구체적으로 형성되었다. 세계교회협의회는 총회를 준비하면서 동시대 인류가 직면한 가장 긴급하고 중요한 주제를 총회의 주제로 설정하고, 그에 대한 신학적이고 교회적인 응답을 모색하였다.

에큐메니칼 신학은 교회일치와 선교라는 토양에서 자라났고, 지구촌의 모든 교회와 기독교인들이 지구상에 거하는 모든 사람들의 삶의 문제에 신앙적으로 응답하는 방식으로 발전하였다. 이는 전통적인 신학의 관점에서 에큐메니칼 신학을 세속적·정치적 신학으로 보는 이유가 될 것이다. 그러나 하나님의 가장 큰 관심이 피조물의 구원과 피조세계의 평화로운 공존이라고 할 때 에큐메니칼 신학은 그러한 관심을 가장 구체적으로 다루고 있는 신학이라 할 수 있다.

기독교 신앙의 본질과 비본질을 심도 있게 다루었던 사랑의 신학자 아우구스티누스의 정신을 17세기 멜데니우스가 명쾌하게 정리한 격언이 있다. "본질적인 것에 일치를, 비본질적인 것에 자유를, 모든 것에 사랑을"(*in necessaris unitas, in unnecessaris libertas, in omnes charitas*)이다. 이 말이야말로 기독교인의 에큐메니칼 정신을 잘 표현한 교훈이라 할 수 있다. 에큐메니칼 신학뿐 아니라 모든 기독교 신학이 기억해야 할 기준이다. 에큐메니칼 신학의 본질이 "성경을 따라 예수 그리스도를 하나님과 구세주로 고백하고, 한 하나님, 곧 성부와 성자와 성령의 부르심에 응답"하는 것이라 할 때 본질적인 것과 비본질적인 것을 구별하여 그에 따르는 응답과 태도를 결정하는 것이 신앙적이고 지혜로운 선택이 될 것이다.

2. 에큐메니칼 신학의 주제들

이형기 교수는 자신의 신학수업을 회고하면서 에큐메니칼 신학의 성격을 설명하고 있다. 그는 장로교회의 신학전통에 따라 종교개혁신학과 신정통주의신학을 거쳤다고 기술하면서 세계교회사 강의를 통하여 교회분열과 교리, 신학적 문제들, 그리고 사회봉사와 세계선교 문제들이 에큐메니칼 운동을 통하여 해결되는 느낌을 받았다고 회고하고 있다. 특별히 사분오열된 한국교회 상황에서 인권과 남북문제의 현장에서 사회선교를 수행한 활동가들의 에큐메니칼 운동과 함께 학문적 차원에서 에큐메니칼 신학의 긍정적인 의도와 목적을 발견하였다고 전해주고 있다.

이형기 교수의 신학노정과 같이 초대교회부터 시작된 교회분열의 역사를 지양하고 세계를 향한 일치된 목소리를 발하려는 노력이 에큐메니칼 운동이며 신학이다. 세계선교와 교회일치를 향한 에큐메니칼 운동의 발전 과정에서 필연적으로 성립된 에큐메니칼 신학은 이 운동의 내용을 이론적으로 뒷받침하는 동시에 나아갈 방향을 제시하는 보완적 기능을 담당하고 있다.

여타의 기독교신학이 교회와 세계에 대하여 갖는 관심만큼 에큐메니칼 신학의 주제 역시 다양하다. 특별히 에큐메니칼 신학이 세상을 향한 교회의 목소리라고 할 때 인류사회의 주요한 이슈들을 신학적 주제로 삼는 것은 자연스럽고 당연한 결과다. 그러나 한편에서 오해하는 것같이 에큐메니칼 신학은 사회적 이슈만을 주제로 삼지 않는다. 세계를 향한 교회의 목소리를 담기 위해서는 교회의 목소리에 대한 정의와 표현이 전제되기 때문이다. 때문에 에큐메니칼 신학의 중심축은 교회의 일치된 신앙고백과 그에 기반한 예언자적 소명이다.

현대 에큐메니칼 신학의 주제를 크게 분류하면 다음의 세 가지 범주가 될 것이다.

1) 성서의 권위
2) 교회의 일치
3) 종교간 대화

오늘날 교회와 사회에서 일어나는 다양하고 첨예한 이슈들은 결국 이 세 가지 영역으로 함축할 수 있다.

먼저 기독교 신앙의 근거가 되는 성서의 권위에 대한 논의는 기독교회가 존재하는 한 영원한 주제다. 동일한 근거를 가진 교회들의 분열과 갈등을 극복하기 위한 교회일치 역시 에큐메니칼 신학이 에큐메니칼 운동의 관점에서 결코 소홀히 할 수 없는 주제다. 세 번째로 종교간 대화는 다종교 사회에서 실제적인 요청에 대한 응답이다. 신론이나 기독론, 혹은 구원론의 관점에서 진행하는 종교간 대화들이 다양한 형식으로 전개되고 있지만 에큐메니칼 운동의 관점에서 진행하는 종교간 대화는 다른 종교를 가진 이들과 공존해야 하는 기독교인들의 생존을 위한 실제적인 주제다.

에큐메니칼 신학은 기독교신학이 관심해야 할 교회 안팎의 주제들을 다룬다. 이형기 교수가 펴낸 「세계교회협의회와 신학」(북코리아, 2013)에는 에큐메니칼 신학의 다양한 주제들이 소개되고 있다. 그는 에큐메니칼 운동을 대표하는 세계교회협의회에서 활동하는 신학자들과 신학과 직제위원회의 관심을 중심으로 주제들을 정리하였다. 그에 따르면, 에큐메니칼 신학은 복음, 성서의 통일성, 삼위일체론, 구원론, 교회론, 종말론, 종교간 대화, 경제 정의, 로마 가톨릭교회와의 대화, 선교신학, 생명공동체운동 등 실로 다양한 주제들을 다루고 있다. 이는 에큐메니칼 신학의 넓은 영역과 다양한 관심을 보여주고 있다. 동시에 에큐메니칼 신학이 기존의 기독교 신학전통과 유리되지 않고 당대의 교회와 인류사회를 위하여 복무하는 실제적이고 건강한 신학이라는 사실을 보여주고 있다.

신학적 주제와 범주는 혼용되기도 하지만 엄밀한 의미에서 구분할 수 있다. 주제가 관심하는 대상에 강조점이 있다면 범주는 주제의 확장성에 연관되고 있다. 즉 교회론이나 종교간 대화를 다룰 때 어느 범위까지 다룰 것인가 하는 문제다. 에큐메니칼 신학은 전통신학과 동일하게 기독교 신앙의 전통적인 고백 양식들, 예전, 타종교/종파와의 공통점과 차이점을 연구한다. 그러나 에큐메니칼 신학의 궁극적인 관심은 에큐메니칼 운동을 정확하게 정리하고 발전할 수 있는 토대를 제공하는 것이다. 에큐메니칼 신학의 범주 역시 그러한 관점에서 설정할 수 있다.

에큐메니칼 신학은 에큐메니칼 운동과 함께 발전해 왔다. 즉 에큐메니칼 운동의 세 가지 중요한 흐름, 신앙과 직제(Faith and Order), 삶과 봉사(Work and Life), 세계선교와 복음화(Conference on World Mission and Evangelism)의 총회와 위원회 활동을 통하여 작성된 문서들로 정리되었고, 세계교회협의회 총회를 통하여 구체적으로 표현되었다. 상기한 세 흐름은 현재까지 세계교회협의회 안에서 중요한 위원회로 활동하고 있으며, 교회일치와 사회봉사, 세계선교 부분에서 각각 고유한 역할을 감당하고 있다.

또한 에큐메니칼 신학은 7년 혹은 8년 주기로 열리는 세계교회협의회 총회를 통하여 발전해 왔다. 그것은 세계교회협의회 총회가 당대의 인류가 직면한 시대적 과제를 논하고 그에 응답하는 방식으로 준비되었기 때문이다. 1948년 암스테르담 창립총회의 주제 "인간의 무질서와 하나님의 섭리"는 2차 세계대전 이후 인류를 향한 하나님의 뜻을 전하는 교회의 사명을 담고 있다. 이와 같이 세계교회협의회 역대 총회는 당대의 인류를 향한 교회의 예언자적 선포를 신학적으로 발전시켰다. 2013년 부산에서 열린 10차 총회에 이르기까지 세계교회협의회가 총회를 통하여 전 세계 교회와 인류사회에 생명과 정의, 평화의 메시지를 던진 것처럼, 에큐메니칼 신학은 WCC 총회와 후속 프로그램을 통하여 인류의 급박한 문제들에 대한 하나님의 뜻을 증언하였다.

에큐메니칼 신학의 범주는 인류를 향한 하나님의 극진한 관심과 사랑만큼 광대하다. 에큐메니칼 신학은 하나님의 교회를 통하여 구체적으로 전해지고 하나님의 백성들의 삶을 통하여 실천적으로 응답하게 된다. 결론적으로 에큐메니칼 신학의 주제는 지구촌에 거하는 인류사회의 구성원들이 당면한 모든 문제를 포괄하며 그 범주는 그리스도의 몸인 교회공동체가 이 세계 안에서 실천적으로 살아내야 할 과제들의 크기와 정확하게 일치한다.

3. 국제 에큐메니칼연합체 탄생

교회의 분열을 극복하기 위한 교회의 노력은 국제적 차원의 일치와 연대를 가능하게 하는 국제 에큐메니칼연합체의 탄생을 이끌었다. 바로 세계교회협의회의 결성이다. 세계교회협의회(The World Council of Churches: WCC)

는 근대 에큐메니칼 운동을 대표하고 주도하는 국제적 연합체다. 뒤에서 역대 총회들을 상술하지만 기원과 발전 과정에 대하여 간략하게 살펴보도록 하겠다.

1945년, 2차 세계대전의 종식과 함께 열강의 식민지배 아래 있던 아시아, 아프리카의 국가들이 독립을 선언하며 새로운 국가로 출발하였다. 우리나라가 독립한 후 총선을 실시하여 새로운 정부를 수립하던 1948년, 하나님의 언약을 기억하며 2,500년 이상 세계를 떠돌던 이스라엘이 팔레스타인에 새로운 나라를 건설하였고, 인도가 영국의 식민지에서 벗어나 독립을 선언하였다. 같은 해 8월 WCC가 네덜란드 암스테르담에서 창립총회를 갖고 출범하였다. 1948년 이후 WCC는 세계 에큐메니칼 운동과 신학의 중심이 되었고, 세계교회의 일치와 연대를 이끌었으며, 에큐메니칼 신학 발전에 강력한 후원자가 되었다. WCC의 출발과 발전 과정은 현대 에큐메니칼 운동의 발전 과정과 궤를 같이 한다.

1) 기원과 비전

WCC는 19세기 서구 기독교회에서 불같이 일어난 평신도운동과 기독학생운동의 영향으로 탄생하였다. 1910년, 영국 에딘버러 세계선교대회(WMC)에 모인 선교사들은 선교지에서 일어나는 선교사들의 분열과 갈등을 보고하면서 교회일치와 선교지에서의 교류의 필요성을 공유하였다. 대회 폐막식에서 필리핀의 선교사인 미국성공회 주교 브렌트는 하나의 연합교회(a united church)의 필요성을 강하게 느꼈다. 그가 가진 연합교회의 비전은 물리적 연합이 아닌 신앙과 직제 차원의 일치를 가리킨다. 에딘버러에서 돌아온 그는 1910년 미국성공회 총회에서 외형적인 교회일치의 필요성을 역설하면서 신앙과 직제 상의 차이를 논의할 때가 왔다고 주장하였고, 이 필요성에 동의한 여러 교회들과 함께 "신앙과 직제"(Faith and Order) 운동을 시작하였다. 신앙과 직제 운동은 WCC가 출범하는 데 중요한 기반이 되었다.

1920년 동방정교회 콘스탄티노플 총대주교구는 "모든 교회의 연합과 협력을 위한 항구적인 조직의 결성"을 공식적으로 제안하였다. "삶과 봉사"(Life and Work) 운동의 창시자인 스웨덴의 나단 죄더블룸, 국제선교협의회(IMC)의 창설자인 영국의 올담이 이 요청에 응답하였다. 1937년 삶과 봉사 운동과 신앙과 직제 운동의 대표들은 두 기구를 합쳐 하나의 기구로 만드는 것을 합의하였다. 그리고 미국의 맥크레아 카버트의 제안에 따라 새로운 조직의 명칭을 "세계교회협의회"로 정하였다. 새 시대를 향한 새로운 비전이 구체적인 형상을 갖게 되는 순간이었다. 1937년과 38년 두 해 동안 100여 개 이상의 교회들이 WCC 구성에 대하여 투표하고, WCC를 출범하고자 했으나 곧바로 발발한 2차 세계대전으로 인하여 연기되었다. 그로부터 10년 후에야 WCC는 공식적으로 출범하게 되었다.

2) 조직과 기능

WCC 조직에서 가장 중요한 총회는 7년 혹은 8년마다 모인다. 총회는 WCC의 정책을 세우고 사업을 평가하는 최고의 입법기관이다. 회원교회에서 선출된 대표들로 구성된 총회에서 6명 내지 7명의 의장단과 150명의 중앙위원회를 구성한다. 의장단과 중앙위원회는 회원교회의 의사를 반영하여 WCC의 중요한 사업과 정책을 실행한다. 중앙위원회는 회원교회의 규모와 교파별, 지역별, 성별, 연령별 기준에 따라 선출한다. 역대 총회 대표의 규모를 보면 1차 암스테르담 총회 147개 교회, 351명의 대표로 시작하여 10차 부산 총회 349개 교회, 657명의 대표들이 참여하였다. 대표들의 숫자는 1998년 하라레 총회 때 960명까지 늘었지만 그 후 다시 600명대를 유지하고 있다. WCC 역대 총회에 대해서는 뒷장에서 다시 다룬다.

총회 대표들과 함께 WCC 총회를 이끌어가는 이들은 교체총대, 에큐메니칼 파트너, 고문, 초청방문자, 청년 대표, 공식 자원봉사자(스튜워드) 등이다. WCC의 중요한 지도자들 중에 역대 총회의 스튜워드로 봉사한 경우가 많은데, 템플 대주교와 필립 포터 WCC 총무는 에딘버러 선교대회와 암스테르담 총회에서 자원봉사자로 참여하였다.

중앙위원회는 총회 사이의 중요한 사항들을 결정한다. 예를 들어, 프로그램의 우선순위, 검토, 결정, 예산 채택과 재정지원 등이며, 30여 명의 실행위원을 선출한다. WCC의 사업과 정책 결정의 최고 책임자인 총무는 5년 임기로 중앙위원회에서 선출한다. WCC 재정의 75%는 회원교회와 회원교회 선교부, 원조기관에서 충당되며, 13개 나라 교회들이 재정의 95% 이상을 감당하고 있다. WCC 예산은 운영비와 에큐메니칼 프로그램과 세계 각처의 프로젝트 지원비로 사용되고 있다. 1990년 당시 WCC 본부 실무진 규모는 359명에 이르렀지만 현재는 150명 선이다.

1975년 나이로비 총회에서 정의한 WCC의 기능은 다음과 같다.

1. WCC는 교회들로 하여금 하나의 신앙과 하나의 성만찬적인 교제를 예배 및 그리스도 안에서의 공동의 삶을 통해서 표현하게 함으로써 거시적 일치에 도달하도록 하고, 이와 같은 교회일치 추구를 통해서 세상으로 하여금 믿게 해야 한다.
2. WCC는 각 장소와 모든 장소에서 교회들로 하여금 공동의 증언을 하도록 도와야 한다.
3. WCC는 교회들로 하여금 세계선교와 복음전도에 힘쓰도록 해야 한다.
4. WCC는 사람들의 필요를 충족시키고, 사람들 사이에 있는 장벽들을 무너트리며, 정의와 평화에 있어서 하나의 인류 가족을 이룩하는 등 교회들의 공통의 관심을 표현해야 한다.
5. WCC는 일치, 예배, 선교, 그리고 섬김의 갱신을 촉구해야 한다.
6. WCC는 나라별 교회 협의회들, 광역 지역별 교회들의 대회들, 교파별 세계 협의회들, 그리고 기타 에큐메니칼 조직체들과의 관계를 수립하고 유지해야 한다.

7. WCC는 신앙과 직제, 삶과 봉사, 세계선교, 그리고 기독교교육세계협의회와 같은 세계적인 운동들을 수행해 나가야 한다.(*Breaking Barriers*, Nairobi 1975. ed. David M. Paton (London: C&C, 1976), 317~318; 이형기, 「에큐메니칼 운동의 패러다임 전환」 재인용)

3) 사업과 활동

WCC의 주요 사업들은 지역별·국가별 에큐메니칼 기구들과 협력하여 이루어진다. 110개국 349회원교회와 각국의 교회협의회(NCC), 대륙별 협의회(Regional councils), 12개 교파별 연합회와 국제기구들(YMCA, YWCA, WSCF, 세계성서공회연합회 등)과 협력하는 사업들이다. 회원교회는 아니지만 로마가톨릭교회 역시 WCC 프로그램 대부분에 영향을 끼치고 있다. 지난 60여 년간 시대적 과제에 따라 여러 가지 부서가 있었지만 WCC에서 프로그램을 진행하는 주요한 다섯 지류들은 다음과 같다.

1) 신앙과 직제(Faith and Order)
2) 선교와 일치(Mission and Unity)
3) 봉사와 협력(Diakonia and Cooperation)
4) 국제문제(International Affairs)
5) 신학교육(Theological Education)

WCC는 현재 지구적 차원에서 에큐메니칼 운동의 흐름을 이끌어가는 대표적인 연합기구이며 인류사회를 향하여 교회의 목소리를 하나로 모아 전달하는 유일한 기관이다. WCC의 등장으로 교회는 세계에 흩어져 있는 교회들의 연대와 일치를 구체적으로 추진하고, 인류의 당면한 과제들에 대한 신앙적이고 교회적인 응답을 조직적으로 모색할 수 있게 되었다. WCC에 대한 오해와 비판이 있지만 이는 WCC의 비전과 조직, 활동에 대한 이해 부족이나 의도적인 왜곡에 기인한 것이다. WCC의 비전과 사명은 이 세계 안에서 하나님 나라의 비전을 선포하고 그 비전에 따라 살아가는 그리스도의 교회들 간의 일치와 연대를 추구하는 것이다.

감리교회
에큐메니칼 정신과
유산

존 웨슬리(1703~1791)

에큐메니칼 운동의 근본적인 가치는 "선교"와 "교회일치"다. 그렇다면 종교개혁 이후 수많은 교단으로 분열된 개신교회는 에큐메니칼 운동을 어떻게 이해하고 있는지 궁금하다. 종교개혁의 결과로 등장한 개신교회는 로마 가톨릭교회의 중앙집권적이고 전통중심주의에 반기를 든 신앙운동이었다. 이 신앙운동의 목표는 성서에 나타난 초대교회와 사도들의 신앙을 회복하고 오직 성서의 가르침에 따라 복음을 전파하고 교회를 세우는 것이었다. 에큐메니칼 운동의 근본정신이 교회를 교회답게 하는 것이라고 할 때 초대교회의 신앙과 전통, 그리고 초대교회를 회복하고 이어받은 종교개혁의 정신은 에큐메니칼 운동과 맥락을 같이 하는 신앙운동이라 할 수 있다. 감리교회를 세운 존 웨슬리 역시 새로운 교회를 세우는 것을 원한 것이 아니라 영국교회 안에서 새로운 신앙운동을 원했고, 그의 열망이 자연스럽게 맺은 열매가 감리교회였다.

1. 존 웨슬리의 에큐메니즘

웨슬리는 영국성공회의 사제로서 처음부터 새로운 교회를 세우려 한 것이 아니었다. 오히려 성공회를 새롭게 하고 교회를 교회답게 하기 원했을 뿐이었다. 그러나 18세기 영국사회는 산업혁명의 부작용으로 극심한 경제 불의와 도덕적 타락, 절망이 휩쓸고 있었고, 사람들은 알코올중독과 도박에 빠져 삶의 소망을 잃고, 교회는 영적 지도력을 잃은 상태였다. 그때 하나님께서 신앙 열정으로 불타는 젊은 사제를 통하여 경건의 실천과 교회의 사회적 책임을 삶 속에서 고백하고 행하게 하셨다. 존 웨슬리의 에큐메니칼 특징은 세 가지 영역에서 설명할 수 있다.

1) 신앙적 개방성

말년의 웨슬리는 감리교회에 합류하는 교인들에게 받아들이는 조건에 대하여 이렇게 가르치고 있다. 웨슬리의 일기에서 나타난 신앙적 개방성을 볼 수 있다.

감리교도라는 호칭을 듣는 사람은 아주 특별한 사정이 있다. 그것은 아무나 그 회의 회원으로 받아들일 수 있다는 말이다. 그들은 회원으로 인정받기 위해 누구에게나 아무런 조건도 부과하지 않는다. 사람들에게 특별한 것이든 혹은 일반적인 구원의 확신이든 원하는 대로 갖게 하며, 절대적이거나 조건적인 법이든 상관 말고, 국교도이든 비국교도이든 장로교인이든 독립교도이든 원하는 대로 두어라. 그런 것은 장애물이 아니다.(나원용 역, 『존 웨슬리의 일기』)

놀라운 선언이 아닐 수 없다. 감리교회는 찾아오는 교인들의 신앙적 배경과 특징을 감리교인이 되는 조건이나 정체성으로 여기지 않는다는 말이다. 신흥교파로서 기성교인들을 향한 포교 방식으로 폄하할 수도 있다. 그러나 웨슬리는 옥스퍼드 대학에서 수학하고 성공회의 집사목사, 장로목사를 받은 최고의 지성인이었다. 신앙적 순수성을 가장하여 기성교회를 공격하고 기성교인들을 유혹하기 위한 방편이 아니었다. 그는 예수 그리스도를 구주로 고백하기만 하면 그것이 모든 이들이 감리교회에 들어올 수 있는 조건이라고 믿었다. 그 자신이 뜨거운 회심을 체험하고 이러한 개방성을 견지한 것은 놀라운 일이며 그리스도의 마음을 믿음의 기준으로 삼았기에 가능했을 것이다.

웨슬리 형제가 정립한 초기 감리교회 교리인 "우리의 교리" 구조는 이러한 신앙적 개방성의 토대가 되고 있다. 이 교리는 "모든 사람"(All)이라는 말로 시작되는 네 가지 중심 교리를 가리킨다.

1. 모든 사람이 구원받을 필요가 있다.(All need to be saved.)

2. 모든 사람이 구원받을 수 있다.(All can be saved.)

3. 모든 사람이 구원의 확신을 얻을 수 있다.(All can be assured.)

4. 모든 사람이 완전성화를 얻을 수 있다.(All can be sanctified to the uttermost.)

(김진두, 「웨슬리와 우리의 교리」)

1903년, 영국의 윌리엄 피저랄드가 이러한 전통을 "감리교회의 네 가지 모든 사람 교리"(Methodist Four All)라고 명명하면서 감리교회의 교리적 구조로 자리하였다. 여기에서 볼 수 있는 것처럼 감리교회는 모든 사람에게 열려 있고, 모든 사람의 구원을 위하여 노력하는 교회다.

웨슬리는 한 발 더 나아가 자신이 나고 자란 성공회의 배경과 크게 대조되는 입장을 표명하였는데, 바로 예전적 개방성이다. 그는 이렇게 말하고 있다. "사람들이 어떤 것이든 자기가 원하는 세례 방법을 택하게 하라. 그것이 그들을 받아들이는 데 걸림돌이 되지 않는다. 장로교인은 장로교인으로, 독립교도나 재침례교도나 다 자기들의 예배방식을 사용하게 하라." 웨슬리는 신앙고백과 함께 예전 차원에서도 분명하게 신앙적 개방성을 가지고 있었다. 이러한 개방성은 기성교회 목회자들에게 분명한 위협이 되었고, 기성교회의 강단의 부름을 받지 못한 감리교회의 설교자들은 조지 휫필드를 필두로 야외에서 말씀을 전하기 시작하였다. 그 결과 감리교회 운동은 열린 교회로 대중에게 다가갔고, 평민들을 위한 교회가 되었다. 그리고 세계는 그의 교구가 되었다.

2) 신학적 포용성

웨슬리 신학의 대표적인 명제는 선행은총이다. 모든 사람을 대상으로 값 없이 주시는 하나님의 은총이 신앙과 구원의 근거가 된다. 이는 칼뱅의 5대

교리와 분명하게 구별된다. 칼뱅의 후예들이 정립한 소위 칼뱅주의 5대 교리는 1) 인간의 전적 타락 2) 하나님의 무조건적 선택 3) 제한적 구원 4) 불가항력적 은혜 5) 성도의 견인이다. 여기에 인간의 의지와 선택의 여지가 없다. 물론 구원은 하나님의 전적인 주권 아래 있다. 웨슬리는 칼뱅의 신학과 다른 관점을 제시한다. 1) 인류의 전적 타락 2) 조건적 선택 3) 무제한적 구원 4) 가항력적 은혜 5) 성도의 완전성화.(Don Thorsen, *Calvin vs Wesley* (Nashiville: Abingdon, 2013)) 인간에 대한 이해를 다룬 첫 번째 관점은 칼뱅과 동일하지만 나머지 네 가지는 완전하게 대립한다.

웨슬리는 이러한 교리적 관점을 택함으로 칼뱅의 예정론 교리의 "위험스럽고 파괴적인 해악성"을 정리하면서, 다음과 같은 아홉 가지 이유를 들어 비판하였다. 1) 예정론이 맞다면 모든 설교와 전도는 소용이 없게 된다. 2) 하나님의 모든 예법의 목적인 성결을 파괴한다. 3) 신앙적인 위안을 파괴한다. 4) 선행(good works)의 열심을 파괴한다. 5) 기독교 계시 전체를 무시해버릴 가능성이 있다. 6) 성경을 스스로 모순되게 함으로써 그리스도의 계시는 무용지물이 된다. 7) 신성모독으로 가득 차 있다. 즉 그리스도는 모든 사람이 구원받아야 한다고 말하면서 한편으로 모든 죄인을 구원할 의도가 없다고 말하기 때문에 그리스도를 사기꾼으로 말하는 것이다. 8) 그리스도의 모든 업적이 소용없는 일이라고 사탄을 즐겁게 할 뿐이다. 9) 성경의 가르침의 핵심적 가르침인 하나님의 사랑이 무엇인지 모호하게 만든다.

웨슬리는 그와 같이 예정론을 비판하면서 예정론과 대조되는 "진실된 교리"를 말하고 있다. 전도자 웨슬리는 모든 사람이 회개하고 복음을 받고 영생을 얻기를 촉구하면서 에스겔서 33장 11절의 말씀을 결론으로 제시하였다. "주 여호와의 말씀이니라 나의 삶을 두고 맹세하노니 나는 악인이 죽는 것을 기뻐하지 아니하고 악인이 그의 길에서 돌이켜 떠나 사는 것을 기뻐하노라 이스라엘 족속아 돌이키고 돌이키라 너희 악한 길에서 떠나라 어찌 죽고자 하느냐 하셨다 하라."(김진두, 「웨슬리와 우리의 교리」)

칼뱅주의 교리에 대한 비판에도 불구하고 웨슬리가 추구하는 신학은 모든 사람들을 향한 포용성을 보여주고 있다. 우선 웨슬리가 예정론자들을 받아들인 점을 보아야 한다. 웨슬리는 "휫필드의 서거에 대하여"라는 설교에서 휫필드가 설교한 성서적 교리를 언급하면서 휫필드가 강력하게 외친 원칙들을 굳게 잡는 일이 중요하다고 강조하였다. 즉 휫필드와 그의 칼뱅주의 추종자들의 의견이 예정과 '속죄된 의' 등에 있어서 자기 의견과 같지 않았지만, 그러한 의견의 차이가 그리스도를 증거하는 협력을 깨트릴 수 없다고 설교하였다. 또한 "삼위일체에 관하여"라는 설교에서도 절대적 예정을 신봉하는 칼뱅주의자들을 진정한 신앙인이 아니라고 누가 장담할 수 있냐고 질문하면서 그들 중 많은 이들이 밝은 등불이었으며, 지금도 하나님과 인간들을 사랑하는 진정한 그리스도인이라고 말했다. 웨슬리는 예정론에 대하여 강하게 비판했지만 예정론을 주장하는 이들을 이단으로 정죄하거나 거부하지 않고, 협력할 수 있다고 보았다. 웨슬리는 예정론이 기독교 신앙의 본질이 아니라 의견이라고 생각하였다.

그는 모든 사람의 구원에 관하여 깊은 관심이 있었다. 웨슬리의 선행은총은 하나님의 주권과 인간의 자유의지를 대립시키는 것이 아니라 화해시키는 영적 조건이다. 인간의 자유의지나 양심, 이성을 모두 하나님의 은혜로 보면서, 구원에 있어서 인간이 어떤 방식으로든 어느 정도 참여한다고 본다. 이는 인간에게 방점이 있는 것이 아니라 하나님의 은총에 관심한다. 웨슬리 신학의 특징 중 하나인 성화에 있어서도 인간의 책임이 나타난다. 믿음이 성화의 조건인 것은 확실하지만 성령의 역사 안에서 경건과 사랑의 실천을 통하여 완성된다. 그리고 교회는 성화의 장이 된다고 보았다.

3) 사회적 책임성

재론할 필요가 없이 웨슬리의 신앙과 신학을 거론할 때 빼놓을 수 없는 부분이 사회선교 혹은 사회성화다. 웨슬리의 신앙과 신학은 추상적·이론적 가르침이 아니었다. 감리교회가 처한 영국사회에 구체적으로 응답하고 참여한 실천적 신앙고백이었다. 아마도 평생 계속한 순회전도에서 만난 수많은 가난하고 고난당하는 이들에 대한 사랑에서 출발했을 것이다. 웨슬리 당시 감리교회는 가난했지만 그들은 가난하고 병든 교인들을 돌보았다. 웨슬리는 사회봉사에 많은 시간을 사용하고, 구체적으로 고용안정에 관심을 가졌고, 자본주의의 부당성을 제기하였다. 웨슬리는 돈의 위험성을 지적하며 가난하고 억눌린 자들을 위한 교회를 지향하였다. 그는 이미 270년 전에 오늘날 그라민 은행과 같은 마이크로 크레디트 사역을 실시하여 가난한 노동자들과 소상공인들을 돕는 기금을 조성하였다. 가난한 사람들에 대한 웨슬리의 입장을 잘 보여주는 기록이 있다. 그는 청교도운동으로 일반화된 생각을 부정하였다. 즉 개인의 경제적 불행, 빈곤이 그 개인의 죄에 대한 형벌이라는 생각에 동의하지 않았다. 1753년 2월 일기에서 그는 가난한 사람을 방문한 소감을 이렇게 썼다.

나는 많은 환자들을 방문했다. 어떤 사람은 좁은 지하실에서, 어떤 사람은 지붕밑, 다락방에서 살고 있었다. 누가 이것을 보고 아무런 생각도 없이 무시할 수 있겠는가? … 금요일과 토요일에도 할 수 있는 대로 여러 사람을 방문하였다. 그들은 추위와 굶주림으로 거의 아사 상태에서 죽음의 길을 걷고 있었다. 약함과 고통속에서 번민하고 있었다. 그런데 걸어다닐 수 있는 사람치고 일하지 않는 사람은 한 사람도 없었다. "그들은 게으르기 때문에 가난하다"는 일반적인 논리는 지극히 옳지 않을 뿐 아니라 심한 위증이다. 만일에 이런 형편을 당신들의 눈으로 직접 보았다면 당신은 장신구나 불필요한 물건을 사는 데 돈을 쓸 수 있을 것인가?(나원용역, 「존 웨슬리의 일기」)

웨슬리의 실천적 신앙에 따라 감리교회는 교리와 실천(Doctrine and Discipline)

을 동등하게 강조하는 교회로 발전하였다. 웨슬리와 감리회신학을 깊이 연구하고 가르치는 김진두 박사는 감리교회의 실천이 신앙에 대한 이해에서 나온다고 설명하고 있다. 즉 바른 교리와 바른 신앙에서 바른 실천이 나온다고 믿었고, 동시에 바른 실천이 바른 교리를 증명한다고 믿었다. 감리교회는 교리와 실천을 절대로 분리하지 않는데, 교리와 실천을 나누는 것은 마치 예수와 그리스도를 나누고, 육체와 영혼을 분리하며, 교회와 세상을 분리시키는 것과 같기 때문이다. 따라서 감리교회는 교리와 생활을 하나로 여기고 결합하는 진정한 기독교를 추구한다. 이러한 실천은 단순히 신앙 양심과 인간의 결단에 의한 것이 아니었다.

독일감리교회 신학자 클라이버(W. Klaiber) 역시 웨슬리와 감리교회의 실천적인 측면을 잘 설명하고 있다. 그는 감리교회 신학에서 교회란 하나님의 선교를 위한 공동체라고 설명하면서, "그리스도인이 되었다는 것이 단순히 이론적이거나 외적인 습관으로 그치지 않고, 인간의 가장 깊은 내면까지 그리고 그의 삶 전체를 통해서 나타나게 하는 것"이라고 하였다. 감리교인의 기독교적 삶은 다른 사람에게 선을 행하는 사랑과 우리가 가지고 있는 것이 개인적 소유가 아니라 하나님께서 그의 뜻 안에서 사용하도록 맡겨 놓으셨다는 믿음으로 설명하였다. 기독교인의 삶의 실천을 위한 기본 규범은 사랑이며, 이는 개인적 차원과 사회적 차원을 동일하게 보는 것이다.

> 단순히 감정으로 그치지 아니하고, 정말로 이웃을 배려하고 도와주는 인간적인 사랑은 하나님의 사랑에 뿌리를 내리고 있다. 기독교의 신앙이 삶의 실천을 위한 안내자가 되고 그리고 개인적인 영역에서나 사회적·공공적인 삶의 영역에서 책임을 분명하게 인식하게 하는 안내자의 역할을 함으로써 실천되는 윤리 곧 기독교 윤리는 하나님의 사랑에서 가능성의 근거를 갖게 되며 또 방향이 설정된다.(W. 클라이버, 조경철 역, 「감리교회 신학」)

웨슬리의 사회적 실천은 가난한 사람들에 대한 동정과 구호가 아니었다. 그는 그리스도를 따르는 건강한 신앙과 신학의 지평에서 빈곤이 그들의 책임이 아니라는 것을 알고 있었다. 웨슬리의 신학과 교회론은 성서가 전하는 그리스도의 사역에 기초하고 있었다. 에큐메니칼 지평 위에서 이루어지는 교회의 책임과 실천을 강조하였다. 이러한 웨슬리의 신학적 감수성 위에서 감리교회는 건강하게 균형 잡힌 통전적 신앙을 갖춘 교회로 탄생하였다.

2. 메도디스트 운동과 에큐메니즘

웨슬리 형제의 경건생활과 복음전도운동에서 기원하고 발전한 메도디스트 운동은 루터나 칼뱅과 달리 교리적인 엄격성을 요구하지 않았다. 물론 웨슬리 자신은 세상을 떠나기 5년 전에 경고한 바 있다. 즉 메도디스트들이 교리와 영과 신앙훈련을 견고하게 붙잡지 않을 경우 형식만 남은 죽은 종파가 될 수 있다는 경고였다. 일각에서 감리교회의 교리적 취약성을 지적하기도 하지만 감리교회는 분명하고 실천적인 교리들을 가지고 있다.

그러나 감리교회의 역사는 교리적 강조점을 앞세우기보다 삶 속에서 기독교의 진리를 구현함으로 개인과 사회에 대한 기독교인의 신앙적 책임을 실천하는 것을 강조했기 때문에 교리적 엄격성이 다른 교회들보다 약하다는 인상을 주었다. 그러나 교리적 엄격성은 다른 교회들과 차이를 강조하고 구별한다는 측면에서 웨슬리가 보여준 신앙적 포용성과 신학적 개방성은 감리교회의 실천적 성격과 결합하여 두드러진 특징이 되었다. 감리교회의 에큐메니칼 운동을 한마디로 설명하면, 웨슬리에게 발원하여 영국과 미국을 거쳐 전 세계로 흘러간 감리교회라는 강물이 에큐메니칼 운동의 바다를 만나 고유한 포용성과 개방성을 발휘한 발자취라고 할 수 있다.

웨슬리의 교회일치적 특징은 신학적 종합에서도 나타났다. 루터와 칼뱅이 오직 믿음과 오직 은혜의 교리에 경도되어 성화를 경시하는 경향을 보였던 반면 웨슬리는 오직 은혜와 믿음과 함께 성결을 추구하는 믿음을 강조하였다. 그는 믿음과 생활 중 어느 하나를 집중적으로 강조하지 않고 균형적인 종합을 택한 것이다. 그는 죄와 믿음에 의한 구원의 교리에 있어서 루터와 칼뱅과 전적인 동질성을 가지고 있었지만, 여기에 가톨릭 전통의 완전성화를 결합시켜 의인의 교리와 완전성화의 교리를 동등하게 강조하였다. 또한 마카리우스와 그레고리, 에브라임 사이루스와 같은 동방정교회 교부들의 영성신학을 통하여 완전성화를 지향하는 목적론적 구원론을 수용하였다.

김진두 박사는 메도디스트 교리의 영구한 장점을 설명하면서 웨슬리 신학의 강점을 일곱 가지로 정리하였다. 이는 웨슬리 신학과 그로부터 정립된 감리교회 교리의 특징이며 장점들이다.

1. 메도디스트 교리는 성경적이고 경험적인 진정한 기독교의 본질을 명쾌하게 선포한다.
2. 메도디스트 교리는 생명력있는 신앙을 추구한다. 웨슬리는 우리의 교리를 통하여 생명력있고 생동력있는 기독교를 추구하는 것을 목적으로 하였다.
3. 메도디스트 교리는 교리와 실천, 믿음과 사랑, 신앙과 생활을 균형있게 강조한다.
4. 메도디스트 교리는 성경적 복음주의 신앙의 요약이며, 또한 그것은 긴급하고 실제적인 복음전도의 메시지이다.
5. 메도디스트 교리는 만인구원론을 그 궁극적인 목표로 삼는다.
6. 메도디스트 교리는 신학적 논쟁을 피하며, 갈등과 불화를 치유하고 분열된 현대교회를 위하여 "브리지교회"(Bridge Church)의 역할을 하기에 가장 좋은 요소들을 지니고 있다.
7. 메도디스트 교리는 평이하고 단순하고 실제적이며, 그 표현이 부드럽다.

이 특징들은 모두 칼뱅의 신학적 엄격성과 현학성 등과 비교되며 대조적이다. 김진두 박사는 이러한 교리적 지향을 통하여 웨슬리는 특별하고 새로운 교회가 아니라 성경적이고 사도적이며 복음적이고 진정한 기독교, 즉 진정한 가톨릭(진정으로 하나의 신앙으로 일치하는 하나의 교회) 교회를 추구하였다고 설명한다. 그에 따르면 웨슬리의 브리지교회로서의 교리적 특징은 교파주의나 종교적 배타주의를 극복하고, 세계 인류의 평화와 구원에 공헌하는 선교적 기초가 된다. 아울러 수백 년간 갈라져 갈등을 겪어 온 교회들 간에 대화와 협력과 일치를 돕는 역할을 하기에 가장 좋은 관점을 가지고 있다.

메도디즘은 기독교의 본질적인 교리에 온전히 충실하면서 동시에 비본질적인 교리나 신학사상에서는 언제나 보편주의 혹은 관용주의의 입장을 취하는 "복음적 에큐메니즘"(Evangelical ecumenism)이라 명명하였다. 이러한 신학적 특성은 한국과 세계적 차원에서 감리교회가 에큐메니칼 운동에 적극적으로 참여하는 바탕이라 할 수 있다. 웨슬리는 "보편적 정신"(A Catholic Spirit)이라는 설교에서 다음과 같이 외치고 있다.

> … 두 가지 일반적인 장애가 있습니다. 첫째는, 모든 사람이 동일한 생각을 하지 않는다는 것이며, 둘째는 모든 사람이 공동의 보조를 맞추지 않는다는 점입니다. 즉 몇 가지 사소한 점에서는 각자의 감정이 다른 만큼 각자의 행동 역시 다를 수밖에 없습니다. 그러니 그것이 외적으로 완전한 결합을 방해할지 몰라도 … 그러한 차이가 우리의 사랑의 결합까지 막을 이유는 없습니다. … 우리의 의견이 다르다고 해서 한마음이 될 수 없는 것은 아닙니다. … 우리는 사랑으로 하나가 되어야 합니다. 비록 사소한 차이가 있을지라도 하나님의 모든 자녀들은 사랑 안에서 연합해야 할 것입니다. 우리는 사랑과 선행을 통하여 함께 전진할 수 있습니다. … 내 마음이 당신을 향해 열린 것처럼 당신의 마음도 그러합니까? 만일 그렇다면 나와 함께 손을 잡읍시다.

웨슬리는 교리적 근본주제들, 즉 본질적인 교리에 온전히 충실하면서도 동시에 보편적 다양성과 포괄주의를 지향하는 특징을 가지고 있었다. 찰스 웨슬리는 존 웨슬리의 "보편적 정신"이라는 설교의 영감을 풍성하게 하는 "보편적 사랑"(A Catholic Love)이라는 찬송을 지었다.

끝없이 말 많은 논쟁은 지치게 하고
온갖 이론과 학설도 소용이 없네
당신께만 길과 진리 생명 있으니
당신의 사랑만이 내 마음에 불 밝히니
거룩한 가르침에 나 하늘을 나네
당신의 진리 안에 마음 모으고
당신 안에 하나되어 살고 지고.

김진두 박사는 웨슬리의 교리적 특징을 정리하면서 다음과 같은 결론을 제시하였다.

웨슬리 형제와 초기 메도디스트들은 죽이는 것이 아니라 살리는 교리와 신학을 전파하고 노래하고 실천하였다. 메도디스트 교리는 죽은 자를 살리는 하나님의 능력이다. 웨슬리와 초기 메도디스트들은 진정한 기독교/성경적인 기독교의 본질적인 교리들 중에도 '우리의 교리'를 강조하여 전파하고 실천함으로 영혼을 구원하고 교회를 개혁하고 사회를 성화하고 민족과 세계를 구원하는 위대한 역사를 이루어 냈다.

에큐메니칼 운동이 지향하는 방향과 목적에 정확하게 부합하는 특징이다. 때문에 웨슬리 신학의 교회일치적 특징은 감리교회와 감리교회 신학이 세계에 흩어진 교회의 일치를 위한 에큐메니칼 운동의 중심신학의 역할을 하는 신앙적이고 신학적인 기초가 되었다.

3. 감리교회 교리의 에큐메니칼 특징

우리는 웨슬리의 신앙의 표준으로 성서, 전통, 이성, 경험의 사중표준을 잘 알고 있다. 그러나 교리로서 사중표준은 고유성과 실천성에서 감리교회만의 특징은 아니다. 오히려 기독교회의 특징이라 할 것이다. 초기 메도디스트 교리는 다음과 같은 열네 가지 특징을 가지고 있었다.(김진두, 「웨슬리와 우리의 교리」) 즉 성경적, 사도적 초대교회적, 역사적, 이성적, 경험적, 실천적, 구원론 중심적, 복음전도적, 목회적, 설교를 통하는 방식, 영성적, 평이한 특징, 시가적, 그리고 에큐메니칼하다는 것이다.

웨슬리의 사역을 보면 정확하게 에큐메니칼한 사역을 수행했다. 웨슬리는 개인적 성화만 강조한 것이 아니라 당시 영국사회의 어두운 측면을 바라보면서 교회의 사회적 책임을 강조하였고, 가르쳤으며, 실천하였다. 웨슬리는 그가 강조한 성화사상에 기초하여 희년사상을 제안하고 실천하였다. 웨슬리의 희년사상에 담겨진 구체적이고 실천적인 항목들을 정리하면 다음과 같다. 그는 구체적으로 부자들에게 유리한 고용체제의 개혁을 주장하였고, 자본의 독점화에 따른 시장경제를 비판하였다. 특별히 18세기 유럽을 지배한 칼뱅주의적 자본주의에 대하여 강한 거부감을 드러내었다. 또한 가난한 민중의 삶을 위하여 과중한 세금제도의 개혁을 주장하였고, 국무장관에게 보낸 편지에서 지적한 것처럼 부의 상속을 막을 방안을 고민하였다.

또한 잘 알려진 돈 사용의 3대 원리를 통하여 노동으로 정직하게 벌고, 저축하고, 그 돈으로 이웃을 도와야 한다고 가르쳤다. 그는 돈의 위험성을 지적하면서 청지기 의식을 갖고 하나님을 보지 못하게 하는 돈의 위험성을 경고하였다. 웨슬리는 만일 교회가 부자가 되면 성령께서 떠나시는 교회가 될 것이라고 예견하였다. 또한 그를 따르는 설교자들에게 부자들을 비평하는 설교를 하라고 요청하였다.

웨슬리는 "보다 좋은 길"(The More Excellent Way)이라는 설교에서 한 남자의 모습을 소개하고 있다.

옥스퍼드에 감리교인으로 살고 있는 청년이 있는데, 그는 일 년 동안 30파운드를 벌어서 28파운드를 생활비로 쓰고 2파운드를 가난한 사람들에게 나누어 주었습니다. 다음 해에 그는 60파운드를 벌었는데, 생활비로 28파운드를 쓰고 32파운드를 가난한 사람들에게 주었습니다. 그다음 해에는 90파운드를 벌었습니다. 그는 역시 28파운드를 생활비로 사용하고 62파운드를 가난한 사람들에게 나누어 주었습니다. 그다음 해에도 수입이 늘어 120파운드를 벌었습니다. 그는 생활비로 28파운드를 쓰고 92파운드를 나누어 주었습니다.(노로요시오 「존 웨슬리의 생애와 사상」)

학자들은 웨슬리가 말한 청년이 웨슬리 자신이라고 추측한다. 그만큼 웨슬리는 돈의 문제에 대하여 철저한 원칙과 실천력을 가지고 있었다. 그는 자주 돈의 위험성을 경고하고, 돈을 사랑함으로 하나님을 잃어버릴 수 있다고 경고하였다. 그는 가난한 자들을 돕는 것에서 그치지 않고 가난한 자들과 연대할 것을 요구하였다. 그는 감리교인들이 억눌린 자를 변호하고, 고아를 위로하며, 과부를 도와 마음에서 기쁨의 노래가 나오도록 해야 한다고 가르쳤다. 이러한 가르침이야말로 그가 의식하지 못했지만 에큐메니칼 복음주의이며 복음적 에큐메니즘이었다.

영국에서 감리교회는 1800년부터 1850년까지 급속하게 성장하였다. 가장 중요한 동기는 속회를 통한 신앙과 생활의 훈련이었지만, 특별히 산업혁명 이후 성장의 그늘에서 고통받던 노동자와 빈민들 사이에서 크게 성장하였다. 특별히 광부노조속회, 노동자노조속회, 농민노조속회 등이 발전하였고, 감리교회는 여섯 배에 이르는 성장을 경험하였다.

이와 같이 웨슬리는 특정한 교파나 고유한 교리를 추구한 것이 아니라 진정으로 성경적인 기독교를 세우는 일에 일평생 온 힘을 다하였다. 성경적이고 기독교의 근본이 되는 교리에 일치하는 모든 교회나 신학사상에 관용적이었고 이는 에큐메니칼 정신과 정확하게 일치하는 입장이었다. 그는 교회의 일치를 위하여 열린 신앙과 신학을 갖고 있었고 이는 감리교회만을 위한 것이 아니었다. 때문에 "모든 면에서 균형과 조화를 추구하며 교회의 협동정신과 일치정신을 무엇보다 중요시한다. 또 어떤 전통이라도 성서적으로 바른 사상이라면 수용하고 겸손히 배우려는 태도를 가진" 메도디스트 신학은 에큐메니칼 성격을 가지고 있었다.

4. 감리교회의 성장과 연합운동

웨슬리 자신은 평생 영국교회 사제로 살았다. 그러나 그가 시작한 메도디스트 운동은 영국과 미국에서 새로운 교회로 급속하게 성장하였다. 1791년, 웨슬리가 88세의 나이로 세상을 떠날 때 115개 구역, 300여 순회 목회자, 1,000명의 평신도 설교자, 약 8만 신도였던 영국감리교회는 1850년 40만 신도의 교회로 성장하였다. 그러나 성장의 그늘에는 분열의 그림자가 있었다. 웨슬리 생전에 이미 일곱 개의 감리교회로 나누어진 것이다. 이들은 1932년 연합총회를 가질 때까지 각각 선교와 봉사에 노력하였다. 미국감리교회의 역사는 또 다르다. 1776년 미국이 영국으로부터 독립하면서 미국감리교회 역시 독립교회 조직의 필요성을 느끼게 되었고, 1784년 성탄절 총회를 통하여 미국감리교회로 출범하였다.

미국교회는 18세기 두 번의 대각성운동을 경험하며 크게 성장하였다. 1720년대부터 1770년대 사이에 일어난 1차 대각성운동을 이끈 사람들은 조지 횟필드, 프릴링하이젠, 길버트 테넌트, 조나단 에드워즈, 그리고 그의 두

제자 조셉 벨러미와 사무엘 홉킨즈 등이다. 이 기간 기독교는 급성장하였는데, 뉴잉글랜드 교회의 경우 30만 인구의 뉴잉글랜드에서 1730년대 말 2년 동안 약 2만 5천 명이던 교인은 약 5만 명으로 늘어났다. 각성운동은 미국의 기독교인들에게 선교 열정과 인류애, 교파간의 협력과 교육 기관의 설립을 촉진하는 결과를 가져왔다.

1796년, 장로교 목사 제임스 맥그리디에 의해 서부 켄터키에서 2차 대각성운동이 시작되었다. 2차 대각성운동은 미국교회에 지대한 영향을 미쳤는데, 특별히 감리교회와 침례교회가 커다란 성장을 맞이하였다. 그러나 2차 대각성운동이 중요한 이유는 교회의 성장보다 각성의 성격이라고 할 수 있다. 즉 1차 대각성운동이 개인의 신앙적 변화를 이끌었다면 2차 대각성운동은 사회변혁을 열망하는 분위기를 만들었다. 이러한 분위기 속에서 가난한 이들을 위한 자원봉사운동과 여성의 교육받을 권리를 위한 여성권익증진운동, 노예폐지운동 등이 일어나면서 웨슬리의 사회성화 사상을 강조하는 감리교회에 사람들이 몰려든 것은 어쩌면 자연스러운 현상이었다.

그러나 1844년, 미국감리교회는 노예제도를 둘러싸고 두 개의 교단으로 분리되었다. 교단의 분리에도 불구하고 미국감리교회는 1900년경 200만 명에서 1960년 1,000만 명의 신도로 성장하였다. 1881년, 런던에서 열린 에큐메니칼 감리교대회(Ecumenical Methodist Conference)에 20개국 30개 감리교회 대표들이 참석하여 분열된 감리교회의 하나됨을 모색하기 시작하면서 감리교회 역사에서 하나의 전환점이 되었다. 1907년 영국감리교회에서 시작된 연합운동은 1932년에 이르러 거의 모든 감리교 교파와 단체가 합류하여 하나의 감리교단으로 재출발하였다. 그 과정에서 1939년, 미감리교회와 남감리교회의 통합이 이루어졌다. 미국감리교회는 미국사회에 완전히 뿌리내리면서 인도와 중국의 복음화를 위해 전력을 기울였고, 미국 개신교 전반에 걸쳐 압도적인 영향력을 행사하였다. 1968년, 형제연합교회(Evangelical United Brethren)와 통합하면서 공식적인 연합감리교회(United Methodist Church)로 출발하였다.

감리교회는 국제적 차원의 에큐메니칼 운동에도 적극적으로 참여하여 존 모트와 옥스남 같은 감리교인들이 1948년 WCC 창립총회에서 핵심적인 역할을 하였고, 그 후 WCC 총무로 봉사한 두 사람, 필립 포터(1972~1985)와 에밀리오 카스트로(1985~1992)는 감리교회 목사들이었다.

5. 감리교회의 에큐메니칼 대화

1951년 조직된 세계감리교협의회(WMC)는 감리교회의 연합체로서 전 세계 감리교회의 연대와 교류를 추진하는 동시에 루터교회, 개혁교회, 로마 가톨릭교회와의 에큐메니칼 대화를 진행하고 있으며 이러한 노력은 국제적 차원에서 결실을 보고 있다. 1차 WMC 총회는 신앙고백에 의한 분리를 지양하고 교파를 초월한 연합이라는 광범위한 공동체 속에서 새로운 모습을 추구해 나갈 것을 제안하였다. 웨슬리가 가졌던 처음 목표를 회복하는 시도라 할 수 있다.

세계감리교협의회를 통하여 감리교회와 개혁교회의 대화가 시작되었다. 1985년과 1987년 두 차례의 국제회의를 통하여 세계감리교협의회와 개혁교회세계연맹(WARC)은 심도 있는 대화를 진행하였고, 양 협의회가 지명한 신학자들이 모여 "하나님의 은총 안에서 함께" 모이자고 결의하였다. 이들은 양 교단 간에 전통적으로 긴장을 불러일으켰던 교리들이 두 교단의 화합에 장애가 되어서는 안 된다는 공감대를 도출하였다.(WCC, 「에큐메니칼 운동과 신학사전 I 」)

이 대화 가운데 감리교회 신학자들은 웨슬리가 비판했던 칼뱅의 교리 가운데 감리교회와 대화가 가능한 몇 가지 근본적인 교리들을 공유하였다. 즉 선한 모든 것은 하나님의 무조건적인 은총에서 온 것이며, 자연 상태의 자유

의지란 불가능하고 하나님의 은총에서는 어떤 권세도 없으며, 심지어 하나님의 은총에 의해서 얻은 것이나 행한 것까지 포함해서 도대체 인간에게는 구원받을 만한 어떤 것도 없다는 점이다. 1987년 제출된 보고서에서 대화를 진행한 신학자들은 "칼뱅주의자와 웨슬리주의자로 구분되는 이 대조적 자세는 단지 이와 같은 공통적인 이해 안에서의 대결일 뿐"이라고 정리하였다. 웨슬리와 칼뱅의 신학에는 분명히 대립적인 측면이 존재한다.

그러나 양자는 대화를 통하여 하나님의 주권적인 구원의 은총에 대한 인식을 공유하면서 한편으로 고유한 신학적 입장을 유지하고 있다. 즉 선행은총이나 성화와 같은 주제에 관한 입장 차이를 확인하면서 동시에 그러한 입장을 존중하며 각자의 신학적 관점과 방향을 유지하는 것이다. 이러한 대화를 통하여 감리교회와 개혁교회(장로교회)는 신학적 지평을 확대하고 동시대 세계선교와 인류의 급박한 문제들에 대한 인식 공유의 토대를 마련하였다. 그러한 의미에서 1987년 보고서는 다음과 같은 결론을 담고 있다. "그리스도교의 사상과 삶을 실현하는 데 있어서 우리의 상호 보완방식은 하나님의 은총 안에서, 하나님과 계약을 맺은 존재로서, 온전한 구원을 지향한다는 공통된 토대 위에서 구축된다."

로마 가톨릭교회와의 대화는 제2차 바티칸공의회에 감리교회 참관인이 참가함으로 시작되었다. 세계감리교협의회는 바티칸의 그리스도 일치촉진 사무국과 국제대화모임을 1967년부터 갖기 시작하였다. 세계감리교협의회 – 로마 가톨릭교회 공동위원회는 5년 단위로 활동계획을 작성하며 대화하고, 5년마다 감리교회와 로마 가톨릭교회에 보고서를 제출하고 있다.(덴버 1971, 더블린 1976, 호놀룰루 1981, 나이로비 1986)

두 교회는 주로 성례전과 사역에 관하여 논의하였다. 이는 성공회 – 로마 가톨릭교회, 루터교 – 로마 가톨릭교회 간에 나눈 대화의 주제이기도 하다. 1981년 세 번째로 제출된 호놀룰루 보고서는 "성령에 관한 이해를 향하여"라는 제목으로 작성되었다. 이 공동위원회는 삼위일체 속에서 성령의 지위와 칭의, 중생과 성화에서 성령의 활동과 역사에 관한 일치된 이해를 확인하고, 인간의 모든 행위와 응답에 성령의 특별한 역할이 있다는 것에 주목하였다.

특히 1986년 나이로비 회의는 "교회에 관한 공동이해를 향하여"라는 보고서를 제출하였다. 이 보고서에서 기본적인 틀로 삼은 것은 코이노니아 개념이었다. 보고서는 "하나님이 세상을 그토록 사랑하셔서 그와의 영적인 교제로 우리를 불러내시기 위해 그의 아들과 성령을 보내심으로써 하나님 안에서 3위가 그 역할을 함께 나눈 것이, 그리스도의 제자들, 즉 교회의 가시적인 코이노니아 속에서 구체적으로 표현되었다."고 결론지었다. 또한 이 보고서는 분열의 시기에 형성된 교회론이 새로운 상황에 적합하지 않다는 것을 인식하면서 "하나의 교회가 되는 여러 가지 방안들"을 선별적으로 제시하였다. 그러나 교회의 사법권과 치리권에 있어서, 교황이 베드로의 수위권을 승계했다는 주장에 대해서는 첨예한 차이를 보였다.(WCC, 「에큐메니칼 운동과 신학사전 I」)

그럼에도 불구하고 "양 교회는 하나님의 행동이 우리의 구원을 위해 절대적인 만큼 이를 확신할 수 있는 권위적인 방식을 설정해야 할 필요성에 대해 동의하였다."고 보고하고 있다. 감리교회는 웨슬리의 성서적이고 신조에 근거한 신앙, 성례전적 삶의 차원, 개인적·사회적 경건성의 추구라는 측면에서 가톨릭교회와 밀접한 관계를 형성할 수 있는 토대를 가지고 있다.

2006년 7월, 서울 세계감리교회대회에서는 극적인 공동선언과 서명이 있었다. 1999년 루터교회와 로마 가톨릭교회가 공동으로 선언한 칭의교리에 대한 합의문에 감리교회가 서명한 것이다. 이 서명식에는 로마교황청 그리스도인일치촉진평의회 회장 선데이 음방 감독, 조지 프리먼 총무, 루터교회 세계연맹 사무총장 이스마엘 코고 박사, 한국 가톨릭교회 김수환 추기경이 서명하였다. 이어진 에큐메니칼 예배에는 세계교회협의회 사무엘 코비 총무, 세계성공회협의회 케네스 키론 사무총장, 한국 가톨릭교회 최창무 광주대교구장, 교회일치와 교회 간의 대화위원장 김희중 대주교 등이 참석하였다. 이는 로마 가톨릭교회와 루터교회가 5백년 만에 신학적으로 화해를 이룬 것과 함께 감리교회가 가톨릭교회와 루터교회와 교리적으로 같은 걸음을 걷고 있다는 것을 보여주었다.

감리교신학대학 역사신학 교수를 지낸 김홍기 박사는 이 선언을 역사적인 사건으로 보고 있다. 그는 이 공동선언이 종교개혁에 대한 트리엔트 공의회의 반박 이후 처음 이루어진 화해와 일치의 선언이라는 역사적 의미와 의의를 지닌다고 평가하였다. 아직도 적지 않은 차이점이 남아 있지만 칭의론과 함께 웨슬리의 성화론을 이해한다면 그 안에서 신학적인 종합을 이룰 수 있다는 것이 김홍기 박사의 주장이다.

에큐메니칼 대화의 조건과 목표는 이 세계를 향한 하나님의 구원의 의지를 선포하고 그 일에 참여하는 교회의 의지와 노력을 강화하는 것이다. 감리교회는 초기 메도디스트 운동부터 신앙공동체를 통한 개인적·사회적 경건과 성화라는 귀중한 유산을 물려받은 교회로서 영국뿐 아니라 신대륙과 복음이 전해진 모든 곳에서 에큐메니칼 운동에 적극적으로 참여해 왔다. 그러나 현대 감리교회는 변화된 환경들, 즉 문화적 영역이나 국가화의 지리적 한계 안에서 과거의 영화를 잃어가고 있다. 지구적 환경에서 새로운 주제와 내용을 고민해야 할 단계에 서 있는 것이다. 이 시점에서 우리는 "생각이나 발걸음이 조금씩 다를지라도 그리스도의 사랑 안에서 아무것도 문제가 되지 않는다."(존 웨슬리, "보편적 정신")고 외쳤던 웨슬리의 에큐메니칼 정신을 기억하며 교회의 연합과 실천의 자리에 서야 할 것이다.

세계감리교협의회와 의화 교리에 관한 공동 선언문

감리교 성명서

1. 루터교 세계연맹과 로마 가톨릭교회는 공식 승인을 거쳐 1999년 10월 31일 "루터교 세계연맹과 가톨릭교회의 의화 교리에 관한 공동 성명서"에 서명함으로써 "의화 교리에 관한 공동 선언문"을 확정하였습니다. 그리스도에 대한 신앙을 통하여 하느님의 은총으로 얻어지는 의화 교리의 기본 진리에 대한 공동의 이해를 분명하게 설명한 이 실질적인 합의는, 로마 가톨릭교회와 루터교가 16세기 서구교회 분열의 주요 원인이었던 신학적 논쟁과 관련하여 중요한 합의에 이르렀음을 표현하는 것입니다.

2. 세계감리교협의회에 소속된 우리 교회들은 이 동의를 매우 기쁘게 받아들입니다. 우리는 "의화 교리에 관한 공동 선언문"에서 설명하는 의화에 대한 공동 이해(15~17항)가 감리교의 교리에도 부합한다고 선언합니다. 우리는 특히 하느님의 구원 활동을 삼위일체적으로 설명하고 있는 다음 항들을 만족스럽게 생각합니다.

15항. 신앙 안에서 우리는 모두, 의화가 삼위일체이신 하느님의 역사(役事)라고 확신합니다. 성부께서는 죄인들을 구원하시고자 당신 아드님을 세상에 파견하셨습니다. 의화의 토대와 전제는 그리스도의 강생과 죽음 그리고 부활입니다. 그래서 의화는 그리스도께서 친히 우리의 의(義)가 되심을 뜻하며, 우리는 성령을 통하여 하느님의 뜻과 일치하여 이 의(義)에 참여하게 됩니다. 우리는 다함께 고백합니다. 우리의 어떤 공로 때문이 아니라, 그리스도의 구원 행위에 대한 믿음 안에서, 오로지 은총에 의해 우리는 하느님께 수락되어, 우리를 선행으로 준비시키고 부르시면서 우리의 마음을 새롭게 하시는 성령을 받게 됩니다.

16항. 모든 사람은 하느님에 의해 그리스도 안에서 구원으로 불리고 있습니다. 우리가 믿음 안에서 이 구원을 받을 때에 우리는 오로지 그리스도를 통하여서만

의화됩니다. 신앙은 그 자체로서 성령을 통하여 주어지는 하느님의 선물이며, 이 성령께서는 신자들의 공동체 안에서 말씀과 성사를 통하여 일하시면서, 동시에 하느님께서 영원한 생명 안에서 완성으로 이끄실 삶의 쇄신으로 신자들을 인도하십니다.

17항. 우리는 또한 의화 메시지가 특별한 방식으로 우리를 그리스도 안에서 하느님의 구원 활동에 대한 신약 성경 증언의 핵심으로 이끌어 간다는 확신을 공유합니다. 곧, 죄인들로서 우리가 얻게 되는 새 생명은 오로지 하느님께서 선물로 부여하시고 우리는 믿음으로 받게 될 뿐, 결코 어떤 방식으로도 공로로 취득할 수 없는, 용서하고 새롭게 하는 자비의 덕임을 말해 줍니다.

3. 우리는 종교개혁 이래로 루터교와 로마 가톨릭교회 사이에 논쟁의 대상이 되어 온 의화 교리의 몇몇 중요한 쟁점들에 관하여 공동으로 선언한 내용에 동의합니다.(공동 선언문, 19,22,25,28,31,34,37항 참조) 나아가 우리는 이 쟁점들에 관한 루터교와 가톨릭교회 각자의 입장에 대한 설명(공동 선언문, 20−21,23−24,26−27,32−33,35−36,38−39항)을 수용하며, 이러한 강조점의 차이가 두 교회 어느 쪽과도 감리교를 갈라지게 하는 이유가 된다고 생각하지 않습니다.

4. 감리교 운동은 스스로 루터나 다른 종교 개혁자들, 그리고 웨슬리 형제들이 이해한 의화에 관한 성경의 가르침에 크게 의존하고 있다고 생각해 왔습니다. 그러나 감리교는 또한 동서방 초기 교회의 가톨릭 전통에 속하는 의화 교리의 요소들도 언제나 포용해 왔습니다. 이 때문에 감리교 자체의 의화 교리는 독특한 특징을 지니게 되었습니다. 루터교 신자들과 가톨릭 신자들 사이에 이루어진 "의화 교리의 기초 진리에 대한 합의"를 손상시키지 않는다고 여겨지는 "언어와 신학적 부연 설명, 그리고 강조점에서 여전히 존재하는 상이성"(공동 선언문, 40항)과 관련하여, 감리교의 가르침은 다음과 같이 설명될 수 있습니다.

4.1 존 웨슬리에 따르면 원죄 교리는 본질적인 그리스도교 교리입니다. 인간 본성의 타락은 인간 스스로 치유할 수 없습니다. 타락의 파괴력은 선행 은총(先行 恩寵)을 누구나 받을 수 있다는 가능성으로 상쇄됩니다.(설교 85, "우리 자신의 구원을 위한 노력", III.4) 인간이 하느님의 은총에 응답할 수 있는 것은 오로지 하느님의 선행적

(先行的) 활동 덕분입니다. 웨슬리에 따르면, 하느님의 은총은 인간의 응답을 "강요하는" 것이 아니라 "보조하는" 것입니다.(설교 63, "만천하로의 복음 전파", 11) 하느님의 은총으로 신자들은 하느님께서 세상을 당신과 화해시키셨음을 사람들에게 알리고, 예수 그리스도를 대신하여 그들에게 하느님과 화해하라고 간청하는(2코린 5,20) 임무와 능력을 부여받습니다.

4.2 죄의 용서와 의를 이루는 것, 의화와 성화의 깊은 관계는 감리교가 의화에 관한 성경의 교리를 이해하는 데에서 언제나 핵심이 되어 왔습니다. 존 웨슬리는 구원에서 하느님의 은총이 이중으로 작용한다고 보았습니다. "의화로 우리는 죄의 허물에서 구원받아 하느님의 특별한 사랑으로 다시 돌아갑니다. 성화로 우리는 죄의 세력과 뿌리에서 구원받아 하느님의 형상으로 다시 돌아갑니다."(설교 85, II.1) 구원을 통하여 하느님과 이루는 친교로 들어가는 것과 우리 삶을 새롭게 하는 쇄신은 모두 온전히 하느님 은총의 작용입니다.

4.3 구원은 "믿음에 따라 이루어지고 은총으로 주어진다."(로마 4,16)라는 바오로의 말이 감리교 운동의 좌우명이 되었습니다. 감리교 운동은 웨슬리 형제와 그 친구들이 믿음으로만 얻는 구원의 해방시키는 복음을 체험한 이후 하나의 선교운동으로 시작되었습니다. 인간이 믿음으로만 구원받을 수 있는 것은 오로지 하느님의 은총 덕분입니다. 믿음으로 우리는 우리 삶 안에서 구원하고 구속하며 치유하고 새롭게 하는 하느님의 은총과 사랑의 활동에 투신합니다. 그러므로 참된 그리스도교 신앙은 언제나 "사랑으로 행동하는 믿음"(갈라 5,6)입니다.

4.4 믿음도 사랑도 인간의 노력으로 성취되는 것이 아니라, 신앙으로의 부르심과 우리에게 부어 주신 하느님의 사랑으로 우리 인간이 하느님의 구원 실재에 포함되는 것입니다.

4.5 감리교의 가르침과 설교, 전례와 성가에서, 은총의 신학은 우리 죄의 용서에 대한 보증뿐만 아니라 우리가 죄의 권세에서 해방된다는 약속도 담고 있습니다. 감리교 신학은 "이제 여러분이 죄에서 해방되고 하느님의 종이 되어 얻는 소득은 성화로 이끌어 줍니다. 또 그 끝은 영원한 생명입니다."(로마 6,22)라고 한 바오로의 말을 진지하게 받아들이고자 노력해 왔습니다. 바로 이 때문에 웨슬리는 '그

리스도인의 완덕' 또는 '완전한 성화'(1테살 5,23 참조)의 교리를 발전시키고 이를 감리교 가르침의 핵심으로 여겼습니다. 이 교리는 감리교 운동의 역사를 거쳐 오면서 그 해석에 차이가 있기는 하였지만, 다음과 같은 다섯 가지 가르침은 언제나 명백합니다.

a) '완전한 성화' 또는 '그리스도인의 완덕'은 바로 "마음을 다하고 목숨을 다하고 정신을 다하여 주 하느님을 사랑하는 것"과 "이웃을 자신처럼 사랑하는 것"(마태 22,37~39; 1요한 2,5 참조)입니다.

b) '그리스도인의 완덕'은 하느님께만 속한 절대적인 완전함이 아니며, "무지나 오류, 나약함, 유혹에서 면제되는 것을 뜻하지도 않습니다."(웨슬리 설교 40, "그리스도인의 완덕", I,9)

c) 우리의 온 존재가 성령을 통하여 우리 마음에 부어 주신 하느님 사랑으로 채워진다고 해도(로마 5,5), 이는 언제나 하느님의 선물이고 하느님 은총의 작용이지 우리 인간의 공로나 업적이 아닙니다.

d) 죄를 정복할 수 있다는 희망 때문에, 다시 타락하여 죄의 권세에 사로잡힐 위험을 부인하거나 무시해서는 안 됩니다.

e) 하느님의 은총으로 의화되고 성화된 이들은 일생에 걸쳐서 유혹과 죄와 투쟁하게 될 것입니다. 그러나 이러한 투쟁에서 그들은 그리스도를 통하여 하느님께서 죄의 세력을 무찌르셨다는 복음의 약속으로 힘을 얻습니다. 비록 의화된 이들의 삶 안에 "옛 아담의 이기적 욕망 안에서 하느님을 거스르는 것"(공동선언, 28항)이 여전히 존재한다고 해도, 하느님의 은총이 "우리 주 예수 그리스도를 통하여 영원한 생명을 가져다주는 의로움으로 지배"(로마 5,21)합니다.

4.6 감리교 신자들은 율법과 복음을 모두 하느님 말씀과 하느님 뜻의 표현으로 여깁니다. 생명과 행복의 길로 이끌기 위하여(신 30,15~20 참조) 하느님께서는 당신 사랑으로 율법을 주셨고, 이는 하느님과 이웃을 사랑하라는 계명으로 요약됩니다. 우리 인간은 혼자 힘으로는 이 길을 따를 수 없습니다. 우리가 모두 하느님의 뜻을 이루지 못하였으므로 율법은 이제 우리 죄를 드러내고 비난하는 역할을 합니

다.(롬 3:20 참조) 하느님께서는 예수 그리스도의 삶과 죽음으로 계시되고 표현된 사랑을 통하여 우리를 구원하시고 우리에게 생명을 주십니다. 율법은 이제 더 이상 예수 그리스도를 믿는 사람들을 단죄할 어떤 권한도 없지만 사랑의 계명에 요약된 대로 하느님의 뜻을 따르기 위한 불가결한 지침으로 남아 있습니다.

4.7 믿음의 확신과 구원의 확신은 언제나 감리교 설교에서 핵심이 되어 왔습니다. 그러한 확신은 소유의 확실성이 아니라 하느님의 사랑 안에 세워지는 관계의 신뢰성으로 여겨집니다. 이러한 관계는 '은총의 수단'을 사용함으로써, 특히 성경을 연구하고 주님의 만찬에 참여함으로써 실현됩니다. 이러한 것들은 하느님께서 우리에게 당신 은총을 전달해 주시고자 제정하신 외적 표지들입니다. 우리가 하느님의 자녀라는 성령의 증언으로(로마 8.16) 얻게 되는 확신은 예수 그리스도를 믿게 된 이들의 삶에서 평화와 기쁨의 원천이 됩니다. 웨슬리의 표현에 따르면 '거룩함'과 '행복' 모두 하느님 은총의 선물입니다.

4.8 "사랑으로 행동하는 믿음"(갈라 5,6)은 예수 그리스도를 믿는 사람들의 삶에서 비롯되는 모든 선의 근원으로 여겨집니다. 신심 활동과 자비의 활동들은 예수님을 따르는 이들의 삶 안에서 성령이 맺는 열매들입니다. 그러한 활동은 또한 신자들이 하느님과 친교를 이루는 삶을 살고 하느님의 선교, 그리고 가난한 이들과 하느님 사랑을 가장 필요로 하는 이들을 위한 봉사에서 "하느님의 협력자"(1코린 3,9)가 될 수 있게 돕습니다. 그러나 이 모든 활동은 하느님 은총의 작용입니다. 이를 두고 존 웨슬리는 "우리 자신의 구원을 위하여 힘써라"(필리 2,12)는 그의 설교에서, "하느님께서 일하시니 여러분도 일할 수 있고, 하느님께서 일하시니 여러분도 일해야 합니다."(설교 85, III.2)라고 말하였습니다.

5. 우리 감리교 신자들은 이러한 합의의 토대 위에 몇몇 나라에서 루터교회와 감리교회들이 서로를 예수 그리스도의 하나의 교회에 속한 것으로 인정하고 말씀과 제단의 온전한 친교를 선언한 것을 기쁘게 생각합니다. 의화 교리에 대한 우리의 공동이해를 이렇게 선언함으로써, 머지않아 우리도 다른 나라의 루터교회들과 또 로마 가톨릭교회와 더욱 친밀한 관계를 수립할 수 있기를 진심으로 바라는 바입니다.

　이 성명서로 세계감리교협의회와 그 소속 교회들은 루터교 세계연맹과 가톨릭교회가 1999년 10월 31일 아우크스부르크에서 서명한 "의화 교리에 관한 공동 선언문"의 가르침에 근본적으로 교리적 동의를 선언한다.

　"의화 교리에 관한 공동 선언문"에 서명하는 당사자들은 세계감리교협의회와 그 소속 교회가 발표한 앞의 성명서를 함께 환영한다. 그 성명서는 "의화 교리에 관한 공동 선언문"에서 표현된 의화 교리의 기본 진리들에 대한 합의에 감리교도 동의한다는 선언이며 표명이다.

　의화 교리의 기본 진리들에 대한 공동의 선언을 바탕으로, 우리 세 당사자는 신학 연구와 교육과 설교에서 의화에 대한 공동 이해를 더욱 깊이 하도록 함께 노력할 것을 약속한다.

　가톨릭 신자들과 루터교 신자들과 감리교 신자들은 현재의 성취와 약속을 그리스도께서 모든 그리스도인에게 바라시는 온전한 친교와 세상을 향한 공동 증언을 위한 노력의 일부라고 본다.

※ 이 공동 선언문은 1999년 10월 31일, 루터교회와 가톨릭교회가 공동발표한 "칭의론에 대한 공동 선언"에 감리교회 대표가 서명한 것이다. 이 선언문은 칭의 교리에 관한 공동 선언에 대한 일반적 이해가 감리교회 교리에 부합함을 선언한다고 밝혔다.

한국감리교회 선교와
에큐메니칼 정신

배재학당 학생들과 아펜젤러 선교사

감리교회가 이 땅에 전래된 지 130년이 지났다. 1885년 교육선교사로 파송된 아펜젤러 부부와 여성교육을 위해 여선교회에서 파송한 스크랜턴 대부인, 의료선교사로 파송된 스크랜턴이 도착한 이후 한국감리교회는 놀라운 성장을 이루었다. 아펜젤러 선교사를 비롯한 초기 선교사들과 감리교인들의 사역과 신앙을 통하여 에큐메니칼 선교의 정신과 실천을 볼 수 있다.

1. 아펜젤러의 에큐메니칼 선교

1885년 4월 5일, 미감리교회가 파송한 아펜젤러(Henry G. Appenzeller) 선교사 부부가 미북장로교회의 언더우드 선교사와 함께 제물포에 상륙하였다. 일본에 있던 로버트 매클레이 목사가 1884년 한국을 방문하여 선교 허가를 받은 지 일 년 만의 일이다. 아펜젤러 선교사는 미감리교회의 공식적인 선교사로 의료를 담당한 스크랜턴과 함께 조선에서 감리교회 선교를 시작하였다. 그는 이미 조선에 와 있던 알렌이나 일본에 있던 매클레이 목사와 긴밀한 관계 속에 선교를 시작하였다. 아펜젤러가 부활주일 제물포에 도착하면서 기록한 기도는 젊은 선교사의 마음을 알려준다. 미감리회 선교보고서 *The Annual Report of the Missionary Society of the Methodist Episcopal Church* 1885년판에 실려 있다.

우리는 부활주일에 여기 왔습니다. 이날에 죽음의 철장을 부수신 주님께서 이 백성을 얽매고 있는 줄을 끊으시고 그들로 하나님의 자녀들이 얻는 빛과 자유를 누리게 하소서!(한국기독교역사연구소, 「한국기독교의 역사 1」 재인용)

이러한 간구로 시작된 아펜젤러의 선교는 단순히 이 땅에 감리교회를 세우는 것을 목적으로 삼지 않았고, 역사의 어둠 속에 신음하던 조선 백성들에게 복음의 빛과 자유를 전하는 사역이었다. 이미 조선에서 의사로 활동하고 있던 알렌, 만주의 존 로스, 매킨타이어 선교사에 비해 젊고 도착한 지 얼마 되지 않은 아펜젤러였지만 아펜젤러는 다른 교파 선교사들의 협력과 연대를 이끌어가는 지도력을 발휘하였다.

1885년 6월 28일, 알렌 박사 부부, 헤론 박사 부부, 스크랜턴 대부인과 첫 주일예배를 드렸고, 7월에 일본에 머물던 아펜젤러 부부가 합류하였다. 10월 11일 주일, 한국 최초의 개신교 성찬예식이 아펜젤러와 언더우드의 집례로 행해졌다. 아펜젤러는 언더우드를 비롯한 장로교회 선교사들과 친밀한 관계를 유지하며 공동으로 활동하였다. 1886년 11월 3일, 이 예배모임이 "서울연합교회"로 정식 출범할 때 아펜젤러는 2년 임기의 초대 담임목사가 되었다. 이는 아펜젤러가 다른 교파 선교사들로부터 지도력을 인정받고 있었음을 보여준다. 그는 감리교회 선교사로서의 정체성만 인식한 것이 아니라 한국에 온 선교사의 정체성을 분명히 하면서 선교사들의 협력이 필요하다는 것을 알고 실천하였다.

1884년 매클레이 박사가 방한하여 고종에게 교육과 의료 분야의 활동을 승인받은 후 미감리교회 교육선교사로 한국에 온 아펜젤러는 정동에 집 한 칸을 얻어 배재학당을 시작하였다. 이 학교는 1887년 2월 정식으로 정부의 인가를 받고, 황제로부터 "인재를 배양하라"는 뜻의 "배재학당"이라는 교명까지 받았다. 아펜젤러는 그날의 감격을 이렇게 기록하였다.(*The Annual Report of the Missionary Society of the Methodist Episcopal Church*, 1887, 313)

오늘 우리 선교부의 학교 이름을 국왕으로부터 하사받았는데, 그것은 배재학당이다. 이는 내가 이해하는 바로는 정부의 승인을 의미하는 것이고, 지금까지 우리가 가지지 못했던 한국인들 앞에서의 설 자리를 얻은 것이다. 이제 비록 국립학교는 아니지만 사립학교가 아닌 공립학교가 된 것이다. 이 이름은 커다랗게 한자로 쓴

후 보기 좋게 나무에 짜서 정문에 걸어놓았는데 이것은 우리 교육사업의 조용한 보호자이다.

아펜젤러가 학교를 세운 이유는 교육을 통한 한국인들의 개화와 근대화를 위한 것이었지만 이는 표면상의 이유였고, 본질은 복음을 전하는 것이었다. 미국감리교회 선교부에 보내는 보고서에 그러한 소망이 잘 드러나고 있다.

학생들 가운데 가장 우수한 학생들은 기독교인들이다. 나이가 많은 학생들은 예외 없이 크리스천이다. 이것은 마땅히 그렇게 되어야 한다. 만약 그렇지 못하다면 우리는 만족할 수도, 만족해서도 안 될 것이다. 우리는 이곳에 영혼을 구하기 위해 왔으며 우리가 가르치는 자들이 개종하지 않는다면 우리가 근거해서 일하고 있는 기본 원리에 주의를 기울여야 한다. 그러나 하나님께 감사드릴 일은 학생들이 예수께 돌아오고 있다는 것이다.

아펜젤러의 선교는 웨슬리가 보여준 것처럼 가난한 이들의 삶의 목표와 환경을 바꾸어주는 것이었다. 그것은 공허한 말로써가 아니라 실제적인 방식으로 이루어졌는데, 바로 교육을 통한 유능한 인재를 길러내는 것이었다. 그 교육의 목적은 물론 학생들을 하나님께 인도하는 것이었다. 알렌과 스크랜턴이 의료선교를 통하여 병든 사람들을 하나님께 치료하면서 인도하였다면, 아펜젤러는 교육을 통하여 미래의 지도자들을 기독교 신앙으로 양육하였다.

1888년 3월에 열린 장로교와 감리교 선교회의에서 아펜젤러는 "한국의 장로교와 감리교"라는 제목으로 연설하였다. 이 자리에서 그는 감리교회와 장로교회의 선교구역 분할에 대하여 언급하면서, 그러한 분할이 분열이 아니라 협력이라는 것을 강조하고 있다. 아펜젤러는 웨슬리가 좋아했던 열왕

기하 10장 15절의 말씀을 인용하면서 교회연합정신, 즉 에큐메니칼 정신을 설파하고 있다.

교리를 토론하지 맙시다. 통일과 다양성 – 똑같은 길이로 톱에서 잘려 나왔다는 점에서 – 이 필요하다는 것을 당연시합시다. 내가 선택하고 사랑하는 감리교회에서의 수고와 그 관계는 신성하고 귀중하며, 나는 그곳에서 기독교가 가장 잘 제시되어 있음을 발견했다고 믿습니다. 우리 교회가 정중하게 제시하는 기독교 양식이 최대한의 사람들에게 최대선을 줄 수 있게 신중히 계획된 것임을 믿습니다. … 나는 여러분이 내 의견을 받아들이거나 혹은 믿기를 요구하지 않습니다. 또한 내가 여러분의 의견을 받아들일 것을 약속하는 것도 아닙니다. 사울에게는 화살을, 다윗에게는 돌팔매를 주게 하십시오. 한국이 우리 앞에 있습니다. 하나님의 영광스러운 복음을 위한 놀라운 땅입니다. 우리는 하나의 깃발을 의식하고 있으며, 그 생각이 전국에 시행되도록 계획되어야 한다는 것을 알고 있습니다. … 비록 약간 다른 방법을 사용한다고 해도 공통된 기초 위에서 공통된 이해를 바탕으로 일하는 것, 서로 나란히 일하는 것, 상호 협조와 서로에 대한 자극 등이 이 나라의 모든 사람들에게 할 수 있는 가장 좋은 길일 것입니다. 지금 몇 개의 교회(교파)가 있고 어떤 점에 있어서 나는 그들이 잘 되기를 바라지만, 그 교회의 구성원이 되도록 강요받고 싶지는 않습니다. 또한 내가 무슨 권한으로 어떤 사람을 강제로 감리교회에 들어오라고 하겠습니까?

같은 해 봄, 아펜젤러는 언더우드와 함께 지방 전도여행에 나서 소래를 거쳐 평양까지 순회하였고, 8월에는 감리교 존스 선교사와 함께 강원도, 경상도 지방을 순회하였다. 이러한 협력과 동역으로 한국에서의 감리교, 장로교 선교와 구역분할은 큰 마찰 없이 추진되었다. 선교지역 분할은 교파적 이해에 따른 것이 아니라 효율적인 한국 선교를 위하여 감리교회와 장로교회가 지역을 분할하여 선교하되 서로 인정하고 협력하기 위한 것이었다. 이러한 연합정신은 1893년 작성된 "감리교와 장로교 간의 협정서"에도 잘 나타나 있다. 이 문서는 두 번의 공동위원회의 결정에 따라 작성되었는데, 감리교회의 포스터 감독의 반대로 폐기되었다. 그러나 그 내용은 여러 선교부에서 실제적인 정책 기준으로 삼았다. 이 규칙에 따라 어느 선교부가 사역하는 도시에서 다른 선교부가 선교하지 않는 것을 원칙으로 하고, 서울을 제외한 지방 도시에서 두 개의 병원을 설립할 수 없다는 조항 등을 합의하였다. 이는 불필요한 중복과 경쟁을 피하려는 의지라고 할 수 있다.

아펜젤러는 1800년대 말 기울어가는 조선의 국운을 세우려는 조선 민중들의 자주독립운동을 지원하는 일에도 적극적이었다. 그는 한국 청년운동을 지원하는 일에 적극성을 띠었고, 서재필과 함께 배재학당과 정동교회 내 기독교청년운동(엡윗청년회)과 독립협회운동을 지원하였다. 1896년, 독립문 정초식에 배재학당 학생들이 참석하여 합창하는 것을 허락하였다. 또한 1897년 8월, 조선 개국 505주년 기념일을 맞아 독립협회에서 "한국에 대한 주한 외국인의 의무"라는 제목으로 연설하였는데, 마지막 부분에서 독립협회를 언급하며 이렇게 말하고 있다.

자치와 고상한 인류애의 정신을 도모하기 위해 우리가 생각하는 가장 현명하고 좋은 방법으로 진지하고 성실한 모든 노력을 다하는 것이 주한 외국인들의 의무가 아니겠습니까? 지난 3년간의 소요와 격동을 거친 후 평화가 회복되었고, 이 나라의 독립이 만방에 알려졌으며, 인쇄의 도입으로 책과 학교가 증가하고 그들 자신의 역사에 대한 관심이 고조되어 그 결과 충성심과 애국심이 고양되는 등 우리 주한 외국인들은 한국이 진보와 발전, 그리고 힘의 신기원을 이룩하는 시대에 들어섰다는 희망에 부풀어 있습니다.(이만열 편, 「아펜젤러」)

아펜젤러는 단순히 주한 외국인으로 조선의 독립을 지지했을 뿐 아니라 서재필이 정부의 압력에 못 이겨 미국으로 피신하자 잠시나마 독립신문의 편집을 맡기도 했다. 그러나 미선교부의 반대로 남감리교회의 윤치호에게 넘겨주고, 배후에서 많은 협조를 아끼지 않았다. 후에 독립협회가 해산당하고 정부가 보부상을 동원하여 만민공동회를 탄압할 때 배재학당 학생들이 앞장서서 저항하였다. 아펜젤러는 미국에 있는 서재필에게 서신을 보내 이러한 상황을 설명하였다. 미국 공사 알렌은 배재학당이 만민공동회와 관련하여 독립운동가들의 피신처가 되고 있다고 경고하며 한국인들의 독립운동에 개입하지 말 것을 요청하였다. 당시 한국에 와 있던 선교사들 가운데 독립운동에 관여한 사람은 아펜젤러 한 사람뿐이었다.

1897년 가을, 아펜젤러는 정동제일교회 안에 엡윗청년회를 조직하였고, 1899년 언더우드와 함께 한국 YMCA 운동을 주도하여 1901년 배재학교 내에 최초의 학생 YMCA를 조직하였다. 1897년 2월, 최초의 순한글 종교신문 「죠선크리스도인회보」를 창간하여 교회뿐 아니라 일반사회에도 민족계몽과 복음선교의 내용을 전파하였다.

아펜젤러는 장로교회 선교사들과 함께 성서번역에도 힘을 쏟았다. 그는 1887년 선교사들로 조직된 한국성서위원회 서기로 선출되어 성서사업을 실질적으로 총괄하였다. 1890년, 성혜론 등과 협의하여 한국성교서회(현 대한기독교서회)를 창설하였고, 1892년부터 회장이 되어 문서선교사업을 관장하였다. 또한 올링거 선교사가 맡았던 감리교 출판소까지 맡았고, 선교사들의 연구지인 *The Korean Repository*를 펴내는 일도 적극적으로 감당하였다. 그의 마지막 길도 목포에서 열리는 성서번역자 회의에 참석하기 위하여 배를 타고 가던 중 침몰사고로 맞은 죽음이었다. 그는 함께 성서번역자로 수고하던 조한규와 정신여학교를 다니던 여학생과 동행하였는데, 군산 앞바다를 지나던 중 다른 배와 충돌하는 사고를 만났다. 일등석에 타고 있던 아펜젤러는 쉽게 빠져나올 수 있었지만 3등실에 타고 있던 여학생을 찾기 위하여 내려갔다가 배와 함께 침몰하였다. 최초의 감리교회 선교사로 조선에 온 지 17년 만이었고, 그의 나이 44세였다.

이성덕 교수(배재대학교)는 문학적 상상력을 동원하여 아펜젤러의 성품과 사랑의 실천에 어울리는 마지막 모습을 이렇게 묘사하였다.

점점 숨이 차오르기 시작했다. 멀리서 조한규의 모습이 보이는 것 같았다. 아펜젤러는 "조한규 씨, 여기요! 여기! 점순아! 여기야, 여기! 빨리 나오너라!" 애타게 소리쳤지만, 입 안으로 밀려드는 물에 휩쓸려 그 외침은 목청 안으로 빨려 들어갔다. 눈의 초점이 흔들거렸다. 숨이 막히고 눈앞이 갑자기 뿌예졌다. 그 순간 흰옷 입은 사람들의 형상이 나타났다. 그 형상은 하나가 아니었다. 조선에서 만난 사랑하는 사람들의 얼굴이었다. 서재필, 윤치호, 최병헌, 노병선, 김창식, 이승만, 주시경, 신흥우, 전덕기, 양홍묵, 그리고 의식이 몽롱해지면서 이름이 떠오르지 않는 사람들…. (이성덕, 「소설 아펜젤러」)

아펜젤러는 조선 땅에 교회를 세우는 일에만 관심을 둔 것이 아니라 이 땅에 사는 사람들의 삶의 현실에 관심과 도움을 주기 원했다. 진정한 에큐메니즘은 세상 속에서 그리스도의 복음을 구체적으로 실천하는 것이라 할 때 아펜젤러는 진정한 에큐메니칼 선교사였으며 한국교회 에큐메니즘의 선구자로 인정받고 있다. 그는 진정 조선을 사랑하고 조선의 미래를 염려하고 조선의 인재들을 키우는 일에 일생을 바쳤다. 그의 사랑은 자연스럽고 필연적으로 조선인들을 돕기 위한 사역으로 나타났고, 사역의 내용과 진행 과정에서 기독교 신앙에 기초한 연합과 일치의 정신을 가지고 있었다.

2. 하나의 조선교회 설립

아펜젤러와 언더우드가 제물포항에 함께 도착한 것은 이미 잘 알려진 일이다. 두 사람은 도착만 함께 한 것이 아니라 이후 선교사업에서도 협력을 아끼지 않았다. 1887년, 장로교와 감리교 연합으로 상임성서위원회를 조직하여 한글 성서번역 사업에 힘을 기울였다.

초기에 장로교회는 효과적인 선교를 위하여 미북장로교회와 호주장로교회 사이에 연합선교공의회를 조직하였고, 감리교회는 미감리교회와 남감리교회가 각자 선교회 활동을 하면서 사안별로 협력을 하였다. 그러던 중, 장로교회의 4개 선교부, 감리교회의 2개 선교부가 협의체를 조직하여 한국복음주의 선교회연합공의회(The General Council of Protestant Evangelical Missions in Korea)를 결성하였다. 선교사들은 1905년 9월 11일, 이화여학교에 모여 이 연합공의회를 출범하면서 단순히 선교사들의 협의기구가 아닌 "하나의 개신교회"를 만들기 위한 첫걸음으로 규정하였다. 결성 목적에 "이 공의회의 목적은 선교사업에 있어 협력을 기하는 것이 될 것이며 결과적으로는 한국에서 유일한 하나의 복음주의 교회를 조직하는 데 있다."고 명기하였다. 공의회는 이 문제에 대하여 깊이 있는 논의를 이어나가 장로교회나 감리교회라는 교파적 명칭 대신 "대한예수교회"라는 통일된 명칭을 제안하기에 이르렀다.

1906년 1월, 제1차 실행위원회를 개최하였고, 당시 캐나다에서 진행하던 감리교회와 장로교회의 통합 논의를 참고로 두 교회의 교리적인 문제를 검토하기 시작하였다. 그해 교리통합위원회는 "한국에서 감리교회와 장로교회의 교리들을 조화시키는 작업에 있어 어려움이 발견되지 않고 있으며 (캐나다교회가 마련한) 교리를 이 나라 그리스도 교회 교리로 삼는 것이 타당함을 만장일치로 건의"하였다. 그러나 교리적 조정과 조화에도 불구하고 정치제도에 대한 이견이 크게 대두되었다. 1906년 조직된 공의회 산하 정치문제위원회는 통합될 교회의 정치문제를 논의하였다. 4년에 걸친 긴 논의의 결론은 "한국에서 하나의 조직된 교회가 취할 완벽한 정치체제를 제시하기보다는 실제적인 면에서 가능한 것부터 조화를 추구해 나감으로 우리 교회 생활을 정착시키고 우리가 취하고 있는 초교파적 협력관계에 있어 야기될 수도 있는 마찰의 요인을 제거하는 데 즉각적인 효력을 얻는 것이 보다 바람직하다."는 결론을 냈다.

비록 한국에서 하나의 통합된 교회로 "대한예수교회"를 만들어내는 계획은 실패로 돌아갔지만 연합공의회는 선교사업에 있어 다양한 연합사업을 추진함으로 한국 에큐메니칼 운동의 효시가 되었다. 일각에서는 하나의 교회를 세우는 일에 초기부터 적극적으로 참여했던 아펜젤러가 1902년 불의의 사고로 운명하지 않았다면 이 계획은 다른 결과를 얻었을지 모른다고 보고 있다. 만일 하나의 조선교회가 세워졌다면 130년 후 한국교회의 모습은 오늘과 많이 다르지 않았을까 생각한다.

3. 처음 감리교인들의 에큐메니칼 정신

아펜젤러는 배재학당을 통하여 많은 한국인 개종자들과 지도자들을 배출하였다. 그가 사망할 때까지 배재학당의 등록학생 수는 약 1,564명이었다. 또한 옥중전도를 통하여 이상재, 유성춘, 김정식, 홍재기, 안국선, 김린, 이원궁, 남궁억 등이 기독교인이 되는 동기를 만들었고, 이승만, 신흥우 등과는 각별한 교류를 가졌다. 이들은 감리교회의 처음 신앙인들로 중요한 인물들이지만 동시에 민족의 국운이 다하던 조선 말엽 민족운동에서 뛰어난 지도력을 발휘하였다. 농촌계몽운동과 교육사업, 독립운동 등에 뛰어들어 민족의 암흑기를 몸으로 살아낸 분들이다. 기독교 신앙이 교회 안에만 머물지 않고 세상으로 나아가 적극적인 접촉점을 만들어낸 사례들이라 할 수 있다.

감리회 역사위원회가 펴낸 「한국감리교 인물사전」에 수록된 처음 감리교인들의 에큐메니칼 정신과 삶을 살펴보자.

윤치호(1865. 11. 20~1945. 12. 6)는 남감리교회 평신도로 교육과 사회사업, 계몽운동과 독립운동에 뚜렷한 발자취를 남긴 인물이다. 그는 1881년, 개화파 무관이었던 부친의 주선으로 일본사절단의 일원이 되어 일본에 파견되고, 도진샤에 입학하여 유길준과 함께 근대 한국 최초의 일본 유학생이 되었다. 일본에 머물면서 영어를 배웠고, 1883년 미국 공사 푸트의 통역관으로 발탁되어 한국인 최초의 영어 구사자가 되었다. 갑신정변의 후폭풍으로 상하이로 건너간 그는 한국인 최초의 남감리회 신자가 되고, 1888년 미국 유학에 올라 내쉬빌에 있는 밴더빌트와 애틀랜타에 있는 에모리 대학에서 신학과 인문학을 공부하였다. 11년 동안 일본, 중국, 미국의 세 나라에서 유학을 마치고 1895년 돌아온 윤치호는 개화파의 지도자가 되어 학부협판에 임명되고 다른 관직도 역임하였다. 친미파와 친일파의 갈등 속에서 관직에서 물러났다.

미국을 떠나기 전, 윤치호는 당시 에모리 대학의 총장인 캔들러에게 2백 달러의 돈을 맡기면서 한국에 남감리교회 학교를 세우는 데 사용해 줄 것을 요청하였다. 한국에 돌아온 후에도 캔들러 총장과 남감리교회 중국 선교 지도자인 의사 알렌에게 여러 차례 편지를 보내 남감리교회 선교를 요청하였다. 윤치호의 거듭된 요청에 따라 중국 선교사로 와서 기후와 여러 가지 여건에 어려움을 겪고 있던 리드(C. F. Reid) 박사가 중국 주재 핸드릭스 감독과 한국을 방문하여 살펴보고 리드 박사를 한국 선교 담당자로 파송하였다. 1896년 5월, 남감리교회 선교부의 승인을 받아 리드 박사가 한국 선교를 시작하였고, 1897년 가을, 최초의 여선교사인 캠벨이 합류하여 캐롤라이나 학당(현 배화학교)을 설립하였다. 이 모든 과정에서 윤치호는 결정적인 역할을 감당하였다.

그는 서재필과 함께 독립협회운동에 참여하여, 협회의 성격을 민중계몽 단체로 변화시키고 부회장과 회장을 역임하였다. 에큐메니칼 운동에 적극적으로 참여하여, 1908년 런던에서 열린 주일학교연합회 세계대회에 한국 대표로 참석하고, 1910년 세계교회협의회(WCC)의 모체가 되는 에딘버러 국제선교대회에 감리교 선교부 추천으로 참가하였다. 윤치호는 조선감리교회 평신도 대표로 참가하여 제1분과 "모든 비기독교 세계에 대한 복음선교"에서 발언하기도 했다. 그는 외지 선교문제와 경제문제에 대하여 많은 의견을 발표하였고, "선교사들의 선교비 사용에 관해서 본토인 교인들과 충분히 상의해야 한다."고 주장하였다. 그는 서양 선교사들의 문화적 정신적 우월주의를 비판하고, 자주독립교회를 세워야 한다고 주장하였다. 그 후 한국 기독교청년회(YMCA), 기독학생총연맹(KSCM)의 결성에 중요한 역할을 하였다. 윤치호의 특별한 공로는 남감리교회를 한국에 도입하고 설립하는 데 있었다. 또한 세계 및 한국의 교회연합사업에도 앞장서 지도력을 발휘하였다.

그러한 과정에서 고양된 에큐메니칼 정신은 1930년에 남북감리교회의 연합을 이끄는 동력이 되었다. 1940년 연희전문학교 교장으로 취임하여 1942년까지 봉직하였다. 그러나 1919년 3·1운동 참여를 거부하는 등 친일의 길을 걸었고, 일제 말기에는 노골적인 친일 행적으로 사람들의 원성의 대상이 되었고 해방되던 해 12월 세상을 떠났다.

배재학당 교장을 지낸 신흥우(1883. 3. 26~1959. 3. 15)는 감리교 평신도로 배재학당 졸업생이다. 1894년 배재학당에 입학하여 서재필, 윤치호 등에게 개화사상을 배웠고, 1898년 기독교인이 되었다. 1902년 독립을 위한 학생운동에 참여했다가 투옥되었는데, 감옥에서 성서와 찬송가, 기독교 서적 등을 읽으며 감동을 받았고, 영문 서적을 읽으며 실력을 쌓았다. 1903년, 출옥 후 미국 남캘리포니아 대학교로 유학을 떠나 1911년 석사 학위를 받고 귀국하였다. 귀국 후 곧 미감리회 선교부의 요청으로 배재학당 학감으로 취임하였고, 이듬해 1월, 최초의 한국인 교장이 되었다.

그는 1913년 취리히에서 열린 주일학교연맹 세계대회에 한국 대표로 파견되어 한국교회의 성장을 세계에 알렸다. 그는 "주일학교는 교회이고, 교회는 곧 주일학교"라는 발언으로 만장의 갈채를 받았다. 오늘의 한국교회가 강조하는 주일학교 교육의 중요성과 차세대 양육을 한 세기 전에 제창한 것이다. 그는 1916년 총독부의 정책에 순응하여 배재학당을 배재고보로 개편하였고, 3·1운동 당시에는 평양의 병원에 입원하여 참여하지 않음으로 친일파라는 의혹을 받았다. 그러나 1919년 5월, 미국 오하이오에서 열린 세계감리교대회에 참석하여 3·1운동에 대하여 보고하였다. 1920년 배재학교에서 권고사직으로 물러난 후, YMCA 운동에 투신하여 중앙 YMCA 총무로 선임되었다. 한국 YMCA를 일본 YMCA로부터 독립시켜 YMCA 세계동맹 회원으로 가입하였고, 외국의 농업전문가를 초청하여 농촌부흥운동에 노력하고, 덴마크식 농민학교와 협동조합을 조직, 확대해 나갔다.

1928년, 예루살렘에서 열린 국제선교협의회 세계대회에도 참석하였다. 이 대회에는 주일학교연합회 총무 정인과, 이화여전 학감 김활란 박사, 한국기독교교회협의회 회장 양주삼 목사, 감리교 선교사 노블 등이 함께 참석하였다. 한국이 일본의 식민지 지배를 받던 시기에 예루살렘까지 가서 국제 에큐메니칼 운동에 참여한 이들의 의지와 노력이 놀랍다.

처음 한국감리교회 목회자 가운데 사회선교에 헌신한 대표적인 인물은 전덕기 목사(1875. 1. 8~1914. 3. 23)를 들 수 있다. 9살 때 부모를 여의고 가난한 숙부의 집에서 자라던 그는 1892년 스스로 미감리회 선교사인 스크랜턴을 찾아가 그의 집에서 일하다가 1896년 세례를 받고 기독교인이 되었다. 상동교회 속장과 상동교회 안에 설립된 공옥학교 교장을 거쳐, 1901년 권사, 1902년 전도사로 임명되어 목회를 시작하였다. 1905년, 스크랜턴을 이어 상동교회 담임목사가 되었고, 1911년 협성신학교를 졸업하였다.

그는 상동교회 엡윗청년회를 중심으로 청년운동을 이끌었다. 그 자신이 1903년부터 1905년까지 청년회장으로 활동하였다. 그는 "우리 청년회 회원들은 성신의 부르시는 소리를 듣고 깊이 든 잠을 속속히 깨어서 마귀 결박을 받지 말고 하나님 앞에 항상 거하야 평강한 복을 받기를 원하오며 또한 다른 나라 사람들 같이 자유 활동과 좋은 사업을 많이 행하여 보기를 원하노라." 고 제창하였다. 그 당시 상동청년회에서 민족운동을 이끌었던 인물들은 구연영, 김진호, 민영환, 우덕순, 이관직, 이동녕, 이동휘, 이상설, 이승만, 이시

영, 이준, 이필주, 주시경 등이 있으며 그 외에도 수많은 청년들이 기독교 신앙으로 민족의 독립을 기도하며 활동하였다.

1904년, 전덕기는 상동교회 안에 교육공간을 마련하여 학문을 통한 빈곤 추방과 국세 회복을 지향하는 "상동청년학원"을 설립하였다. 이 학교의 초대 교장 이승만은 청년학원의 설립 목적을 "하나님 공경하는 참 도로써 근본을 삼아 청년으로 말하여도 벼슬이나 월급을 위하여 일하는 사람이 되지 말고 세상에 참 유익한 일꾼이 되기를 작정하자."고 소개하였다. 상동청년학원은 많은 민족과 교회의 지도자들을 배출하였고, 「수리학 잡지」와 「가정잡지」라는 월간지를 발간하여 국민계몽에 앞장섰다.

전덕기 목사는 민족운동에도 적극적으로 참여하였다. 독립협회의 간부로 활동하였고, 1905년 11월 을사조약 체결을 반대하는 구국기도회를 일주일 동안 주도하였다. 이 기도회는 많은 사람들의 관심을 끌었는데 그들은 다음과 같이 기도하였다. 즉 "한국을 구원하사 전국 인민으로 자기 죄를 회개하고 다 천국 백성이 되어 날이 하나님의 영원한 보호를 받아 지구상에 독립국이 되게 확실케 하여 주심을 예수의 이름으로 비옵나이다." 또한 상동청년회는 을사보호조약 무효 상소를 올리고, 죽음을 각오하고 대한문 앞으로 도끼를 들고 나가기도 하였다. 이들의 상소는 당시 암울한 한국인들에게 큰 충격을 주었고, 상동청년회의 정신을 널리 알리는 계기가 되었다. 김구는 「백범일지」에서 상동청년회에 대하여 다음과 같이 적고 있다.

이때 나는 진남포 엡웟청년회 총무로서 대표의 임무를 띠고 경성대회에 참석케 되었다. 대회는 상동교회에서 열렸는데 표면은 교회사업을 의논한다 하나 속살은 순전히 애국운동의 회의였다. 의병운동을 일으킨 것이 구사상의 애국운동이라면 우리 예수교인은 신사상의 애국운동이라 할 것이다.(역사위원회 편, 「한국감리교 인물사전」 재인용)

전덕기 목사는 1907년 이준과 이상설 등 세 사람의 특사를 헤이그 만국평화회의에 파견하는 일에도 주도적인 역할을 하였다. 그는 고종에게 친서를 받아 이준에게 전달하였다. 이 일로 인하여 상동교회는 헤이그 밀사사건의 온상으로 알려졌다. 1907년 4월, 부패한 구시대의 사상과 관습을 타파하여 "유신한 국민이 동일연합하야 유신한 자유문명국을 성립함"을 목적으로 창립된 신민회도 상동교회 출신들의 주도로 이루어진 조직이었다. 1911년 말, 일제는 신민회를 와해하기 위하여 데라우치 총독 암살음모사건을 조작하여 소위 "105인사건"을 만들어냈다. 이는 한국의 식민통치에 걸림돌이 되는 민족인사들을 한꺼번에 제거하고자 일으킨 사건이었다. 700여 명의 민족운동가들이 체포되고, 105인이 유죄판결을 받았다. 전덕기는 직접 관련되지 않아 체포되지 않았지만, 투옥된 사람들을 돌보고, 남은 조직을 끝까지 추스르며 지속적인 운동을 전개하여 민족운동의 맥을 이어가는 데 적극적인 역할을 하였다.

전덕기 목사의 사상과 목회를 이끌어간 힘은 무엇보다 기독교 신앙의 영성이었다. 이 영성이 기초가 되어 가난한 이웃과 식민지 조국의 자주와 독립을 위한 활동으로 확장된 것이었다. 이는 웨슬리의 목회에서 드러난 에반젤리컬 에큐메니즘의 한국적 표현이라 할 것이다. 1914년 3월 23일, 전덕기 목사가 하나님의 부름을 받자, 그의 죽음을 추모하는 인파가 사방에서 몰려들었다. 특히 그에게 신세를 진 가난한 사람들, 병으로 고생하던 사람들, 장사꾼들, 기생, 백정, 난봉꾼들이 장례 행렬을 뒤따르며 슬퍼했으니 진정한 민중의 목회자였다.

감리교회 초대 총리사를 지낸 양주삼 목사(1879. 1. 25~1950 ?)는 평남 용강군에서 가난한 선비의 아들로 태어났다. 그는 15~16세쯤 선교사들의 잡지를 통하여 기독교 신앙을 받아들이고, 1899년 서울로 상경하여 서양식 학문을 접했다. 1901년, 중국 상해에 있는 남감리교회 계통의 중서서원에 입학, 이듬해 세례를 받고 남감리회 교인이 되었다. 1905년 중서서원 졸업 후 미국 유학에 올라 뉴욕을 거쳐 샌프란시스코에서 리드 선교사를 만나 한인교회 전도사로 일했다. 그 과정에서 목회의 길을 정하고 1910년 1월 밴더빌트대학교 신학부에 입학하여 1913년 6월에 졸업하고, 바로 예일대학교 신학부에 진학하여 다음 해 6월 졸업하였다. 1912년 9월 남감리회 집사목사로 안수를 받았다.

1915년 귀국하여 협성신학교 교수로 재직하였고, 1915년 장로목사 안수를 받았다. 1925년 말, 「기독신보」에 발표한 "금후의 조선예수교회"라는 글에 그의 에큐메니칼 정신이 잘 드러나 있다.(유동식, 「한국감리교회의 역사 I 」) 그는 1928년 예루살렘 국제선교대회에 한국 대표로 참석하고 돌아오는 중에 덴마크를 둘러보았다. 그때의 충격을 「농민의 낙원인 정말(丁抹)」로 펴내며 한국교회 농촌운동에 힘을 쏟았다. 또한 뛰어난 교회 조직가이며 행정가로 두각을 나타냈고, 자교교회와 종교교회 담임목사로 봉사하기도 하였다. 또한 1930년 12월 구성된 남북감리교회 통합을 위한 전권위원으로 "역사적 선언과 예문" 분과에서 일하며, 조선감리교회 창립총회에 제출할 "교리적 선언"을 작성하는 일에 참여했다. 감리교회의 교리적 선언에 양주삼의 에큐메니칼 정신이 담겨 있다. 그 전문(前文)은 이러한 내용으로 되어 있다.

그리스도교회의 근본적 원리가 시대를 따라 여러 가지 형식으로 교회 역사적 신조에 표명되었고 웨슬리 선생의 「종교강령」과 「설교집」과 「신약주석」에 해석되었다. 이 복음적 신앙은 우리의 기업이요, 영광스러운 소유이다.

우리 교회의 회원이 되어 우리와 단합하고자 하는 사람들에게 아무 교리적 시험을 강요하지 않는다. 우리의 중요한 요구는 예수 그리스도께 충성함과 그를 따르려고 결심하는 것이다. 웨슬리 선생이 연합속회 총칙에 요구한 바와 같이 우리의 입회조건은 신학적보다 도덕적이요, 신령적이다. 누구든지 그의 품격과 행위가 참된 경건과 부합되기만 하면 개인 신자의 충분한 신앙자유를 옳게 인정한다. 동시에

우리가 확실히 믿어오는 교리를 아래와 같이 선언한다.(교리적 선언 1930년 판)

그는 이 총회에서 초대 총리사로 선출되었고, 2회 총회에서 재선되어 8년 간 한국감리교회를 이끌었다. 일제 말기, 강압에 의한 것이었지만 신사참배 와 징병 권유 연설 등으로 친일 행각에 나섰고 6·25 전쟁 기간 공산군에게 끌려간 후 생사를 알지 못하고 있다.

이호운 목사는 양주삼 목사를 기억하며 민족의 수난 속에서 함께 수난을 당한 일생으로 평가하였다. 이호운 목사의 말을 들어보면, "그를 빼놓고 한 국감리회사를 알기 어렵고 그의 공헌이 없었던들 우리 감리회의 발전은 적 잖게 늦어졌을 것이다. 그는 우리 감리회의 혜성적 존재였고 산파였으며 또 유모이기도 하였다. 그는 한국감리회를 위하여 하나님께서 특별히 보내신 종이었으며 한국감리회의 후란시스 애스베리였다."(이호운, 「그의 나라 그의 생 애」)

다음으로 김활란 박사를 들 수 있는데, 그는 감리교회뿐 아니라 한국교회 와 여성계를 대표한 인물이었다. 그는 한국과 아시아를 대표하는 여성이었 고, 국제 에큐메니칼 진영의 인정을 받은 인물이다. 7세 때 인천 내리교회에 서 세례를 받고, 8세 때 인천 영화여학교에 입학하고, 가족들과 서울로 이주 한 후에 이화학당으로 전학하여 1918년 유일한 대학과 졸업생으로 이화학당 5회 졸업생이 된 뿌리 깊은 감리교인이다. 1920년대 이화학당에서 함께 수 학한 7명의 교사, 학생들과 전국을 순회하며 여성계몽운동을 벌였다. 홍에스 더, 김함라, 윤성덕, 김폴린, 김애은, 김신도 등이 그때 함께 하였다.

김활란은 1922년 조선여자기독교청년회 1차 발기회를 열었고, 같은 해 북 경에서 열린 만국기독교학생청년회에 참석하고 돌아와 조선여자기독교청년 회(YWCA)를 결성하였다. 바로 그해 미국 유학에 올라, 웨슬리안 대학과 보 스턴 대학에서 공부하였다. 1925년부터 이화여자전문학교 교수가 되었고, 1928년 4월 예루살렘 세계선교대회, 5월 북미기독교감리회대회 여성대표로 참석하면서 한국 여성계 대표로 알려지기 시작하였다. 1930년 미국으로 건너가 콜롬비아 대학교에서 박사 학위를 받았다. 1939년 이화여자전문학교 교장 취임, 후에 이사장을 겸임하면서 신사참배와 정신대 독려 강연 등의 친일활동을 벌였다. 해방 후 이화여자대학교 총장으로 취임하여 1961년까지 재직하였다.

김활란은 그 누구보다 감리교회를 대표하는 여성 에큐메니칼 인사로 국내외에서 활발하게 활동하였다. 국제선교협의회(IMC) 부회장으로 활동하면서 1961년 뉴델리 총회에서 국제선교협의회가 세계교회협의회에 합류하는 과정에서 반대의견을 개진하는 등 적극적으로 활동하였다. 말년에 보여준 노골적인 친일 행각으로 인하여 공적이 많이 가려졌다는 것은 안타까운 일이지만 그가 생전에 보여준 에큐메니칼 정신과 공로 또한 부정하기 어렵다.

이상에서 본 것처럼, 윤치호, 김활란, 양주삼 같은 이들의 빛나는 에큐메니칼 활동과 수고에도 불구하고 말년에 보여준 친일 행각으로 빛이 바랜 것은 참으로 아쉬운 일이다. 김준영 목사는 이들의 공로를 높이 평가하면서 말년의 모습에 대하여 안타까워하고 있다. 그가 회고하는 것처럼, "제2차 세계대전이 기승을 부릴 때 일본 제국주의의 압력은 윤치호, 양주삼, 김활란 3인에게 너무나 가혹했기에 그들은 끝까지 지조를 지킬 수 없었다. 참으로 애석하고 안타까운 일이었다."(김준영, "에큐메니칼 운동과 한국 감리교회", 박상증 편, 「한국교회와 에큐메니칼 운동」)

4. 교회일치와 한반도 평화운동

초기 선교부터 한국인들의 기도와 소망에 부합하는 선교과제들을 수행해 온 감리교회는 학교와 병원을 통한 교육, 의료선교에 앞장섰고, 동시에 한국 기독교교회협의회를 중심으로 교회연합사업의 중심에 있었다. 교회가 세상의 빛과 소금이 되어야 한다는 예수 그리스도의 가르침을 구체적으로 실천한 교회 전통을 가지고 있다.

이러한 전통은 1970년대 반독재 민주화 운동에 대한 지원으로 나타났고, 1980년대 이후 한반도의 분단상황 극복과 평화통일을 추진하는 운동으로 발전하였다. 많은 기독교인들이 사회적 실천에 참여하였고, 감리교인들도 적극적으로 참여하였다. 한국사회의 주요한 과제들을 회피하지 않고 신앙적으로 해석하고 실천한 에큐메니칼 전통에서는 자연스러운 참여였다.

이제 한국기독교교회협의회를 중심으로 진행된 기독교 통일운동에 대하여 살펴보고자 한다. 한국교회 에큐메니칼 운동의 중심과제로 통일운동은 1970년대 반독재 민주화 운동의 연장선에서 출발하였다. 남과 북의 절대권력을 가능하게 하는 근본적인 토대가 한반도의 분단상황이라는 인식하에 통일이 민주화의 조건이라는 사실을 깨달았다. 당시 민간 차원의 통일 논의와 남북간 만남을 허용하지 않던 암울한 상황 속에서 한국교회 에큐메니칼 활동가들은 세계 에큐메니칼 운동의 지도자들과 함께 한반도의 평화통일을 위한 돌파구를 찾기 시작하였다. 그 첫 번째 열매가 "도잔소 프로세스"라고 불리는 도잔소 회의였다. 이는 한국교회 에큐메니칼 운동이 이룩한 역사적인 성과다.

한국 NCC 통일문제연구위원회는 WCC 국제위원회(CCIA)와 함께 이 모임을 준비하여, 1984년 10월 29일부터 11월 2일까지 도쿄 인근 일본 YMCA 동맹 국제훈련장인 도잔소에서 "동북아시아의 평화와 정의"를 추구하는 에큐메니칼 국제협의회를 개최하였다. 미국과 캐나다, 소련과 동독 그리고 체코 등 동구권, 영국, 독일, 프랑스, 스위스 등 유럽 및 한국, 일본, 필리핀, 홍콩, 인도 그리고 오스트레일리아 등 아시아교회 대표들 60여 명이 참석하였다. 전두환 정권의 억압적 정치 상황을 피하기 위한 방안으로 일본을 택하였고, 민주화 진영에서는 외국의 지원을 간섭으로 인식하는 상황이었기에 "동북아시아의 평화와 정의"라는 주제를 내걸었다. 그러나 협의회의 주요 과제는 한반도의 평화통일을 논의하는 것이었다.

도잔소 에큐메니칼 협의회는 다음과 같은 요지의 건의문을 제안하고 채택하였다.

첫째, 한반도의 평화와 통일은 화해의 복음을 구체적으로 실천하는 것을 목표로 한다.

둘째, 평화통일은 남측 교회만의 선교과제가 아니라 남과 북 교회 공동의 과제임을 밝힌다.

셋째, 통일은 남과 북은 물론 세계교회의 공동 책임이며, 지금까지 북조선을 고립시키는 정책에서 벗어나 세계교회들이 북조선의 교회를 방문함으로써 한반도의 통일을 함께 지원할 것을 다짐한다.

또한 도잔소 협의회는 남과 북의 교회는 물론 세계교회가 모두 함께 다음과 같은 일을 추진해가기로 합의하였다. 첫째, 이산가족에 관한 인도적 관심을 갖는다. 둘째, 통일에 관한 대중적 토론을 확산한다. 셋째, 상호 적대적 이미지를 극복한다. 넷째, 정의와 평화를 위한 청년과 여성들의 참여를 권장한다. 다섯째, 군비 경쟁을 막는다.

당시 북한 "조선그리스도교연맹"의 참석을 기대했으나 참석하지 못했다. 그러나 조선그리스도교연맹은 전문을 보내 도잔소 회의의 성공을 기원하고, 회의의 결정에 따라 남과 북의 교회가 하나 되는 데 성심성의껏 협력하겠다는 결의를 천명하였다. 이로써, 남북의 교회는 전문을 통해서나마 공식적인 접촉을 하였다. 도잔소 협의회는, WCC 국제위원회를 통하여 조선그리스도교연맹과 협력하기로 약속하였고, 이를 "도잔소 프로세스"(Tozanso Process)라고 부른다. 이듬해인 1985년, WCC 국제위원회의 나이난 코쉬 국장과 와인가트너 간사가 평양을 방문하여 이들은 조선그리스도교연맹 대표들에게 도잔소 협의회에 관하여 설명하고, 1986년 스위스 글리온 회의에 대표를 보내줄 것을 요청하고 약속을 받았다.

1986년, 남과 북의 교회 대표들이 글리온에서 만나 함께 예배를 드리고 성례전을 주관함으로 에큐메니칼 운동의 또 한 장을 열었다. 글리온 모임은 2년에 한 번씩 갖기로 하였으며, 매년 8·15 전 주일에는 남과 북이 함께 만든 민족의 화해와 평화통일을 위한 공동기도문으로 세계교회가 한마음으로 기도하기로 하였고 지금까지 계속되고 있다. 글리온 모임은 1988년과 1990년까지 이어졌고, 1990년 글리온 회의 때 차기 모임을 평양이나 서울에서 갖기로 했으나 가능하지 않게 되어 1995년 교토 간사이 세미나 하우스에서 가졌다. 도잔소 협의회는 당시 금기시되었던 통일 논의의 물꼬를 열었던 역사적인 사건이었다.

2004년 10월, WCC와 CCA 공동주최로 "도잔소 협의회" 20주년 모임이 도잔소에서 열려 여전히 한국사회와 교회의 과제로 남아 있는 한반도의 평화통일을 논의하였다. 20주년 모임에는 북한의 조선그리스도교연맹 강영섭 목사와 네 명의 대표가 참석하여 세월의 변화를 실감하게 하였다. 도잔소 20주년 협의회가 채택한 결의문은 다음과 같은 세 가지 내용으로 이루어졌다.

첫째, 정부에게 – 2000년 6월 15일 남북정상회담의 정신에 따라 민간 교류와 협력을 확대하고 상호 대결을 해소하는 일에 정부가 앞장서 줄 것과, 1992년 남북공동성명서에서 밝혔듯이 한반도의 비핵화를 이룩하는 일, 6자 회담이 북조선을 압박함으로써 한반도에 다른 변수가 생기지 않도록 유의할 일, 미국은 북조선과 국교 정상화를 체결함으로써 동아시아에서의 긴장을 완화해야 하며, 일본은 2002년 9월 17일 북조선과 체결한 평양 선언을 충실히 이행하고, 미국과 일본을 비롯한 세계 여러 나라는 인도적인 차원에서 북조선을 도와야 한다는 내용의 건의를 정부에 하였다.

둘째, 교회와 파트너에게 – 한반도의 평화통일을 위해 여성의 역할을 강조하였는데, 2003년 여름, 남과 북의 여성 대표들이 평화통일을 위한 화해의 모임을 금강산에서 가진 일이나, 2001년 9월 토론토에서 모인 국제 여성 모임은 여성의 국제 연대를 공고히 하는 계기가 되었으므로 꾸준히 이를 추진하고 지원하기로 거듭 확인하였다. 또한 기독 청년 학생들이 적극적으로 펼쳐 온 통일운동에 참여하도록 교회는 지원해야 하며, 언론의 악의적이고 부정적인 역할로 말미암아 평화통일에 역행하고 있음을 지적하였고, 정보 통신의 새로운 기술을 동원해서 네트워킹을 해나가도록 교회와 파트너에게 건의하였다.

셋째, 에큐메니칼 기구에게 – WCC와 CCA는 한국 NCC와 북조선 KCF는 물론 일본 NCC와 그 밖의 세계 에큐메니칼 교회 기구들과 작업반(working group)을 만들어서 교회와 에큐메니칼 기구 및 관심 있는 개인들이 한반도의 평화통일과 화해를 이루는 일에 협력할 수 있는 방안을 강구하도록 하였다. 그리고 분단의 장벽을 허무는 일에 온 세계 에큐메니칼 운동의 힘을 결집하는 동시에 희년의 정신에 따라 분단으로 말미암아 아픔을 겪는 이산가족의 만남이 주선됨으로써 하나님의 축복이 한반도에 가득하게 되기를 바라는 소망이 이루어질 수 있도록 에큐메니칼 기구에 건의하였다. 에큐메니칼 작업반은 2005년 여름, 마닐라에서 도잔소 20주년 협의회의 여러 가지 결정 사항을 집행해 나가기 위한 실무 모임을 가진 바 있다.

이렇게 한국교회 에큐메니칼 운동은, 한국전쟁과 그로 인한 분단 상황 속에서 세계교회의 관심과 기도를 이끌어내고, 한반도 평화통일과 화해를 위한 관심을 고양시켰다. 2013년 WCC 제10차 총회가 부산에서 열린 것도 한반도의 평화에 대한 세계교회의 지원과 기도가 큰 부분을 차지하였다. 2014년 6월, 스위스 보세이에서 "한반도 정의 평화 화해를 위한 국제협의회"가 열렸다. 이는 WCC 제10차 부산 총회의 결의에 따라 WCC가 주최한 협의회로, 한국기독교교회협의회 대표 20명, 조선그리스도교연맹 대표 4명, WCC와 아시아기독교협의회 등 15개국 54명의 대표들이 참석하였다. 협의회는 1984년 도잔소에서 열린 '동북아시아 평화와 정의협의회 남북교회' 회의 30년 기념회의로 남북 당국의 경색 관계 속에서 이어진 남북교회 간의 만남이라는 의미가 있었고, 2012년 강영섭 위원장 사망 후 후임 강명철 위원장이 처음 공식 회의에 참석한 자리였다. 남북교회와 세계교회 대표들은 2013년 WCC 부산 총회에서 채택된 "한반도 평화선언"의 의미를 재확인하고 후속 프로그램을 논의하였다. 한반도의 긴장완화와 평화통일을 위한 세계교회 차원의 기도와 협력을 계속하기로 하고, 매년 8월 남북공동기도주일을 지키며 공동기도문을 여러 나라 언어로 번역하고 세계교회에 배포, 기도를 요청하기로 하고, 남북교회의 정례적인 만남을 추진하기로 하였다.

한국기독교교회협의회 통일위원장을 지낸 김상근 목사는 기독교 통일운동의 근거와 의의를 다음과 같이 설명하였다. 첫째, 한국교회가 민족의 고난을 외면해서는 안 되기 때문이다. 정의롭고 평화로운 하나님의 나라가 임하도록 평화와 화해의 복음(엡 2:14~17)을 전해야 하는 한국 그리스도인들의 실천은 민족의 화해와 통일을 이룩하는 데 있기 때문에 통일에 대한 관심과 노력을 신앙의 문제로 인식해야 한다는 것이다. 둘째, 분단의 극복은 선교적 당위다. 그리스도인들 모두가 평화를 위하여 일하는 사도로 부름 받았기에 (골 3:15), 같은 피를 나눈 겨레가 서로 갈라져 대립하는 현실을 극복하여 통일과 평화를 이루는 일은 한국교회를 향한 하나님의 명령이며, 선교적 사명 (마 5:23~24)이다. 셋째, 우리와 이념과 체제가 다른 사회에서도 하나님의 인간구원과 해방을 위한 선교사역이 이루어지고 있다는 믿음 때문이다. 우리는 예수 그리스도를 '평화의 주'(골 1:20)로 믿기에, 다른 사회체제 속에 살고 있는 그리스도인들의 신앙고백과 교회의 모습이 우리와 다르다 할지라도 그들이 한 분이신 하나님, 한 분 그리스도에 연결되어 우리와 한 몸을 이루는 지체들임(고전 12:12~26)을 믿는 것이다.

도잔소 협의회 한 해 전인 1983년, 한국기독교사회문제연구원(원장 조승혁 목사)은 통일이라는 관점에서 각급 학교 교과서 분석사업을 진행하였다. 현직교사 9명이 초, 중, 고 교과서 내용 중 통일 관련 부분을 분석, 연구하고, 당시 해직 상태의 이영희, 강만길 교수가 연구팀 교사들에게 '통일과 분단극

복을 위한 교육'을 실시했다. 이러한 활동을 엮어 조승혁 목사, 이영희, 강만
길 교수가 국가보안법 위반 혐의로 구속되었다가, 40여 일이 지난 1984년 1
월 15일 공소보류로 석방되었다. 기독교사회문제연구원 통일교과서 분석사
업은 분단시대에 통일에 대한 논의의 물꼬를 트는 데 기여했고, 80년대 말
통일운동의 활성화에 큰 역할을 하였다. 조승혁 목사는 후일 이 사건의 의미
를, 국민적 차원에서의 통일문제 논의, 한국교회의 통일문제에 대한 새로운
관심의 계기, 재야운동권에 미친 영향, 국제적 연대 등이라고 평가하였다.

이러한 통일운동 논의와 함께 한국감리교회는 서부연회를 조직하여 통일
후 북한 지역 교회의 재건과 선교를 준비하는 한편, 기아와 질병 등으로 고
난당하는 북한 주민들을 지원하고 있다. 한국교회와 함께 하는 기독교 통일
운동은 에큐메니칼 차원만이 아니라 북한교회의 재건과 신앙의 자유 회복
이라는 차원에서도 계속 추구해야 할 신앙실천의 방향이다. 에큐메니칼 운
동은 보다 구체적으로 북한교회와 세계교회와 함께 한반도의 평화와 통일을
위하여 기도하고 노력해야 할 것이다.

5. 한국감리교회 선교의 에큐메니칼 특징

아펜젤러 선교사부터 시작하여 처음 감리교인들이 보여준 에큐메니칼 정
신은 현대를 사는 감리교인들에게 귀중한 유산이다. 민족의 암흑기에 강단
에서 복음을 전하는 일과 함께 가난하고 병들고 소외된 이웃들이 살고 있는
삶의 현장을 찾아간 에큐메니칼 목회의 본질적인 모습을 보여주기 때문이
다. 초기 한국감리교회 선교의 에큐메니칼 특징을 다음과 같이 다섯 가지로
정리할 수 있다.

첫 번째 특징은 "복음적 에큐메니즘"이다. 아펜젤러의 가슴에 타올랐던
복음의 열정이 적극적인 에큐메니즘의 기초였다. 아펜젤러는 한국 선교를

위하여 준비된 일꾼이었다. 펜실베이니아 서더튼이라는 작은 마을에서 태어난 그의 조상들은 120년 전에 미국으로 건너온 경건한 독일계 스위스 신앙인들이었다. 가족들과 개혁교회에 출석하였으나 자유롭고 영적인 체험을 위하여 감리교회로 옮겼다. 1881년 2월 26일자 일기에서 아펜젤러는 그리스도를 위하여 온전히 헌신할 것을 다짐하고 있다. "나에게 야망이 있다면 그것은 주님께 봉사하는 데 나 자신을 온전히 바치는 것이다." 그는 자신의 결심에 따라 뉴저지에 있는 드류 신학교에 입학하였다. 드류 신학교는 감리교 계통 학교로 학문적인 훈련과 개인적인 경건을 동시에 강조하며 유능한 복음 전도자 양성을 목적으로 세워진 학교였다. 아펜젤러가 드류 신학교에 입학하던 해, 조선의 강화도에서 한미수호조약이 체결되어 선교의 문이 열린 것은 아펜젤러의 한국 선교를 위한 하나님의 예비하심이었다. 그의 가슴에 품은 복음의 열정이 가난하고 교육받지 못한 조선의 백성들에게 복음을 전하면서 돕고 가르치는 에큐메니칼 선교사역으로 충분하게 드러났다.

아펜젤러는 교회를 통한 선교에만 주력하지 않고, 배재학당을 통한 교육 선교와 인쇄, 출판을 통한 문서선교, 배재학당 학생들을 중심으로 조직한 협성회를 통하여 독립운동의 지도자들이 되는 남궁혁, 노병선, 이승만, 신흥우, 오긍선 등의 인재를 키워냈으며, 독립협회와 독립신문에 대한 지원으로 독립운동을 도왔다. 이러한 활동들은 외형적으로 정치적 활동으로 보이지만 실질적으로 조선 백성들이 가장 원하는 일에 동참하면서 그들을 하나님께 인도하고자 했던 복음적 열정에 기초한 것이었다.

두 번째 특징은 "사랑의 에큐메니즘"이다. 아펜젤러가 보여준 조선 백성들에 대한 헌신의 기초는 사랑이었다. 그는 선교지에서 만난 피선교인들을 선교의 대상으로만 본 것이 아니라 삶을 함께 나눌 동역자로 여겼다. 그 자신이 죄를 용서하고 구원하신 하나님의 사랑을 감격적으로 경험했기에 가능한 일이었다. 그는 말로 하는 사랑이 아니라 실천하는 사랑을 표현하였다. 그가 가정집에서 시작한 학교가 아직 "배재"라는 이름을 받기 전에 이미 아펜젤러에게 영어를 배운 학생이 조선의 관리로 임용되자 관직을 꿈꾸는 사람들이 몰려들었다. 아펜젤러는 당시 백성들을 억압하고 착취하던 타락한 관리들의 현상을 보면서 그들과 다른 관리가 될 것을 가르쳤다. 백성들을 섬기는 관리가 되라는 의미에서 마태복음 20장 26절, "너희 중에 누구든지 크고자 하는 자는 섬기는 자가 되라."는 말씀을 교훈으로 삼았다. 아펜젤러는 그의 학생으로 만민공동회에 적극적으로 참여했던 이승만이 종신형을 받고 감옥에 있을 때, 이승만과 그의 가족들을 돌보았다. 당시 이승만이 보낸 편지의 한 구절을 보자.

> 저에게 값진 담요를 보내주시고 제 가족에게 쌀과 연료를 보내주신 데 대하여 뭐라고 감사의 말씀을 드려야 할지 모르겠습니다. 동시에 저처럼 죄 많은 사람을, 예측 못할 감옥생활의 상황에서 구원해 주시고, 도움 받을 길 없는 제 가족들에게 살 소망을 주시는 데 대해 하나님께 감사드립니다.(아펜젤러, 노종해 역, 「자유와 빛을 주소서 – H. G 아펜젤러 일기」)

아펜젤러의 이러한 사랑의 실천이 당시 배재학당과 감리교회 안에 자라던 학생들과 백성들에게 어떤 영향을 미쳤는지, 당시 감리교회의 성장이 증명하고 있다. 사람의 마음을 움직이는 것은 사랑이라는 것을 아펜젤러는 보여주었고, 그러한 사랑의 에큐메니즘은 한국감리교회 처음 사람들에게도 그대로 전해져 남대문 시장 상인들의 성인으로 불린 전덕기 목사 등의 사역으로 나타났다. 그들의 사랑은 개인에 대한 차원을 넘어 조선 민족과 고난당하는 민중들에게로 확장되었다. 아펜젤러는 마지막으로 그의 목숨까지 동행하던 한국인 소녀를 위하여 아낌없이 내놓지 않았던가!

세 번째 특징은 "현장 지향의 에큐메니즘"이다. 아펜젤러와 스크랜턴 대부인은 미감리교회로부터 한국의 교육사업을 위하여 파송받았다. 교육사업 선교를 위하여 배재학당과 이화학당을 세워 조선의 젊은이들을 교육하였다,

그들은 단순히 학생들을 모아 글과 지식을 전하는 것에 그치지 않았다. 조선의 현재와 미래에 필요한 것이 무엇인지 생각하였고, 알게 되었다. 골방이나 탁상에서 결코 파악할 수 없는 현장의 필요와 소망을 파악하고 응답한 것이다.

아펜젤러는 서울의 선교가 어느 정도 자리잡자 언더우드와 함께 1888년, 선교여행을 떠났다. 봄에 소래를 거쳐 평양까지 순회하였고, 여름에 존스 선교사와 함께 강원도와 경상도를 순회하였다. 그는 약 2년에 걸쳐 전국 팔도 가운데 여섯 도를 돌았는데, 그 거리가 3,000킬로미터에 달할 정도였다. 그의 선교는 말과 생각으로 이루어진 것이 아니라 손과 발과 눈으로 이루어졌다. 한국의 방방곡곡을 다니며 선교 대상지와 대상자들을 관찰하였지만, 그 과정에서 자연스럽게 한국 민중의 고단한 삶과 소망을 발견하였다. 그 때문에 청년들을 길러내고 성경과 서적을 출판하고 독립운동을 지원한 것이다.

이러한 아펜젤러의 선교는 1925년 스톡홀름에서 열린 "삶과 봉사"(Life and Work) 대회에서 내세운 "교리는 갈라서게 하지만, 봉사는 하나 되게 한다."는 구호를 연상하게 한다. 그는 세계 에큐메니칼 운동이 일치의 캐치프레이즈를 내걸고 연합운동을 시작하기 수십 년 전에 이 땅에서 실천적 에큐메니칼 운동을 수행하였다.

네 번째 특징은 "실천의 에큐메니즘"이다. 이는 세 번째 특징인 현장 지향의 에큐메니칼 운동의 자연스러운 연장이라 할 수 있다. 그러나 같은 현장을 보고 다른 선택을 할 수 있다는 점에서 아펜젤러와 초기 감리교인들의 실천적 에큐메니즘은 의의가 있다. 아펜젤러는 구한말 조선의 암울한 정치현실을 보면서 조선 백성들의 입장에서 신앙적으로 응답하였다. 당시 한국에 와 있던 많은 선교사들은 정치 불개입 입장을 고수하고 있었다. 감리교회 안에도 그러한 입장이 많았다. 그러한 태도가 선교에 지장을 받지 않기 위한 지혜로운 태도일 수 있었다.

그러나 아펜젤러는 자신과 선교의 안위보다 조선 사람들의 입장에 섰다.

외세의 간섭과 압력에 맞서 자주와 독립을 외치는 사람들 앞에서 정치 불개입을 천명하는 것 역시 다른 의미에서 정치개입이라고 할 때 아펜젤러는 선교지 국민들의 소망을 지지하는 실천적인 입장을 보여주었다. 이는 커다란 용기가 필요한 일이었다.

유동식 교수는 「한국감리교회 사상사」에서 아펜젤러의 사상적 특징을 다섯 가지로 설명하였다. 1) 18세에 경험한 회심과 신생 체험 2) 신생 체험을 통해 얻은 주 안에서의 평화 3) 불멸의 영생을 얻음 4) 영적 복음에 입각한 현실사회에 대한 책임감 5) 높은 수준의 한국문화에 대한 꿈이다. 이 가운데 네 번째 특징인 현실사회에 대한 책임감이 웨슬리의 감리교회 전통에 입각한 실천적인 에큐메니즘이라 할 것이다.

다섯 번째 특징은 "협력의 에큐메니즘"이다. 이는 에큐메니칼 운동의 일치와 연대를 통한 교회의 세상과의 연결이라고 할 때 당연한 방향이다. 그러나 현실에서 그러한 협력은 기대만큼 쉽지 않다. 아펜젤러는 다른 선교사들과 협력하며 사역하였다. 한국에 함께 입국한 스크랜턴 부인이나 의료선교사 스크랜턴, 그리고 장로교회의 언더우드와는 물론, 나중에 입국한 선교사들과도 좋은 친교와 협력을 나누었다. 서울에서 시작한 연합교회도 아펜젤러가 언더우드, 헤론 등과 함께 세운 교회였다. 장로교회의 알렌과 언더우드, 헤론 선교사가 서로 갈등하며 심각한 비방전으로 번진 것을 생각하면 아름다운 모습이었다.

그는 한국에 도착한 직후부터 언더우드 등과 함께 장감선교연합회를 조직하고, 대부분의 사역에서 협력하였다. 이 연합회를 통하여 선교구역 분할도 큰 마찰 없이 추진하고, 한국성서위원회 서기로 장로교회 선교사들과 함께 성서번역사업에도 최선을 다했다. 언더우드와 함께 한국 YMCA 운동을 주도하였다.

1930년 남북감리교회가 합동하여 새로운 한국감리교회를 조직할 때 전권위원장으로 활동한 웰치 감독은 새로운 감리교회의 설립을 놓고 위원들이 합의한 세 가지 목표를 설명하였다. 첫째는, 진정한 "기독교회"가 되게 하는 것, 둘째는, 진정한 "감리교회"가 되게 하는 것, 셋째는, 진정한 "한국적 교회"가 되게 하는 것이었다. 이 세 가지 목표는 대단히 중요한 기준이며 방향이다. 진정한 기독교회란 다른 교회들과의 보편성과 단일성을 유지하게 하는 힘이 된다. 진정한 감리교회란 웨슬리의 개인성화와 사회성화의 균형 잡힌 통전성을 의미한다. 진정한 한국적 교회란 한국사회 현실, 즉 한민족과 한반도의 상황과 주어진 과제에 신실하게 응답해야 할 책임있는 교회를 지향하는 것이다. 그러한 의미에서 1930년의 논의는 여전히, 그리고 앞으로도 계속하여 한국감리교회가 추구하는 신앙적·신학적·교회적 방향이다. 1930년 교리적 선언과 함께 제정하여 감리교회의 사회선교와 에큐메니칼 운동의 기준으로 삼아온 사회신경 또한 자랑스러운 전통이며 가치이다.

아펜젤러부터 시작하여 오늘의 감리교회에 이어져 온 협력의 에큐메니즘은 한국교회 안에서 교단간 협력뿐 아니라 세계교회와의 교류와 협력, 그리고 북한교회와의 교류와 협력으로 이어져야 할 것이다. 한국감리교회가 이룩한 에큐메니칼 정신과 유산은 웨슬리의 신앙과 신학에 기초한 건강하고 균형 잡힌 에큐메니즘이다. 따라서 21세기 한국감리교회 선교에서도 여전히 지키고 발전시켜야 할 전통이다.

한반도의 통일을 위한 글리온 선언

한민족의 평화와 통일이 이룩되기 위해서는 우리는 다음과 같은 여러 원칙들을 재확인하고 몇 가지 실천적 과제들을 위해서 공동으로 노력할 것에 합의했다.

⑴ 한반도의 평화와 통일을 위해서 남, 북의 교회는 1995년을 "통일의 희년"으로 선포하고 매년 8·15 직전 주일을 공동 기도일로 지킨다. 또 이날을 위해서 공동 기도문을 채택한다. 나아가 세계의 모든 회원교회들이 이날을 지켜줄 것을 권면하도록 세계교회협의회에 요청한다.

⑵ 우리는 1972년 남과 북의 양 정부가 합의한 "조국통일 3대 원칙"인 "자주, 평화, 민족의 대단결"의 원칙을 재확인하고, 한민족의 통일 노력이 현재의 양 체제의 존속이 보장되는 평화공존의 원칙에서 통일국가를 세우기 위한 것으로 전개되어야 한다는 것을 확인한다.

⑶ 우리는 한반도의 통일의 주체는 남, 북의 민중 당사자임을 확인한다. 따라서 오늘의 분단상황에 관여하였거나 앞으로의 통일과정에 방해가 되는 모든 외세는 배제되어야 한다. 또 통일은 남북한 민족 구성원 전체의 민주적 참여로 이루어져야 함이 기본 원칙임을 확인한다.

⑷ 한반도를 포함한 동북아시아의 평화를 구축하기 위해서는 한반도의 통일이 이룩되어야 한다. 그러므로 현재의 분단을 정당화하거나 기정사실화시키려는 어떤 형태의 위장평화도 배격되어야 한다. 또 분단의 고정화를 지향하는 어떤 정치적 대책이나 제안도 배제되어야 한다.

⑸ 우리는 한민족의 평화적 통일을 위해서는 양쪽으로 갈라진 민족 당사자 간에 신뢰성이 구축되어야 한다고 믿는다. 따라서 누적되어온 적대감과 증오심을 극복하고 용서와 화해의 분위기를 형성할 수 있도록 남북한 교회들이 각별히 노력할 것을 권고한다. 그와 같은 노력은 '도잔소 협의회'가 채택한 남북교회 접촉을 위한 에큐메니칼 원칙에 확고히 입각한 것이어야 한다. 나아가 세계교회들도 국제연합을 비롯

한 여러 국제기구 등의 협력을 포함한 다양한 노력을 기울일 것을 요청한다.

⑹ 한반도의 평화와 통일을 위협하는 남북간의 군사적 대결을 지양하고 긴장을 완화시키기 위해서 엄청난 병력과 무기와 군사시설들이 대폭 감축되어야 한다. 이를 위해서는 현재의 정전협정이 평화협정으로 바뀌어져야 하며 한반도 전역에 걸친 평화와 안정이 실질적으로 보장되고 남북한 당사자 간의 불가침 선언이 채택되어야 한다. 이렇게 함으로써 한반도에 주둔하고 있는 미국을 비롯한 모든 외세의 철수와 한반도에 배치되었거나 한반도를 겨냥하고 있는 모든 핵무기는 철거되어야 한다.

⑺ 한민족의 분단으로 맺어진 1천만 이산가족의 재회와 남북간의 각종 교류는 인도주의적 요청으로 시급한 과제이다. 그러나 그와 같은 만남과 교류는 현재의 군사적, 정치적 대결상태를 외면하거나 방치한 채로 이룩될 수 없으며 이는 오히려 통일의지의 약화와 좌절을 가져올 위험마저 있다. 따라서 인도주의적 과제의 수행과 남북간의 각종 교류는 통일을 위한 각종 포괄적인 대책의 일환으로 추진되어야 한다.

⑻ 세계교회협의회는 조선기독교도연맹과 한국기독교교회협의회와의 긴밀한 협조 아래 한반도의 평화와 통일을 위해 계속 노력한다.

"너희에게 어떻게 하여 주는 것이 좋을지 나는 이미 뜻을 세웠다. 나는 너희에게 나쁘게 하여주지 않고 잘하여 주려고 뜻을 세웠다. 밝은 앞날이 너희를 기다리고 있다. 이는 내 말이라 어김이 없다. 나를 부르며 나에게 와서 빌기만 하여라. 그렇게 하면 들어주리라. 마침내 너희는 일편단심으로 나를 찾게 되리라. 그렇게 나를 찾으면 내가 만나주리라. 똑똑히 일러둔다. 너희는 나를 만날 것이며 나는 너희를 고국으로 돌아오게 할 것이다. 너희는 나에게 쫓겨 세 만방에 포로로 끌려갔지만, 나는 너희를 거기에서 모아들여 이곳으로 되돌아오게 하리라. 이는 내 말이라. 어김이 없다."(렘 29장 11~15절)

1988년 11월 25일
한반도 평화통일을 위한 협의회 참가자 일동

※ WCC 주최로 NCCK 대표 11명, 조선기독교도연맹 대표 7명, 세계교회 대표 22명이 발표한 "한반도의 평화와 통일을 위한 글리온 선언". 도잔소 협의회(1984년, 일본)와 제1차 글리온 회의(1986년, 스위스), "민족의 통일과 평화에 대한 한국기독교회 선언"(1988년 2월)의 정신을 재확인하는 선언으로 큰 의미를 지닌다.

감리회 사회신경(1930년)

인류는 겨레와 나라의 차별이 없이 천지의 주재시며 오직 하나이신 하나님의 같은 자녀임을 믿으며 인류는 형제주의 아래에서 이 사회를 기독주의의 이상사회로 만듦이 우리 교회의 급무로 믿어 우리는 아래와 같은 사회신경을 선언하노라.

1. 인종의 동등 권리와 동등 기회를 믿음.
2. 인종과 국적의 차별 철폐를 믿음.
3. 가정생활의 원만을 위하여 일부일처주의의 신성함을 믿으며 정조문제에 있어 남녀 간 차별이 없음을 믿으며 이혼의 불행을 알고 그 예방의 방법을 강구 실행함이 당연함을 믿음.
4. 여자의 현대 지위가 교육, 사회, 정치, 실업 각계에 있어서 향상 발달하여야 될 것을 믿음.
5. 아동의 교육받을 천부의 권리를 시인하여 교육에 힘쓰고 아동의 노동 폐지를 믿음.
6. 인권을 시인하여 공·사창 제도 기타 인신매매의 여러 가지 사회제도를 반대함이 당연함을 믿음.
7. 심신을 패망케 하는 주초와 아편의 제조판매 사용을 금지함이 당연함을 믿음.
8. 노동 신성을 믿고 노동자에게 적합한 보호와 대우가 당연함을 믿음.
9. 정당한 생활유지와 품삯과 건강을 해하지 않을 정도의 노동시간을 가지게 함이 필요함을 믿음.
10. 7일 중 1일은 노동을 정지하고 안식함이 필요함을 믿음.
11. 노동쟁의에 공평한 중재제도가 있음이 필요함을 믿음.
12. 빈궁을 감소케 함과 산업을 진흥케 함을 믿음.
13. 불건전한 오락과 허례 사치 등으로 금전과 시간을 낭비함은 사회에 대한 죄악임을 믿음.

감리회는 하나님의 뜻을 따라 정의로운 사회 구현에 깊은 관심을 기울여 온 전통을 가지고 있다. 1930년 제1회 총회에서 사회신경을 채택하고 이를 신앙의 실천적 목표로 삼아 보다 나은 사회를 이루는 데 이바지하여 왔다. 우리는 오늘의 시대가 안고 있는 새로운 문제들을 앞에 놓고 우리의 사회적 삶의 새로운 실천 원칙을 받아야 할 시점에 도달하였다. 예수 그리스도를 구주로 믿는 우리 감리교인은 우리에게 선한 의지를 주시는 하나님의 은혜에 힘입어 우리의 가정, 사회, 국가, 세계 그리고 생태적 환경 속에서 빛과 소금의 역할을 수행하기 위해 다음과 같이 선언하는 바이다. 우리는 만물을 선하게 창조하시고, 섭리하시는 성부, 성자, 성령, 삼위일체 하나님을 믿으며, 이 땅에 하나님의 뜻을 실현하는 일에 부르심을 받았다. (1997년 개정)

사회신경(1997년)

1. 하나님의 창조와 생태계의 보존: 우리는 하나님의 명하심을 따라 우주 만물을 책임 있게 보존하고 생태계의 위기를 극복해야 하는 사명이 있다.

2. 가정과 성, 인구 정책: 우리는 가정과 성이 하나님께서 정하신 귀한 제도임을 믿는 바 가정을 올바로 보존하며 성의 순결성을 지키는 것은 우리의 사명이다. 그리고 우리는 인구 문제로 인한 세계적 위기를 극복하기 위해 책임 있는 인구 정책이 수립되도록 노력한다.

3. 개인의 인권과 민주주의: 우리는 하나님의 형상대로 지음 받은 인간에게 자유와 인권이 있음을 믿는다. 따라서 정권은 민주적 절차와 국민의 위임으로 수립되어야 하며 국민 앞에 책임을 져야 한다. 우리는 정권 유지를 위해 국민을 억압하고 언론의 자유를 위협하는 어떠한 정치 제도도 배격한다.

4. 자유와 평등: 우리는 모든 사람들이 하나님 앞에서 자유롭고 평등하기 때문에 성별, 연령, 계급, 지역, 인종 등의 이유로 차별하는 것을 배격하며 모든 사람들이 더불어 사는 사회 건설에 헌신한다.

5. 노동과 분배 정의: 우리는 자기실현을 위한 노동의 존엄성과 하나님이 주신 소명으로서의 직업을 귀하게 여긴다. 동시에 우리는 그 과정에서 나타나는 빈부의 격차를 시정하여 분배 정의가 실현되도록 최선을 다한다.

6. 복지사회 건설: 우리는 부를 독점하여 사회의 균형을 깨뜨리는 무간섭 자본주의를 거부하며 동시에 인간의 자유를 억압하는 전체주의적 사회주의도 배격한다. 우리는 온 국민이 사랑과 봉사의 정신으로 서로 도우며 사는 복지사회 건설에 매진한다.

7. 인간화와 도덕성 회복: 오늘의 지나친 과학 기술주의가 비인간화를 가져오고 물질 만능주의가 도덕적 타락(성도덕, 퇴폐문화, 마약 등)을 초래한다. 따라서 우리는 올바른 인간 교육, 건전한 생활, 절제운동(금주, 금연 등)을 통하여 새로운 가치관의 형성과 도덕성 회복을 위해 앞장선다.

8. 생명공학과 의료윤리: 우리는 근래에 급속히 발전한 생명공학이 하나님의 창조의 질서와 인간의 존엄성을 파괴할 수도 있다는 사실과, 근대 의학의 발전이 가져오는 장기 이식 등에 대해 교회의 책임 있는 대책과 올바른 의료윤리의 확립이 시급함을 강조한다.

9. 그리스도의 유일성과 정의사회 실현: 우리는 예수 그리스도가 우리의 유일한 구주임을 믿는다. 또한 오늘의 현실 속에서 정의로운 사회 건설을 위해서는 타종교와 공동 노력한다.

10. 평화적 통일: 우리는 반만년의 역사를 가진 하나의 민족이 여러 가지 국내외적 문제로 분단되어 온 비극을 뼈아프게 느끼며 이를 극복하기 위해 민족의 동질성 회복과 화해를 통한 민족, 민주, 자주, 평화의 원칙 아래 조속히 통일되도록 총력을 기울인다.

11. 전쟁 억제와 세계 평화: 우리는 재래적 분쟁은 물론, 인류를 파멸로 이끄는 핵무기 생산과 확산을 반대한다. 동시에 세계의 기아문제, 식량의 무기화, 민족 분규, 패권주의 등의 해결을 위해 모든 나라와 협력함으로 세계 평화에 이바지한다.

V

한국교회 연합운동과
감리교회

브로크만 형제와 초기 YMCA 지도자들

1. 한국기독교교회협의회(National Council of Churches in Korea: NCCK)

한국기독교교회협의회(이하 교회협의회 혹은 NCCK)는 한국교회 에큐메니칼 운동에 있어서 중요한 토대이며 연대의 중심이다. 교회협의회의 역사와 역할, 과제와 함께 감리교회의 참여와 역할을 살펴보자. 교회협의회의 역사는 한국교회의 역사와 궤를 같이 한다. 초기 선교사들의 협력과 연합 정신 위에서 감리교회와 장로교회가 함께 해온 연합운동의 전통을 이어받은 기구이기 때문이다. 그러나 세계교회협의회가 국제 에큐메니칼 운동의 중요한 대표기구이기는 하지만 전체는 아닌 것처럼 교회협의회 역시 한국교회 에큐메니칼 운동에서 중요한 역할을 감당해 왔지만 그 범주와 역할에 있어서 제한이 있다. 다만 한국교회사에 나타난 한국교회 연합운동의 실질적인 내용을 제시하고 선도했던 역사를 기억하는 것은 중요하다.

1) 창립과 발전 과정

교회협의회는 1924년 9월 24일 창립된 "조선예수교연합공의회"(Korea National Christian Council, 이하 공의회)를 출발점으로 삼는다. 공의회는 1918년 조직된 "조선예수교 장감연합회"에서 발전된 기구이다. 장로교회와 감리교회에 속한 선교사들과 목회자들의 협력기구로 조직된 장감연합회를 해산하고 공의회로 확대, 개편하면서 장로교회와 감리교회 두 교단뿐 아니라 각 교파의 선교단체, 기독교단체들에 회원 자격을 부여하였다. 장로회, 미감리회, 남감리회, 북장로선교회, 남장로선교회, 캐나다장로회선교회, 호주장로회선교회의 대표 53명이 새문안교회에서 창립총회를 가졌고, 기독교 각 교파의 선교단체와 기독교협동단체에 문호를 개방하여 다음 해에 YMCA와 YWCA, 여자연합절제회가 회원으로 참석하였다. 공의회는 각 교파에 조선

예수교연합공의회의 설립을 보고하였다. 1918년 2월 조선예수교장감연합협의회가 조직된 지 7년 만에 이룬 발전이었다.

1937년, 일제에 의해 강제로 해산당하기까지 한국교회의 연합운동체로 활동한 공의회는 한국 내에서 활동하는 교회 선교단체들과 초교파 자원이나 교단연합 차원의 에큐메니칼 단체들이 모두 참여하는 명실공히 전국단위 협의회의 위상을 갖추고 초기 한국교회 에큐메니칼 운동의 지평을 열었다.

2) 일제 통치기 에큐메니칼 운동

공의회를 결성하면서 한국교회의 에큐메니칼 운동은 활기를 띠게 되었다. 그러나 이 시기 에큐메니칼 운동의 발전은 조직적이고 기구적인 차원의 발전이라기보다 에큐메니칼 운동에 관심을 가진 개인들의 등장과 그들의 헌신적인 노력의 산물이라고 할 수 있다. 이는 세계 에큐메니칼 운동에도 동일하게 나타난 과정이었다. 소수의 뛰어난 개척자들의 노력을 통하여 에큐메니칼 기구들이 조직되고 발전하였다. 한국에서 이러한 역할을 감당한 선각자로는 단연 윤치호와 신흥우를 들 수 있다.

한국감리교회의 성장에 큰 역할을 했던 윤치호는 1895년 귀국하여 세계기독학생연맹과 세계기독교학생회(YMCA)를 창립한 존 모트 박사와 친분을 가졌고, 한국에 돌아와 남북감리교회 합동에 크게 기여하고, 초기 한국 에큐메니칼 운동에 적극적으로 참여하였다. 윤치호와 함께 초기 한국교회 에큐메니칼 운동에 결정적인 역할을 한 인물은 신흥우다. 신흥우는 후에 정치가로 활동하지만 감리교회 목사였으며, 1920년부터 35년까지 한국 YMCA 총무로 기독교를 통한 농촌계몽과 사회운동, 궁극적으로 독립운동을 적극적으로 추진하였다. 1928년, 양주삼, 김활란 등과 함께 예루살렘 선교대회에 참석하고, 한국 NCC가 국제선교협의회(IMC)에 가입하는 역사적 현장에 있었다. 그러나 윤치호와 신흥우 모두 말년에 친일로 돌아서 교회와 사회의 지탄을 받았다.

3) 초기 한국교회의 세 흐름

한국교회 에큐메니칼 운동은 선교 초기부터 진보적인 인사들이 주도하였다. 그들은 민족운동의 차원에서 교회를 통한 민족계몽과 독립운동을 진행하였다. 그러나 한국교회 한편에서는 보수주의 진영의 복음주의 운동도 함께 흐르고 있었다. 한국인 최초로 개신교 목사 안수를 받은 일곱 명 중 한 사람이었던 길선주 목사는 탁월한 카리스마를 앞세운 부흥운동으로 초기 한국교회의 부흥을 이끌었다. 에큐메니칼 운동과 함께 한국교회의 주요한 축이 된 부흥운동은 1924년 공의회 결성 이후 지속적으로 한국교회 안에서 진보와 보수의 갈등관계를 형성하였다. 이러한 갈등은 기독교인의 사회참여와 성서해석에 대한 신학적 견해 차이로 나타났는데 오늘날 한국교회 안에서 여전히 발견할 수 있는 입장이다.

연세대학교 원로교수인 유동식 교수는 이러한 흐름을 세 가지로 분석하였는데 참고가 될 듯하다. 1) 길선주와 그 후 박형룡으로 대표되는 교회적 보수주의, 2) 윤치호와 그 후 김재준으로 대표되는 사회적 진보주의, 3) 최병헌과 그 후 정경옥으로 대표되는 문화적 자유주의이다. 한국교회의 뿌리 깊은 분열과 대립의 단초들이 이미 한국교회 초기부터 나타난 것이다. 따라서 한국교회 연합운동은 이러한 대립과 갈등을 극복하는 방향으로 나아가야 할 것이다. 교회협의회는, 유동식 교수의 분류에 따르면, 사회적 진보주의 전통에 서 있다. 그러나 다른 두 흐름과 대립이 아닌 연대와 협력을 추구하는 방향으로 나아가야 하는데, 이는 한국교회 에큐메니칼 운동의 과제가 될 것이다.(유동식, 「한국감리교회의 역사Ⅰ」)

한국기독교교회협의회는 세 번째 흐름에 입각하여 교회와 민족을 위한 기독교의 사명을 감당한 에큐메니칼 조직이었다. 일제의 탄압과 회유가 노골화되면서 개신교 각 교단들이 일제에 협력하거나 가혹한 박해를 택해야 했던 시기에 교회협의회의 전신인 연합공의회도 같은 운명을 겪었다.

4) 일제 통치기 조선예수교연합공의회

일제하 국내 민족운동의 보루였던 교회들이 일제의 탄압과 회유 공작에 넘어가 친일의 길로 들어섰다. 1938년 2월 장로교회 평북노회를 시작으로, 9월 장로회 총회에서 신사참배를 결의하였다. 감리교회도 1940년 10월 총리원 이사회에서 내선일체의 원리를 수용하고 신사참배에 참여할 것을 결의하였다. 1940년 11월에 구세군, 12월에 성공회가 일제에 협력할 것을 결의하였다. 장로교회는 "황국신민으로 정성을 다하여 충성할 것"을 결의하였고, 감리교회는 "신사참배는 종교가 아니라 국민으로서 반드시 봉행할 국가의식"이라고 정리하였다. 총칼을 앞세운 제국주의의 시퍼런 위협 앞에 신앙을 지키는 것이 쉬운 일은 아니었을지라도 이 같은 굴복은 부끄러운 일이었다.

이 같은 분위기 속에서 연합공의회의 활동이 제대로 이루어질 수 없었다. 일제의 식민지 치하에서 민족정신 함양과 복음전파에 힘썼지만 이러한 모습은 오히려 일본 제국주의의 눈에 곱게 보일 수 없었다. 결국 1936년 9월 제13차 총회가 일본 당국에 의해 중단되면서 연합공의회는 실제적으로 해산되었다. 1938년 7월 조선기독교연합회라는 어용단체가 연합공의회의 역할을 맡았다. 한번 신사참배를 결의한 교회를 일제는 그냥 두지 않고 적극적인 전쟁협력의 도구로 사용하였다.

특별히 2차 대전 발발 이후 감리교회를 대표하는 세 명의 지도자, 윤치호, 양주삼, 김활란에게 일제의 탄압과 회유가 더욱 가혹하게 가해졌고, 결국 그들은 친일의 길에 들어서고야 말았다. 감리교회 지도자들의 친일 행각은 비단 그들만의 문제가 아니었다. 그들은 비록 강제로 동원되었다지만, 일제의 전쟁을 찬양하고 젊은이들을 전장에 내보내는 데 협력하였다. 개인과 교회가 함께 참회해야 할 대목이다.

5) 해방 이후 기독교연합회

일제의 패망과 함께 찾아온 해방은 한국사회 각계각층에 큰 충격을 주었다. 일제에 협력했던 이들과 지조를 지킨 이들이 서로 이해하고 화해하기도 전에 한국전쟁의 발발과 함께 반공 이데올로기의 등장으로 남과 북에는 새로운 이념 갈등이 깊어졌다. 이 시기 한국교회의 상황을 살펴보자. 일제에 의해 강제로 해산된 연합공의회는 1946년 9월 3일, 조선기독교연합회가 중앙감리교회에서 재조직되면서 회장 김관식 목사, 총무 임영빈 목사가 선출되었다. 감리교회 소속의 임영빈 목사가 총무로 선출되면서 감리교회가 해방 후 에큐메니칼 운동에서 중심적인 역할을 맡는 듯하였다. 그러나 감리교회 소속 총무가 다시 등장하는 데 50여 년의 시간이 필요했으니 1994년 김동완 총무가 주인공이다. 60년대 이후 에큐메니칼 운동에서 감리교회가 차지한 위상을 생각할 때 너무 오랫동안 지도력을 발휘하지 못했다는 생각이다.

아무튼 1948년 대한민국 정부 수립에 따라 한국기독교연합회로 명칭을 변경한 조선기독교연합회는 해방 공간에서 친일과 항일의 갈등을 치유할 시간도 없이 한국전쟁이라는 민족의 비극에 휩쓸렸다. 해방 이후 기독교연합회를 위시한 한국교회가 곧바로 재건과 교세 확장에 뛰어드는 대신 지난날의 죄과를 돌아보며 회개하고 또한 서로 용서하는 아름다운 과정을 거쳤다면 오늘날과 같은 물량주의와 이념 갈등은 훨씬 약해졌으리라 생각한다. 한국사회 일반에서 보이는 부정적 흐름들의 근원에 친일을 청산하지 못한 역사적 과오가 있는 것을 생각하면 오늘 한국교회의 모습을 이해할 수 있다. 해방은 일제로부터의 정치적·경제적으로 자유로워지는 것뿐 아니라 정신적·문화적 주체성을 회복하는 과정이어야 했지만 한국사회나 교회 모두 그러한 길을 택하지 못함으로 그 후 반복적인 이념논쟁과 갈등을 겪어야 했다.

이러한 역사로 인하여 한국교회 에큐메니칼 운동이 심각한 영향을 받았다고 필자는 확신한다.

6) 한국전쟁과 교회협의회

해방의 기쁨도 잠시 곧바로 이어진 민족상잔의 전쟁은 한국교회의 지도력 형성에 큰 영향을 미쳤다. 친일의 흔적을 가진 교회 지도자들이 미국의 지원 속에 다시 교회 지도자로 등장하고, 반공을 내세우며 일제 강점기의 전력을 세탁하였다. 한국에서 전쟁이 발발했다는 소식을 접한 세계교회협의회(WCC)는 유엔에 전문을 보내 한국에 유엔군을 파견할 것을 요청하였다. 일각에서 WCC를 용공이라 오해하지만 한국전쟁 당시 유엔 참전을 요청하는 결정으로 인해 중국교회는 WCC 가입을 유보하기도 하였다.

전쟁은 한국교회의 중심을 남한으로 이동시켰다. 평양을 중심으로 성장했던 한국교회의 주요한 교회와 목회자들, 교인들이 대거 남한으로 내려왔다. 한편 양주삼 목사를 비롯한 남한의 주요 인사들이 전쟁 중에 북쪽으로 납치되거나 순교하였다. 한국교회와 에큐메니칼 운동에 큰 동력을 잃은 사건들이었다. 한국교회는 전후 교회와 사회의 복구를 위하여 미국교회의 지원을 필요로 하였다. 이에 따라 기독교연합회는 장로교회의 한경직 목사와 감리교회의 류형기 목사를 미국으로 파견하여 미국교회의 지원을 요청하였다. 이들의 노력으로 미국교회는 세계기독교봉사회(Church World Service)를 통하여 전쟁의 상처로 고통받는 한국인들에게 식량과 의복을 비롯한 지원을 아끼지 않았다.

전쟁 후 교회협의회가 자리를 잡아갔으나 감리교회의 지도자들은 제대로 지도력을 발휘하지 못했다. 1956년 감리교회의 송정율 목사를 총무로 추천했으나 예장의 유호준 목사가 재선하면서 낙선하였고, 4년 후인 1960년 류형기 감독이 총무에 도전하였으나 다시 유호준 목사에게 패하였다. 박창현,

김인영, 조신일, 한영선, 박설봉 목사 등이 회장단으로 활동하였고, 김활란 박사가 국제선교협의회(IMC) 부회장으로 오랫동안 활동하였다.

1963년부터 70년까지 교회협의회 사회국 간사로 재직한 김준영 목사는 일본 유학과 영국 목회를 거쳐 감리교 본부 선교국 총무로 일하고, 교회협의회 경험을 살려 국내외 에큐메니칼 운동에 활발하게 참여하였다. WCC 6차 밴쿠버 총회에서 중앙위원으로 선출되어 국제 에큐메니칼 운동에도 커다란 족적을 남겼다. 교회협의회와 감리교회는 협력과 갈등이 공존해 온 관계였으며 오늘까지 계속 협력하고 있다.

7) 발전 과정

일제 통치기 교회협의회의 활동이 감리교회와 장로교회를 중심으로 하는 교단간 협력과 연합활동에 무게가 있었다면 해방 후 활동은 근대화와 민주화 과정에서 소외되고 억압받는 이들과 불의에 저항하는 이들을 지원하고 연대하며 보호하는 역할을 감당하였다. 즉 한국사회의 변화에 능동적으로 참여하는 주체로 자리하였다. 이러한 측면에서 교회협의회는 해방 후 친정부 입장을 보여온 보수진영과 함께 한국교회의 균형을 잡아온 건전한 비판세력의 역할을 감당하였는바 이는 교회의 예언자 전통이라 할 수 있다. 해방 후 교회협의회 활동을 감리교회의 참여라는 관점에서 시기별로 살펴보자.

(1) 해방과 재건(1946~1969)

1936년 일본 제국주의에 의해 강제로 해산된 교회협의회는 해방과 함께 1946년 10월, 중앙감리교회에서 "한국기독교연합회"라는 이름으로 다시 조직되었다. 장로교회의 김관식 목사가 새로 조직된 연합회의 초대 회장, 감리교회의 임영빈 목사가 총무로 선출되었다. 이 시기는 한국사회 다른 분야들과 마찬가지로 일제 강점기 친일세력을 청산하고 민족진영이 주도하는 새로운 질서를 세우기 위하여 노력하는 시기였다. 그러나 해방 직후의 갈등과 혼란 상황이 채 정리되기도 전에 미군정과 한국전쟁의 발발로 교회는 복잡한 세력다툼에 빠져들었다. 결국 미국에서 귀국한 친미 성향의 지도자들을 중심으로 한국교회가 재편되고, 남한 단독정부 수립과 함께 분단의 고착화가 이어지면서 친일청산의 기회를 잃어버렸다. 성공회대학교 손규태 명예교수의 설명이 이를 잘 보여준다. "해방 직후 교회가 재건 과정에서 일차적으로 했어야 할 일, 즉 일제하에서 감당하지 못했던 민족사에 대한 잘못을 '공동으로' 고백하는 일에 실패함으로써 교회의 재건운동은 단순한 교권장악운동으로 전락하고 말았다."

1945년 9월, 미군정이 시작되자마자 교계 지도자들은 새문안교회에 모여 당시 해방공간을 주도하고 있던 여운형과 박헌영의 사회주의 계열을 배제하고 이승만, 김구, 김규식 등의 해외 망명 기독교 지도자들을 환영하는 준비에 들어갔다. 같은 해 11월 김관식 목사 주도로 모인 남부대회는 대한민국 임시정부 절대 지지를 결의하고, 일제 말엽 가졌던 조선교회의 비전을 폐기하고 "교파 환원"을 원칙으로 정하였다. 그 결과 조선기독교연합회가 조직되었고, 이는 해방 전 조선기독교연합공의회를 계승하여 교회협의회의 전신이 되었다. 해방과 함께 YMCA, YWCA, KSCF(전국기독교학생연합회) 등이 전국 조직을 건설하고 세계기독학생총연맹(WSCF)과 연대하며 발전하였다. 1947년 교회협의회 안에 청년국을 신설하여 교회청년운동을 시작했다.

임영빈 목사가 처음 일 년간 총무로 재임한 이후 감리교회는 교회협의회 안에서 뚜렷한 지도력을 보이지 못했다. 해방 직후 초기 연합회는 장로교회의 김관식 목사가 주도적인 역할을 하였다. 1949년 간사로 들어온 강원용 목사는 그 후 한국기독교장로회가 교회협의회를 중심으로 한국교회 에큐메니칼 운동에서 주도권을 잡는 데 결정적인 역할을 하였다. 강원용 목사의 지도 아래 교회협의회는 길진경, 김관석, 권호경으로 이어지는 기장시대를 맞이하였다.

감리교회에서 1954년, 김활란 박사가 교육국장, 홍현설 박사가 청년국장으로 일 년간 활동하였다. 그 후 50년대 말과 60년대 초에 들어와 신흥우 박사와 김활란 박사가 CCIA 위원회와 전도국의 위원장으로 활동하였다. 60년대 중반 들어 감리교회 인사들의 참여가 활발해져 김활란 박사를 비롯하여 차현회 목사, 유동식 박사, 홍현설 박사, 김준영 목사 등이 여러 국과 위원회에서 서기, 국장, 위원장으로 활동하였다. 1967년에 홍현설 박사가 회장, 68년에 박설봉 목사, 김준영 목사, 라사행 목사가 활동하였다. 69년에 홍현설, 김준영 목사가 교회와사회위원회와 장학위원회에서 모두 위원장과 서기로 호흡을 맞추는 모습이 인상적이었다.

(2) 근대화와 민주화(1970~1994)

한국역사에서 70년대는 경제발전을 앞세운 근대화 기간이면서 동시에 개발독재와 맞서 싸운 민주화의 시기다. 이 시기 교회협의회는 박정희 정부의 장기집권과 부정부패에 맞선 반독재 민주화 투쟁의 최전선에 서 있었다. 이러한 저항은 교회를 향한 구체적인 실천방안과 집권층과 국민들을 향한 선언문의 형태로 나타났다. 1969년 삼선개헌 반대운동을 시작으로 목회자들과 교인들의 민주화 운동이 전개되었고, 교회협의회는 교회의 뜻을 모으는 일에 앞장섰다.

1970년, 한국기독교교회협의회로 개명하면서 몇 가지 변화가 일어났다. 첫째는 헌장 개정이었다. 헌장 제1장 총칙 제1조는 WCC의 정신을 그대로 가져와, "본회는 성서에서 가르친바 예수 그리스도를 구주로 믿고 성부, 성자, 성신의 삼위일체 하나님께 영광을 돌리기 위하여 부르심을 받고 이에 응답하려고 하는 한국에 있는 교회들이 모여 친교와 연구, 협의를 나누는 단체"라고 명기하였다. 다음으로 제2장 목적과 기능에서 "본회는 아래와 같은 에큐메니칼 정신을 구현함을 목적으로 한다."고 대전제를 명기하고 세부적인 사업 방향을 제시하였다. 즉 1) 예수 그리스도의 복음을 토대로 국내 및 국제교회 간에 친교와 연합운동을 벌인다. 2) 교회 간의 연합정신을 발휘하여 그리스도의 복음전도를 도모한다. 3) 예수 그리스도의 정신과 사랑으로 교회와 사회와 국가 및 국제적으로 봉사한다. 4) 본회는 그리스도인으로서 모든 사업을 통하여 그리스도의 증언자가 된다. 교회협의회의 활동방향이 종래의 "선교"에서 보다 포괄적인 "에큐메니즘"으로 확대되었다고 할 수 있다.

1974년, 교회협의회는 인권위원회를 조직하여 암울한 인권상황을 고발하고 정의를 위하여 고난당하는 이들을 지원하였다. 교회협의회의 이름으로 발표되지는 않았지만 1973년 발표된 "한국 그리스도인 선언"과 74년 발표된 "한국 그리스도인의 신학적 선언"은 유신체제를 극복하는 것이 하나님의 명령이며 국민의 요청이고 교회의 역사적 전통에 응답하는 것이라고 밝히고 있다. 특별히 신학적 선언에 참여한 감리교회 신학자들의 면면이 새롭게 다가온다. 구덕관, 마경일, 박봉배, 윤병상, 윤성범, 은준관, 조승혁, 조화순, 차풍로 교수들의 모습이 시대의 엄중한 사명을 감당하는 예언자의 모습으로 읽혀진다.

1980년 5월은 80년대를 살아온 한국인이라면 누구든지 자유롭지 않은 기억이다. 엄격한 보도통제 속에서 광주의 소식이 사람들에게 조금씩 알려졌고, 소식을 들은 사람들마다 진압군의 잔인한 행동에 놀라지 않을 수 없던 시절이었다. 당시 서울 형제감리교회 소속의 김의기 청년은 1980년 5월 30일, "동포에게 드리는 글"을 낭독하고 종로5가 기독교회관에서 투신하였고, 부산제일감리교회에서 목회하던 임기윤 목사는 보안사 부산분실에서 조사받던 중 의식을 잃고 가족에게 인계되었지만 깨어나지 못하고 하나님의 부르심을 받았다. 1985년 6월, 교회협의회는 "광주사태 규명에 대한 성명서"를 발표하여 광주의 진상규명을 요구하였다. 성명서는 광주사태 진상규명과 책임자 퇴진, 미국의 사과, 희생자와 유가족 보상, 인권침해 행위 중단 등을 요구하였다. 80년 광주항쟁이 일어난 지 5년 후지만 군사정부의 통치 아래에서 그만큼의 시간을 보낼 수밖에 없었다. 그 후 KBS 시청료 납부거부 운동,

6·10 민주화 항쟁, 통일운동에 적극적으로 나서는 모습은 교회협의회가 감당해 온 적극적인 사회선교의 역할이었다.

1994년, 감리교회의 김동완 목사가 초대 총무 임영빈 목사 이후 48년 만에 총무로 선출되었고, 2010년 감리교회 김영주 목사가 총무로 선출되어 두 번째 임기를 보내고 있다.

8) 회원교회들

한국기독교교회협의회의 역사는 한국교회 에큐메니칼 운동의 역사라고 할 수 있다. 교회협의회는 감리교회를 포함하여 9개교회가 회원으로 있다. 감리교회는 한국기독교교회협의회의 창립회원으로 국내 에큐메니칼 운동에 참여하였고, 1948년 세계교회협의회 출범 때에도 창립회원으로 참여하였다. 백 년 전부터 에큐메니칼 운동의 선구자로 활동해 온 감리교회의 역사 속에 동역하고 있는 에큐메니칼 형제교단들을 살펴보자. 그 외 회원단체로는 기독교방송(CBS), 대한기독교서회(CLSK), 한국기독교학생회총연맹(KSCF), 한국기독교청년연합회(YMCA), 한국기독교여자청년회(YWCA)가 있다.

(1) 대한예수교장로회 통합 측

1884년 미국 북장로교 의료선교사 알렌 박사 부부가 광혜원을 설립하면서 공식적인 장로교 선교를 시작하고, 1885년 미국 북장로교 소속의 언더우드 목사가 입국하였다. 언더우드는 장로교회를 대표하는 최초의 개신교회 새문안교회를 설립하였다. 언더우드가 경신학원과 연희전문, 베어드 목사가 숭실학당, 사무엘 모펫 박사가 1901년 장로회신학교를 평양에 설립하였다. 1912년, 조선예수교장로회로 교단을 조직하였다가, 1943년, 일제의 강압으로 일본기독교 조선장로교단으로 개편, 1947년, 조선예수교장로회를 재건하여 대한예수교장로회로 명명했다. 1952년, 고신 총회가 분리됐고, 1953년,

조선신학교 측이 한국기독교장로회로 분립하였다. 1959년, 세계교회협의회 가입 문제로 찬성 측(통합)과 반대 측(합동)이 대립, 분리되었다.

(2) 한국기독교장로회

1952년, 대한예수교장로회 제37회 총회(대구 서문교회)에서 조선신학교 졸업생에게 목사 안수를 주지 않고, 김재준 목사의 목사직을 제명하고, 성경 축자영감설을 부정한 조선신학교 서고도(William Scott) 교수를 고소하고, 두 교수의 사상을 찬성 지지하는 자는 처벌키로 하자, 1953년 6월 서울 한국신학대학에서 단독 총회를 열어 분립을 선언하였다. 1957년, 한국기독교교회협의회, 1959년 동아시아기독교협의회(EACC), 1960년 세계교회협의회에 가입하여 활발하게 참여하고 있다. 안병무, 서남동 등 대표적인 민중신학자들을 배출하였다.

(3) 한국구세군

1907년, 감리교 목사 출신으로 영국에서 구세군을 창립한 윌리엄 부스 대장이 일본을 방문, 순회집회를 가졌다. 이 집회에 참석한 조선 유학생들이 조선 선교를 요청하였고, 이에 따라, 1908년 10월 정령 허가두(R. Hoggard) 사관이 입국하여 선교를 시작하였다. 구세군은 선교 초기부터 복음 증거와 함께 민중계몽, 여성지위 향상, 사회구원에 큰 관심을 가져왔다. 일제 강점기 아래, 금주운동과 건전생활캠페인을 시작하였고, 1928년 도시빈민들을 돕기 위하여 당시 미국에서 시행하고 있던 자선냄비 모금운동을 도입하여 시작하였다. 1941년, 구세단으로 명칭이 바뀐 후, 1943년, 일본에 의해 해산되었다. 그 후 1947년, 새로운 사령관이 들어와 활동을 재개하였다. 2008년 선교 백주년을 맞아 감사와 회개운동을 시작하였고, 고통 받는 이들과 함께 하기 위하여 노력하고 있다.

(4) 대한성공회

1890년 영국 성공회의 찰스 존 코프(한국명 고요한) 주교가 5명의 사제, 미국 펜실베이니아 출신 의사 랜디스(한국명 남득시)와 입국하였다. 인천에 있는 성공회 내동교회가 첫 교회이며, 서울에 성공회 주교좌대성당을 세우면서 조선 선교를 시작하였다. 세계교회협의회(WCC)와 세계 성공회 공동체, 한국기독교교회협의회의 회원으로 있다. 진보적인 신학노선을 견지하고 있으며, 선교 초기부터 한국문화에 토착화하려는 노력을 보여 강화, 진천, 청주 등에서 한옥으로 지은 성공회성당을 볼 수 있다. 성공회대학교를 통하여 교육과 선교에 이바지하고 있으며, 1965년 한국인으로 이천환 주교가 첫 주교 서품을 받았다.

(5) 기독교대한복음교회

일제하 일본에서 우치무라 간조 문하에서 무교회운동을 배우고, 1923년 귀국한 최태용 감독은 무교회가 아닌 기성교회와 구별되는 비교회운동을 역설하며 1935년 진정한 한국교회를 모토로 설립하였다. 최태용 감독은 당시 선교사들의 영향 아래 있는 교회들의 모습을 보며 진정한 한국교회가 아니라고 역설하였다. 1929년부터 발행한 「영과 진리」는 일제하 새로운 신학운동의 장이었다. 1966년, 한국기독교교회협의회, 1985년 아시아기독교협의회에 가입하였다.

(6) 기독교대한하나님의성회

1928년 미국 평신도 선교사 M. 럼시가 한국을 방문하여 구세군 본영에 근무하던 허홍을 만나 오순절 선교가 시작되었다. 1933년 서빙고교회를 시작으로 일본 오순절신학교의 박성산 목사와 배부근 목사의 귀국으로 기초를 잡기 시작하였다. 1949년 대한오순절교회로 재건되었고, 1953년 남부교회에서 기독교대한하나님의성회를 창립하였다. 1953년 5월 순복음신학교가 개교하고, 1966년 조용기 목사를 총회장으로 선출하였으나, 1985년 분열로 여의도 측과 서대문 측의 두 교단으로 공존하고 있다. 1996년 5월 한국기독교교회협의회에 가입하였고, 한국기독교총연합회의 회원이다.

(7) 한국정교회

1897년 1월 러시아 공사 볼라노프스키가 본국에 정교회 사제 파송을 요청하고, 같은 해 7월 러시아정교회 주교회의가 한반도 선교를 결정하였다. 본래 1897년 입국 예정이었으나 당시 불안정한 정세로 연기, 1903년에 선교를 시작하였다. 그 해 고종이 하사한 정동에 성당을 건립하였다가, 1967년 마포구 아현동으로 이전하였다. 1956년 성탄절 총회에서 콘스탄티노폴리스 총대주교청 편입을 결의하고, 콘스탄티노폴리스 총대주교청이 수용하여 콘스탄티노폴리스 총 대주교청의 산하 뉴질랜드 관구에 속하였고, 2004년 6월, 대한민국 교구가 관구로 승격하면서 자치관구가 되었다. 1982년 한국 최초의 정교회 신학원이 설립됐다. 1996년 교회협의회에 가입하였다.

(8) 기독교한국루터회

1958년 미국 미주리 주 루터교회에서 파송한 바트링, 도로우 선교사의 선교로 시작되었다. 1958년 컨콜디아사를 설립하여 신학과 신앙서적 보급에 앞장섰다. 1959년 기독교방송을 통해 루터란 아워를 시작하였고, 같은 해 설립된 도봉교회를 시작으로 본격적인 지역선교도 시작하였다. "오직 믿음, 오직 은총, 오직 성서"의 종교개혁 정신으로 아름다운 예배의식과 음악, 성례전을 강조하고 있다. 종교개혁 500주년을 앞두고 활발하게 준비하고 있다. 대표적인 교육기관으로 루터대학교가 있다. 2011년 한국기독교교회협의회에 가입하였고, 한국기독교총연합회의 회원이기도 하다.

2. 기독교방송(Christian Broadcasting System : CBS)

1) 태동과 발전

해방 후 3년이 지난 1948년 12월, 한국기독교연합회는 산하에 음영위원회를 조직하여 기독교방송국을 준비하기 시작하였다. 미국 선교사 디캠프 목사가 기독교방송국 설립의 사명을 띠고 내한한 결과이기도 하였다. 국내 각 교파 대표들과 해외 교단의 주한 선교사 대표들로 구성된 음영위원회는 산하에 시청각위원회와 라디오위원회를 두고 방송국 설립을 추진하였다. 이 과정에서 디캠프 목사가 주도적인 역할을 하였다.

1948년 한국방송공사(KBS)의 전파를 사용하여 15분씩 선교방송을 시작하고, 1949년 6월, 정부의 허가를 얻어 미국에 방송설비를 주문하였으나 도착 전에 한국전쟁이 일어나 개국을 연기하였다. 1954년 12월 15일, 일본 요코하마에 보관하던 방송장비를 들여와 종로2가 기독교서회 건물에 방송국을 설치하고, 설립허가를 받아 방송을 시작하며 개국하였다. 초대 국장에 감의도 목사가 선임되었다. 한국기독교교회협의회는 기독교방송 후원회를 만들어 설립을 지원하였는데, 초대 회장 김활란 이화여대 총장 외에 15명의 이사가 선출되었다. 초기 방송 내용은 각종 예배 프로그램과 선교 프로그램을 중심으로 한 어린이 동화, 동극, 영어 회화, 전통음악 등이었다.

1970년 3월, 종로구 연지동 한국기독교회관에 사옥을 마련하여 이전하고 본격적인 방송국 체제를 갖추었다. 편성국과 보도국, 총무국, 기술국을 두었고, 보도국 안에 편집부, 정치부, 사회문화부, 경제부를 두어 시사적인 프로그램을 제작하기 시작하였다. 1971년, 교회협의회의 추천으로 독일의 후원을 받았다. 당시 서독의 개신교개발 원조청으로부터 "기독교방송 현대화 계획"에 대한 원조 4억 3천만 원을 받았고, 1977년에 두 번째로 4억 원의 원조를 받았다. 외형적으로 서독 정부의 원조를 받은 모습이지만 내면적으로는 교회협의회를 통하여 세계교회협의회의 지원이 있었기에 가능한 일이었다.

2) 진정한 언론으로 서다

1980년 전두환을 중심으로 한 신군부의 집권으로 언론통폐합이 진행되면서 보도방송이 금지되었다. 1986년, "CBS 기능정상화 100만인 서명운동"을 시작하여 전국적인 저항운동이 일어났고, 그 결과 1987년부터 뉴스 방송을 재개하였다. 당시 극심한 언론 통제 속에서 기독교방송의 뉴스는 기독교인들뿐 아니라 일반 시민들의 지지를 받는 공정한 보도로 인정받았다. 1992년, 양천구 목동으로 사옥을 옮겨 종합방송국 시대를 열었다. 현재 서울 본사를 비롯하여 13개 지방 방송국을 두고 있으며, 표준 FM 방송을 통하여 시사보도, 음악 FM 방송을 통하여 음악, TV방송을 통하여 선교적 내용을 방송하고 있다. 그 외에 뉴스 포털 '노컷뉴스', 뉴미디어 분야의 CBSi, CBS TV의 HD방송, 인터넷 라디오 레인보우로 송출되는 24시간 크리스천 음악 방송 JOY4U 등을 내보내고 있다.

기독교방송은 미디어가 주도하는 현대의 기독교 선교와 복음화의 유력한 매체이며, 한국 기독교 역사에 중요한 에큐메니칼 기관이다. 교회협의회 회원단체로 활동하고 있으며, 한국교회를 대표하는 교단에서 파송된 19명의 이사와 2명의 감사로 이루어져 있다. 감리교회는 2명의 이사를 파송하고 있다. 표용은 전 서울연회 감독과 권오서 전 동부연회 감독이 이사장, 이재은 정동제일교회 원로목사가 사장을 역임하였다.

3. 대한기독교서회(Christian Literature Society of Korea: CLSK)

웨슬리의 전통에 따라 감리교회의 선교정책은 개인을 전도하는 것과 함께 선교지의 국민들을 위한 교육과 의료 봉사를 중요시했다. 또한 문서 보급을 통한 선교를 중요하게 생각했다. 한국교회는 아펜젤러와 언더우드 선교사가 공식적으로 내한하기 전에 이미 이수정이라는 준비된 일꾼을 통하여 한글성서를 번역한 놀라운 역사를 가지고 있다. 그러나 성서 전체를 번역하고 인쇄하여 일반 국민들에게 보급하기 시작한 것은 선교사들의 공식적인 도착과 활동 이후로 보아야 할 것이다. 감리교회가 선교 초기부터 주도적으로 이끌어 온 문서선교의 중요한 두 기둥인 기독교서회의 역사를 간략하게 살펴보자.

1) 아펜젤러의 염원

1885년 4월, 조선에 도착한 아펜젤러는 바로 그해 10월부터 언더우드와 함께 성서번역을 시작하였다. 이는 그가 한글로 된 성서보급을 얼마나 중요하게 생각하였는지 보여주는 증거다. 1886년 배재학당, 1887년 정동제일교회를 시작하였다. 그리고 1888년 기독교 문서 출판을 위하여 삼문사를 설립하고, 배재학당 지하실에 미이미활판소라는 이름으로 인쇄소를 설치하였다. 아펜젤러는 미감리교회의 선교정책에 따라 교육과 의료와 문서보급을 통한 선교를 충실하게 진행하였다. 1887년 서양 선교사로는 처음으로 황해도를 거쳐 평양에 이르는 지방선교여행을 하면서도 이러한 역사를 이룬 것이다.

아펜젤러는 1889년 언더우드 등 장로교회 선교사들과 함께 공동으로 문서선교를 수행할 기관을 설립하기로 뜻을 모으고, 1890년 "The Korean Religious Track Society"를 조직하였다. 초대 회장에 올링거, 부회장에 헐버트, 서기에 언더우드와 스크랜턴을 선출하고 아펜젤러는 다른 선교사들과 함께 이사가 되었다. 서회의 창립 목적은 "조선어로 기독교 서적과 전도지와 정기 간행물의 잡지류를 발행하여 전국에 보급하기 위하여"라고 명시하였다. 1891년 한글명을 "조선성교서회"(朝鮮聖敎書會)로 정하고 이듬해 한국 최초의 노래집이며 찬송가 「찬미가」를 발행하였다. 성교서회를 통한 출판물의 발간은 기독교 선교 역사에도 큰 의의를 갖지만 한국의 출판역사에도 큰 의미를 가진 사건이었다.

아펜젤러는 1902년 6월 성서번역위원회에 회의에 참석하기 위하여 배편으로 목포로 향하던 중 어청도 앞바다에서 난파사고로 인하여 순직하였다. 마지막 가는 길까지 성서번역을 위하여 일하던 아펜젤러의 열정을 생각하면 오늘 우리가 보고 있는 우리말 성서의 가치를 다시 생각하게 된다.

2) 문서선교의 최일선

1906년 종로2가에 목조건물을 구입하고, 1907년 "조선예수교서회"로 개칭하였다. 1910년부터 *The Korean Mission Field*(1905년 창간)를 발행하기 시작하고, 종로2가에 2층 건물을 건립하고 주변의 땅도 매입하면서 사세를 확장해 갔다. 주요출판물로 1908년부터 발행하기 시작한 감리회와 장로교회 공용 찬송가, 최병헌의 「성산명경」(1912), 「만종일련」(1922), 하디의 「신약성서 총론」 등이 있으며, 1971년부터 시작한 「현대사상신서」는 기독교뿐 아니라 학계 전반을 아우르는 수준 높은 서적들로 채워진 시리즈물이다.

1939년 조선기독교서회로 개칭하고, 1939년 양주삼 목사가 총무로 취임하였으나 일제의 압력으로 1942년 퇴임하였다. 해방 후 대한기독교서회로 개칭하여 현재에 이르고 있다. 초기 기독교 선교를 위한 신앙서적, 성서, 찬송가를 발간하던 서회는 그 후 사전류와 신학서적, 교재 등 다양한 기독교 서적들을 보급하면서 명실공히 한국교회의 문서선교의 일선에서 봉사하는 한국교회의 대표적인 문서선교 연합기관이다.

1988년 총무 중심 경영에서 사장제로 전환하면서 예장의 김소영 목사가 초대 사장을 역임하였고, 2002년 감리교회의 정지강 목사가 8대 사장으로 취임하여 2014년까지 재직하였다.

4. 대한성서공회(Korean Bible Society)

1) 선교와 함께 시작한 성서번역

한국교회는 세계 선교사에 유례가 없는 자국어 성서번역의 역사를 가지고 있다. 1885년 아펜젤러와 언더우드가 내한하기 전에 이미 성서번역이 이루어졌기 때문이다. 앞에서 말한 이수정의 번역 이전에 이미 중국에 선교사로 와 있던 로스가 이응찬, 서상륜, 백홍준 등을 만나 한글을 배우고, 1877년부터 요한복음과 마가복음, 누가복음 번역을 시작하였다. 스코틀랜드와 영국성서공회의 지원을 받아, 1882년 중국 심양에서 최초의 한글 성경 「예수성교누가복음젼셔」와 「예수교셩교요안복음젼셔」를 출간하였다. 이는 이수정의 번역본보다 1년 이상 빠른 것이었다. 아펜젤러와 언더우드 입국 후 상임성서위원회가 조직되었고, 이 위원회에서 1887년 「마가의젼한복음셔언해」가 출간되었다.

1893년, 상임성서위원회가 상임성서실행위원회로 개편되어 1903년까지 유지되었다. 이 위원회는 아펜젤러, 언더우드, 게일, 스크랜턴, 트롤로프 등 5명을 번역자로 하는 일반개정위원회를 조직하였다. 1894년 영국과 미국, 스코틀랜드 성서공회가 연합하여 한글성경 번역사업 지원을 결정하였고, 1896년 영국성서공회의 한국지부 설치가 승인을 받았다. 1903년, 상임성서실행위원회를 해체하고 한국성서위원회로 성서번역과 보급사업을 관장하게 하였다. 일제 강점기 중에도 성서위원회를 통한 성서번역이 진행되었고, 이와 별개로 펜윅이 독자적인 신약성서 번역본을 출간하기도 하였다.(1919) 1922년부터 원산부흥운동의 기수 하디가 개역위원으로 참여하였다. 1938년 성서위원회는 조선성서공회로 명칭을 변경하였다.

현재까지 중요한 번역본들을 보면, 신약젼서(1900), 구약젼서(1911), 점자요한복음(1913), 영한대조누가복음(1922), 최초의 한글전서인 선한문관주 성경전서(1926), 성경개역(1938), 성경전서 개역한글판(1961), 공동번역 성서 (1977), 성경전서 표준새번역(1993), 성경전서 개역개정판(1998) 등이 있다.

2) 감리교회와 성서공회

감리교회는 아펜젤러 이후 문서선교에 적극 참여하여 장로교회 선교사, 목회자들과 협력하였다. 1938년 조선성서공회가 출범했으나 1940년 일제 의 탄압으로 문을 닫았다. 1947년 대한성서공회로 재건되었고, 1949년 세계 성서공회연합회에 가입하였다. 1937년 감리교신학교 교수였던 변홍규 목사 가 한국성서위원회 첫 한국인 회장으로 선출되었다. 그 후 총무 중심제로 전 환되어 초대 정태웅 목사, 2대 임영빈 목사(감리교회), 3대 김주병 목사, 4대 김호용 목사를 이어 감리교회 민영진 목사가 5대 총무로 선출되었다. 그는 2003년부터 2007년까지 봉사하면서, 세계성서공회 아태 지역이사회 의장으 로 활동하였다.

웨슬리 형제의 설교와 찬송, 구제를 통한 선교는 아펜젤러를 통해 한국사 회의 문서선교로 이어졌고, 대한기독교서회와 대한성서공회 설립에 주도적 으로 참여하는 근거가 되었다. 이제 감리교회는 21세기 정보화 시대를 맞아 올바른 신앙을 위한 문서와 정보 보급을 위하여 적극적인 고민과 참여가 필 요할 것이다. 한국기독교교회협의회의 회원기관은 아니지만 감리교회를 위 시한 여러 교파에서 위원들을 파송하고 있고, 아펜젤러 선교사가 설립부터 적극적으로 참여한 한국교회의 중요한 공적 기구이다.

5. 한국기독교청년연합회(Young Men's Christian Association: YMCA)

1844년, 영국의 복음주의자들이 결성한 기독교청년회는 길지 않은 시간에 세계 각국으로 전파되어 확장되었다. 한국에서는 1903년 10월 28일, "황성기독교청년회"라는 이름으로 처음 출발하였다. 이 운동은 초기 선교사들의 노력으로 1899년부터 시작되었다. 한국 선교의 선구자인 아펜젤러와 언더우드는 당시 조선 청년들을 교회로 인도하는 데 장애가 되는 것이 남녀와 신분을 넘어서는 만남이라고 보았다. 그들은 저녁 시간 청년들이 교제와 오락을 즐길 수 있는 장소를 마련할 수 있는 방편으로 YMCA 활동이 대안이 될 것이라 보고 YMCA 세계본부에 조선의 상황을 알렸다. 세계본부는 라이언을 파송하여 한국에서 YMCA 설립 가능성을 타진하였다.

1) 설립과 발전

한국을 방문한 라이언에게 장로교회의 언더우드 선교사가 필요성을 역설하였다. 언더우드는 조선에 아직 계층의식이 심해서 양반 계층의 사람들이 하류층과 부녀자, 서자들이 많은 교회에 나오기를 꺼려하고 있으니 그들 상류층이 교회에 접근할 수 있는 회합처로서 YMCA가 적합할 것이라고 주장하였다. 이미 배재학당이나 보통학교, 외국어학교, 철도학교 등에 다니는 학생들을 인도할 수 있고, 1,500명 되는 세례교인들 가운데 청년들을 대상으로 모집하면 충분히 가능성이 있는 활동이라고 역설하였다. 이에 대하여 감리교회의 스크랜턴 선교사는 정치적으로 민감한 시기에 이러한 클럽결성과 활동은 사회적으로 외면받을 수 있으니 선교사를 파송하는 것이 더 좋을 것이라고 제안하였다. 그러나 같은 감리교회의 헐버트 선교사는 세계적으로 YMCA 운동이 청년들에게 미친 영향력을 강조하면서 복음을 전하기 위한 방법으로서 YMCA 사역을 주장하였다.

라이언은 다음과 같은 내용을 담은 보고서를 본부에 제출하였다.

1. 상류 지식층과 그 자제들에게 전교하기 위해서는 일반 교회와 성질이 다른 기독

교기관이 필요하다.

2. 기독교청년회를 창설하기만 하면 200명 이상의 우수한 청년들을 곧 회원으로 되게 할 수 있다.

3. 국왕이 청년운동을 위험시하지만 선교사들이 잘 설명하면 잘 이해하고 허락해 줄 것이다.

4. 회관을 짓는 일에 앞서 전문 간사를 파송해야 한다.

5. 각계각층의 청소년들을 끌어들이기 위해 신앙이 돈독하고 다재다능하고 원만한 성격의 간사를 택해야 한다.

(서정민, 「한국교회 사회운동사」)

라이언의 제안에 따라 국제위원회는 1901년 9월, 27살의 젊고 열정이 넘치는 질레트를 한국에 파송하였다. 그는 도착하자마자 배재학당 안에 기독교학생회를 조직하였고, 1903년 3월에는 국내 선교사들과 영, 미, 불, 독, 일, 중 등 각국 외교관 및 은행가, 실업가들을 포섭하여 청년회관 건립을 위한 자문위원회를 조직하였다.

초대회장 헐버트, 초대 총무 질레트를 선출하여 출발한 한국 YMCA는 이듬해 봄, 이상재와 윤치호, 김정식 등이 감옥에서 나와 주도적으로 참여하면서 그들의 지도에 따라 발전하였다. YMCA는 기도하고 교제하고 배우고 토론하는 운동이었기 때문에 반드시 건물이 필요했다. 초대 총무 질레트는 인사동에 임시 장소를 마련하고 다음과 같이 기록하고 있다.

YMCA 회관이 일반에게 공개되었다. YMCA는 이제 시민들의 소유가 된 것이다. 회관은 상점과 관가의 중심에 자리잡고 있으며, 건물 역시 훌륭하기 때문에 누구나 쉽게 찾아올 수 있다. 무엇보다 고마운 것은 여기에 많은 사람들이 찾아든다는 사실이다. 우리는 이 기관을 통해 우리의 다년간 소원이던 젊은이들을 만나게 되었다. 하류층의 자녀들, 상인의 자제들, 선비나 양반의 자녀들이 모여와 한자리에

앉게 되었으니, 밤마다 더 많은 사람들이 찾아들고 있다.

감옥에서 기독교인이 되어 출옥한 후, YMCA 운동에 뛰어들어 한국 YMCA 운동의 상징이 된 이상재 선생은 1906년 교육위원장, 1907년 이후 종교위원장으로 활발하게 활동하였고, 정부 관리로 재직하던 시기에는 정부 업무보다 YMCA에 더 많은 시간을 낼 정도였다. 1908년, 종로에 새 건물을 신축하고 개관예식을 삼일 동안 성대하게 치르면서 한국 YMCA는 한국사회에서 많은 사람들이 인정하고 기대하는 기독교 단체가 되었다.

1910년, 일본의 강제합병으로 YMCA 운동 내부에 두 가지 노선이 만들어졌다. 선교사들이 중심이 되어 순수한 종교적 청년 운동으로 YMCA 운동을 해야 한다는 입장과 민족운동가들을 중심으로 민족적으로 중요한 합방 문제를 고민하고 토론해야 한다는 입장이었다. 이러한 이견 속에서 일제 식민지 시대를 맞은 YMCA는 암울한 조선의 청년들을 대상으로 새로운 스포츠의 보급과 최초의 실내체육관 건립, 일요강좌, 토론회, 강연회 등을 제공하면서 민중계몽과 실력배양에 주력하였다.

이상재와 함께 YMCA 운동의 중심인물이었던 신흥우는 기독교 복음전도, 선교문제와 함께 농촌선교를 7대 중심주제 가운데 하나로 다룬 예루살렘 선교대회(1928)에 참석하기도 하였다. 예루살렘에서 돌아온 신흥우는 한국 YMCA를 통하여 전국적인 농촌운동을 전개하였다. 이때 YMCA가 내세운 3대 강령이 정신적 소생, 사회적 단결, 경제적 향상이었는데, 이 3대 강령이 그 후 WCC가 추진한 개발선교의 목표와 거의 동일하다는 사실은 흥미롭다. WCC는 자결의 원칙, 가난한 자와 연대, 성장을 개발선교 목표로 삼았다.

한국 YMCA는 한국교회 연합운동에 크게 기여하였다. 1918년 장감연합협의회와 1924년 예수교연합공의회(한국기독교교회협의회의 전신) 조직에 주도적인 역할을 하였다. 1926년, "기독교연구회"를 조직하여, 1) 교파의식 해소 2) 산업의 진흥과 개발 3) 교회 운영과 복음선교의 토착화라는 삼대 방침을 세워 민족교회의 이념을 정립하였다. 해방과 한국전쟁을 겪으며, 1957년까지 10년 넘는 기간 동안 혼란기를 맞기도 하였지만 국제위원회의 지원과 조정 속에 혼란을 수습하고 경제원조와 구호사업, 회관 재건사업 등으로 정상화를 이루었다.

2) 해방 후 발전 과정

그러나 해방 후 1960년대까지 기독교청년운동의 중심이 되지 못하던 YMCA는 70년대 들어서면서 본격적인 시민운동의 중심이 되었다. 1976년 4월 채택한 목적문은 다음과 같이 활동방향을 규정하고 있다.

> 기독교청년회는 젊은이들이 그리스도의 뒤를 따라 함께 배우고, 훈련하며, 역사적 책임의식을 계발하고 사랑과 정의의 실현을 위하여 일하며 민중의 복지 향상과 새문화 창조에 이바지함으로써 이 땅에 하느님 나라를 이룩하려는 것을 목적으로 한다.

2014년 창립 100주년을 맞은 YMCA는 전국적으로 65개 지부와 2,400명의 전문지도력을 가지고 있다. 그들 외에 수많은 인력이 자원봉사자와 회원으로 참여하고 있다. 1900년대와 2000년대를 지나며 YMCA는 연대와 협력을 통한 사회개혁운동에 참여하고 있다. YMCA는 한국의 시민사회를 이끌어가는 기독교청년운동체로서 여전히 중요하고 의미 있는 기관이며, 교회협의회 회원단체이다.

감리교회는 아펜젤러, 신흥우 등을 중심으로 YMCA 운동 초기부터 주도적으로 참여하였고, 홍현설 전 감리교신학교 교장이 전국 YMCA 이사장(1967~1970), 표용은 전 서울연회 감독이 서울 YMCA 이사장과 대한 YMCA 연맹 이사장, 전대련 목사가 서울 YMCA 회장, 박우승 장로가 서울 YMCA 이사장을 지냈다.

6. 한국기독교여자청년회(Young Women's Christian Association: YWCA)

1) 태동과 발전

한국여자기독교청년회는 1922년 4월 20일, 김활란, 김필례, 유각경 등에 의해 창립되었다. 초기에는 주로 계몽, 교육, 생활개선 여권신장, 민족운동 등에 관심을 갖고 활동하였다. 당시 여성의 지위 향상과 여성들에 의한 문화활동, 신앙활동이 꽃 피우는 한편 직업여성 문제가 대두되고, 일제의 탄압으로 끝난 3·1운동의 여파로 조선의 지식인들은 직접적인 독립운동 대신 교육, 산업, 문화주의에 기울고 있었다.

김필례는 일본 유학중, 유각경은 중국 유학중 각각 YWCA 운동을 접하고 한국에 돌아와 김필례는 1921년 봄부터 YWCA 조직을 준비하기 시작하였고, 아펜젤러의 소개로 김활란을 만났다. 이들은 당시 일제 식민지와 봉건사회 관습이라는 이중 억압을 받고 있던 조선 여인들의 인간다운 삶을 위하여 기독교 신앙에 입각한 기독여성단체의 조직이 절실하다는 데 뜻을 같이했다. 공민학교를 열어 문맹퇴치 운동을 전개하고 요리강습, 흰옷 염색하기, 부엌 및 화장실 개조 등 생활개선을 위한 다양한 활동을 시작하였다. 또한 여성들의 권익 보호를 위해 조혼·공창제도 폐지운동과 축첩제도 반대운동을 펼쳤으며 민족의 경제를 위협하는 문제에도 관심을 갖고 애국운동 차원에서 물산장려운동에 앞장섰다.

김활란과 함께 초기 YWCA 활동에서 중요한 역할을 한 황애덕은 감리교인으로 이화학당 중등과를 졸업하고, 평양 숭의학교 교사를 거쳐, 이화학당 대학과와 평양 기홀병원에서 1년간 의학 수업을 하였다. 동경여자의학전문학교 유학중, 동경여자유학생회를 조직하여 민족의식을 고취하고, 1919년 2·8 독립선언에 주도적으로 참여하였다. 김마리아, 송복신 등과 국내에서 독립운동에 참여하여 옥고를 치렀다. 1925년, 유학을 떠나 미국 컬럼비아 대학교 석사 학위를 받고 펜실베이니아 주립대학교에서 농촌사업을 연구하였다. 1928년, 귀국하여 협성여자신학교 교수로 부임하여 농촌사업지도교육과를 설치, 농촌지도자 양성에 최선을 기울였다. 상록수로 유명한 샘골감리교회 최용신 전도사를 가르친 이가 바로 황애덕 교수였다. 황애덕은 YWCA 연합회 이사로 취임하고, 여성단체총연합회 초대 회장으로 봉사하였다. 이처럼 활발하게 전개되던 YWCA 활동은 일제 말기에 이르러 극심한 탄압으로 지극히 약화되었고, 1938년, 일본 YWCA에 소속되었다가 1942년 끝내 문을 닫았다.

2) 해방 후 재건 시기

해방과 함께 안으로 연합회 조직을 다지고, 밖으로는 세계 YWCA 정회원으로 승인을 받는 등 굳건한 조직과 프로그램을 만드는 데 힘을 기울였다. 1947년, 박에스더 선생이 한국 YWCA에 파견되면서 큰 발전을 이루었으나 6·25전쟁이 일어나면서 혼란기를 겪었다. 피난지 부산에서 피난민들을 위한 구호활동, 식량 배급, 무의탁 소녀들에게 농업, 원예, 축산, 가내수공업 기술교육, 전쟁미망인들에게 양재, 편물 기술 교육 등을 실시하였다.

한국전쟁 후, 사회의 안정과 함께 YWCA 활동은 다시 발전하였다. 여성들이 시민의 의무와 권리를 행사할 수 있도록 교육하고, 사회참여를 불러일으키는 데 중요한 역할을 담당했다. 민법상에 있어서 여권향상을 위하여 많은 노력을 기울여, 1957년 「여성과 친족상속법」을 발행하고, 혼인신고 강조운동을 벌였으며, 1962년 친족상속법 개정과 가사재판소 설치운동을 벌였다.

3) 근대화와 YWCA 운동

1960년대 산업화로 인한 이농현상과 도시 빈곤층 형성 등으로 고통당하는 여성들을 위한 다양한 노력을 펼쳤다. 저임금, 열악한 작업 환경, 부당한 대우에 지친 여성근로자를 위한 레크리에이션 프로그램 개발, 개인 상담을 통해 삶의 활력을 찾을 수 있도록 돕고, 그들이 사회발전에 기여하고 있음을 일깨웠다. 또한 기업주의 여성노동자 착취 현상을 고발하고, 근로여성의 복지 향상과 인권문제 해결을 위해 노력하였다. 산업화의 영향으로 황폐해진 농촌사회를 위하여 농촌개발사업을 시행하였다. 농촌환경 개선, 소득 증대, 농촌 지역 자치조직활동 촉진 등 농촌 지역을 교육·문화면에서 발전할 수 있도록 돕고, 이를 위해 농촌 지역 주민의 의식계발을 증진시키는 측면에도 힘썼다.(한국 YWCA 홈페이지 역사 참조)

1970년, 사회정의실현운동을 선포한 YWCA는 소외계층과 함께 하며, 지역사회에 대한 바른 인식과 주민의 자주적 역할을 도울 수 있는 방안을 실행하였다. 대학생 회원조직은 도시 빈민층 및 농촌 지역의 실태조사를 실시하고, 실질적 필요를 충족시킬 수 있는 다양한 교육 프로그램 및 주민자치활동을 실시하였다. 또한 도시 지역 저소득 계층 및 농촌 지역을 위한 유치원과 탁아소 운영 등 보육서비스 제공, 여성의 의식과 역할을 바꾸는 교육 프로그램 등을 통하여 여성들이 마음 놓고 일에 전념할 수 있도록 하였으며, 지역 간 격차, 도시와 농촌간 격차를 줄이는 데도 기여하였다. 도시 및 농촌 지역의 근로여성 대상으로 야간학교를 개설하여 정규과정에 진학하지 못한 여성에게는 교육의 기회를 제공하였다. 특히 여성들의 특성과 기호에 맞춘 요리, 꽃꽂이, 합창단 등 취미활동과 가족계획, 식생활 개선, 아동교육, 위생, 건강 관련 등의 강좌 등을 활발하게 진행하였다. 또한 정치, 경제 및 각종 사회문제 등 여성의 일상생활을 정치·경제와 관련시킨 강의를 통하여 여성의 의식 변화와 시대상황의 이해에 기여하였고, 자치활동을 통해 지역사회의 문제를 직접 해결하는 사례도 만들어냈다.

1980년, 광주민중항쟁과 한국사회의 격변기를 거치면서 한국 YWCA는 소외된 여성들의 지위 향상을 위한 제도 개선, 직종 개발과 직업무료상담활동, 장애인을 위한 복지운동을 전개하였고, 외부적으로는 한국 여성운동의 수준을 세계적으로 도약시키는 발판을 구축했다. 이는 다양한 직업개발 및 훈련과 무료직업상담실 운영을 통하여 저소득층 여성들의 경제자립을 지원하고, 직업 분야에서 남녀평등의식과 성별의 벽을 허무는 데 기여하였다. 특히 여성운동에 있어서 자원봉사의 중요성을 강조하고, 장애우 복지에 깊은 관심을 가지면서 자원봉사활동을 확대시키고 장애우를 위한 편의시설 확충에 힘을 쏟았다.

1980년대 이후 급격히 성장한 사회운동과 여성운동의 격동기 속에서 기독여성과 운동단체들의 화해자 역할을 하는 봉사조직으로 정체성을 정리하였고, 제 시민단체들과 연대를 통한 사회개혁 운동을 전개하였다. 한국사회의 민주화와 평화를 위하여 고문근절운동과 365일 철야기도운동을 진행하였다. 이 평화운동은 전쟁장난감 제작 중지 요구, 북한여성과의 만남 추진 등 통일운동으로 이어져 두 차례(연변, 뉴욕)의 한민족여성대회를 성사시키기에 이르렀다.

1990년대의 주요 사업은 여성들의 직업 개발과 교육 개혁, 인간 중심의 창조성 개발에 기초한 대안교육운동 등이다. 바른 소비를 위한 환경운동도 꾸준히 전개하고 있다. 여성들의 고유한 목적과 더불어 1980년대 후반부터 통일운동에 참여하여 정치적 행동과 함께 구체적인 실천운동을 벌이고 있다. 북한 어린이에게 분유 보내기, 북한 주민에게 내복 보내기, 북한이탈 주민들을 위한 상담활동 및 취업훈련 등이다.

2002년, 창립 80주년을 기념하여 시작한 평화캠페인과 북한바로알기 및 북한이탈주민돕기운동을 계속하고 있으며 여성의 정치세력화와 올바른 정치문화 형성을 위하여 노력하고 있다. 창립 100주년을 향하여 전진하는 기독교여자청년연합회는 건강한 여성이 만드는 사회를 준비하는 한국사회와 교회의 여성운동을 대표하는 에큐메니칼 기관이다. 한국기독교교회협의회 회원으로 활동하고 있으며, 감리교회는 창립부터 밀접한 협력관계를 유지하고 있다. 40년간 YWCA에서 활동해 온 차경애 장로(성광교회)가 한국 YWCA 연합회 회장(2011~2013)을 역임하였다.

7. 한국기독학생회총연맹(Korea Student Christian Federation: KSCF)

1) 태동과 발전

1903년, 출범한 한국기독교청년연합회(YMCA)를 중심으로 활발하게 전개되었던 기독교학생운동은 일제 말기 극심한 제약과 압력으로 약화되고, 1938년 일본기독교청년회조선연합회로 병합되면서 독립성을 잃어버렸다. 해방과 함께 다시 시작된 기독학생운동을 이끌었던 중심은 YMCA와 YWCA였다. 1947년 8월, 전국기독교학생 하기대회가 서울에서 열렸다. 다음 해인 1948년 4월 25일, YMCA와 YWCA, 그리고 한국기독학생전국연합회 주최로 전국 18개 대학, 54개 고등학교의 대표들이 모여 "대한기독학생회전국연합회"(Korea Student Christian Federation: KSCF)를 결성하고, 강원용 목사를 초대 총무로 선출하였다. 이날은 한국 기독학생운동의 창립일이며 에큐메니칼 학생운동의 효시라고 할 수 있다. 그러나 1949년 YMCA와 YWCA가 학생운동의 독자적 사명을 확인하고 탈퇴하였다.

1955년 YMCA 등과 통합하여 한국기독학생운동(Korea Student Christian Movement: KSCM)을 조직하여 분열을 극복하고 단일한 대오를 형성하였다. 1957년 이후 이 기독학생운동은 독자적 활동과 자율적 체제를 굳혀 갔다. 또한 기독교연합회의 청년국에서 독립하여 자치적인 학생운동단체로 발돋움하였다. 당시 기독교연합회 가입 교단들의 대표로 이사회를 구성하였고, 이사회는 1958년 박창목을 총무로 선임하였다. 이듬해부터 처음으로 유급 전임 총무를 두기로 하고, 김형태 목사를 선출하였다.

1959년 기독학생운동은 다시 한 번 전환점을 맞았다. 대한 YMCA, 학생 YWCA의 지도자들이 모여 "한국학생기독교운동협의회"(Korea Student Christian Council: KSCC)를 조직한 것이다. 이들은 전국적인 단일조직을 구성하여 세계교회협의회(WCC)와 연락을 가졌다. 이 협의회는 초대회장으로 김영정을 선출하고, 간사로 1960년 오재식, 1964년 최성묵을 임명하였다. 1965년 손명걸 목사가 총무직을 사임하고 박형규 목사가 뒤를 이었다. 협의회는 내부의 이견과 갈등을 극복하지 못하고, 1968년 해산하였다. 그러나 1969년 11월 23일, YMCA와 KSCM이 정식으로 통합하여 오늘의 한국기독학생총연맹을 탄생시켰다. 초대 사무총장에 오재식이 선임되었고, 초대 이사장으로 박대선 목사가 선출되었다. 유신시대를 거치며 반정부 민주화 운동에 적극적으로 참여하였고, 현재까지 기독교회관에 사무실을 두고 활동하고 있으나 여타 에큐메니칼 단체들과 마찬가지로 침체기를 겪고 있다.

2) 목적과 사업

한국 에큐메니칼 기독학생운동의 구심점이었던 KSCF의 설립목적은 다음과 같다.

1. 그리스도의 에큐메니칼 정신에 입각하여 하느님의 정의, 평화, 창조질서의 보전을 현실화하기 위하여 학문연구, 대안 제시, 대안사회 형성을 위한 사업을 추진한다.
2. 그리스도의 정신과 학문을 통한 가맹회원의 인간적 완성을 도모함과 동시에 학원 이념의 구현, 학원의 민주화, 학생의 사명완수를 위해 협력한다.
3. 경제적·정치적·사회적 정의실현을 위하여 모든 선한 세력과 연대하여 대안적인 사회 형성에 기여한다.

KSCF의 주요사업은 다음과 같다. 1) 가맹 기독학생회의 발전과 상호간의 협력을 증진하는 데 필요한 사업 2) 전국적 사업 및 국제적 교류를 계획 수립하는 일 3) 본 연맹의 목적을 달성하기 위한 학생의 사업·지도능력을 키우기 위해 본 연맹이 주관하는 연구·훈련 및 출판사업 4) 본 연맹의 목적을 달성하기 위해 본 연맹 단독으로 또는 타 사회단체와 연대하여 추진하는 공익사업 등이다. 또한 학원선교와 사회선교, 평화와 통일 분야에서 여러 가지 프로그램을 진행하고 있다. 특히 세계기독학생회 총연맹(WSCF)의 회원으로 WSCF 회원국 기독학생들을 포함하여 지역(Asia Pacific Region)의 17개 나라 회원들과 긴밀한 유대를 맺고 회의와 행사를 진행하고 있다.

　　감리교회에서 손명걸 목사, 정상복 목사, 정명기 목사가 참여하였다. 정상복 목사는 기독자교수협의회 간사로 시작하여, 1980년 총무, 2003년 이사장을 지냈고, 김오성 목사가 2004년부터 2012년까지 8년간 총무를 역임하였다.

VI

국제연합운동과
감리교회

JPIC 서울대회(1990) 폐회예배

세계교회협의회란 우리 주 예수 그리스도를 하나님과 구세주로 받아들이는 교회들의 코이노니아이다.(WCC 헌장 1조, 1937년판)

세계교회협의회란 성경을 따라서 우리 주 예수 그리스도를 하나님과 구세주로 고백하고 성부와 성자와 성령 삼위로 일체되시는 하나님의 영광을 위한 교회의 공동 소명을 함께 성취하려고 하는 교회들의 코이노니아이다.(WCC 헌장 1조, 1961년판)

1. 세계교회협의회의 탄생

교회사 전체를 통하여 세계교회협의회 형성에 영향을 준 움직임들은 많았다. 멀리 초대교회와 중세교회의 분열과 연합 노력부터 시작하여 가까이 17세기 유럽 정통주의와 18세기 경건주의와 복음적 부흥기를 거쳐 19세기 대선교의 시대에 이르기까지 시대마다 교회의 분열을 극복하고 일치를 이루려는 노력들이 있었음을 볼 수 있다. 신앙고백적으로 표현하면 카이로스의 때가 이르러 WCC가 출현하게 되었다고 할 것이다.

1910년, 에딘버러 세계선교대회 이전에 이미 교회일치와 연합을 위한 노력과 기초가 일어났다. 1844년과 1854년 창립된 YMCA와 YWCA가 그러한 기초라 할 수 있다. 두 단체는 에큐메니칼 기구인 동시에 에큐메니칼 운동의 인적 자원을 배출하는 통로였다. WCC 초대회장 존 모트와 초대총무 비서트 후프트는 YMCA 출신이었다. 그 외에도 세계성공회의 일치와 다양성을 논의한 람베드주교회의(1867), 에딘버러에서 모인 제1차 세계장로교연맹 총회(1875), 미국과 영국의 감리교회 대표들이 모여 감리교회의 에큐메니칼 원칙을 제시한 런던회의(1878), 런던에서 모인 제1차 국제회중교회협의회(1891) 등이 세계교회의 일치를 모색하는 기초가 되었다. 1910년 에딘버러 세계선교협의회, 1925년 스톡홀름에서 모인 제1차 삶과 봉사 세계대회, 1927년 로 잔에서 열린 제1차 신앙과 직제 세계대회는 WCC 결성의 직접적 동기라 할 수 있다.

현재 WCC 회원교회는 7대륙 110여 개국, 349개 교단, 5억 8천만 명의 신 자를 포함하고 있으며, 대륙별로 보면 아프리카 28%, 유럽 23%, 아시아 21% 순이고, 장로교회 28%, 루터교회 16%, 감리교회 11%, 오순절교회 9% 순이 다. 세계교회협의회는 헌장에서 밝히고 있는 것처럼 예수 그리스도를 구주 로 고백하는 교회들의 모임이다. 이는 정치결사단체도 아니고 시민단체도 아니며 이익단체는 더더욱 아니라는 의미다. 1920년 동방정교회가 국제연 합에 상응하는 교회들의 코이노니아를 제안하고, 죄더블룸과 올담이 비슷한 시기에 동일한 제안을 하면서 구체적인 조직 일정을 시작하였다. 세계교회 협의회는 에큐메니칼 운동의 세 흐름인 신앙과 직제(Faith and Order), 삶과 봉사(Life and Work), 국제선교협의회(International Missionary Council) 운동의 통합으로 생겨났다.

2. 신앙과 직제 운동(Faith and Order)

WCC의 형성과 발전에 있어서 신앙과 직제 운동은 빼놓을 수 없는 중요 한 운동이며 현대 에큐메니칼 운동의 기초가 되는 흐름이었다. 이는 국제선 교협의회(IMC), 삶과 봉사(Life and Work)와 함께 현대 에큐메니칼 운동이 본 격적으로 발전하는 계기가 되었다. 잘 알려진 것처럼 1910년 영국 에딘버러 에서 열린 국제선교대회는 선교지에서의 연대와 협력을 제고하는 동기가 되 었고 여기에서 감동을 받은 세계 각국의 교회 지도자들은 교회의 가시적 일 치와 연대를 고민하는 동시에 꿈꾸게 되었다.

1) 목적과 비전

신앙과 직제 운동의 목적은 그리스도 안에서 교회의 일치를 가로막는 장애를 극복하고 교회간의 신학적 대화를 통하여 일치의 길을 여는 것이다. 미국성공회 브렌트 주교는 새로운 연합교회를 꿈꾸며 신앙과 직제 운동을 제창하였고, 미국성공회 총회는 다음과 같이 그의 제안을 지지하였다. "… 신앙과 직제 문제를 협의할 대회를 개최케 하는 데에서 우리 주 예수 그리스도를 하나님과 구주로 고백하는 전 세계의 모든 교회에게 이같은 세계대회를 준비하고 주선하는 일을 위해서 우리들과 연합할 것을 요구"하기로 한 것이다. 한 사람의 영감은 즉각적인 호응을 얻었고 이는 교회일치의 중요한 걸음이 되었다. 지난 세기 에큐메니칼 운동의 자각에 있어서 가장 중요하고 지속적인 요소인 신앙과 직제 운동이 그렇게 시작되었다.

2) 기원과 조직

에딘버러에서 교회일치의 영감을 받은 브렌트 주교는 1910년 미국성공회 총회를 위한 준비회의 석상에서 에딘버러의 도전을 보고하면서 교파 사이의 신앙과 직제 상의 차이를 극복해야 진정한 교회일치를 추구할 수 있다고 역설하였다. 미국성공회는 브렌트 주교의 제안을 받아 신앙과 직제를 연구할 국제대회를 열기로 결의하고 총무에 가디너를 선임하였다. 같은 해, 그리스도의 제자 교회 총회 역시 기독교일치위원회를 조직하였고, 미국 회중교회총협의회도 비슷한 역할을 위한 특별위원회를 구성하였다. 가디너를 중심으로 신앙과 직제 세계대회를 위한 준비모임을 1911년 열었을 때, 이미 미국 개신교의 18개 교단이 뜻을 같이하고 있었다. 1927년 로잔에서 신앙과 직제 제1차 세계대회가 열렸다. 이 회의는 6개 항목에서 회원들의 만장일치를 얻어낸 문서를 발표하였다. 첫 번째 항목은 "하나님은 일치를 원하신다."는 문장으로 시작하였다. 모든 교회는 신학과 전통의 차이가 있음에도 불구하고 모두 "일치에로 부름"을 받았다는 사실에 전원 동의하였다.

1948년 암스테르담에서 WCC 창립총회가 열리기 20년 전에 이미 신앙과 직제 운동이 출발하였다. 1927년, 로잔에서 열린 첫 세계대회에는 127개 교회에서 온 400명 이상의 대표들이 참석하였다. 1937년 에딘버러에서 2차 대회로 모였고, 이 회의에서 "하나의 교회협의회"를 구성하기 위하여 "삶과 봉사" 운동과 통합을 결정했다. 이 결정이 곧 1948년 WCC 출범의 기초가 되었다. 신앙과 직제 운동은 1948년 이후 WCC 안의 특별위원회로 들어갔고, 1952년 스웨덴 룬드에서 3차 대회를 열었다. WCC 회원교단에서 추천한 120명의 위원으로 구성된 신앙과 직제위원회는 3년 혹은 4년에 한 번씩 모여 신학적 대화를 나눈다. 위원회의 목적은 규정에 나오는 대로, "예수 그리스도의 교회의 하나됨을 선포하는 것, 그리스도 안에서의 예배와 공동생활 속에 표현된 하나의 신앙, 하나의 성찬 친교 가운데 가시적인 일치를 추구하도록 교회들에게 요청하는 것"이다. 1968년 이후 로마 가톨릭교회에서 12명의 회원을 신앙과 직제위원회에 공식회원으로 파견하여 함께 활동하고 있다.

3) 주제와 활동

신앙과 직제 운동은 교회일치를 위한 신앙고백과 신학 연구, 예전 연구를 진행하고 있다. 즉 세례, 성찬, 교역에 대한 이해와 일치, 교회와 일치 개념, 공동 성만찬 교류, 성서와 복음 전통, 신조와 신앙고백들의 역할과 의미, 교회일치를 위해 노력하는 과정에 나타난 비신학적 요소들의 영향 등을 다룬다. 한마디로 신앙과 직제 운동은 신학운동이다. 다양한 교파와 기독교 전통 가운데 어느 하나를 강조하지 않기 위하여 다양한 전통과 해석을 연구한다. 귄터 그래스만은 신앙과 직제위원회의 신학 특징을 몇 가지로 정리하였다. 신앙과 직제는 신학적 대화를 각 교회 전통의 고유한 특성으로 인식할 때 분열을 극복하고 교회일치의 근본을 강화할 수 있다고 선언한다. 신앙과 직제 운동의 신학방법론은 비교와 대화다. 신앙과 직제 운동의 목적은 하나님께 영광을 돌리며 섬기는 것이다. 신앙과 직제 운동은 교회분열의 중요한 원인이 되었던 주제들을 중점적인 연구대상으로 삼는다. 신앙과 직제 운동은 교회일치를 위한 교회의 의지와 노력이다. 신앙과 직제 위원장을 지낸 매리 태너는 신앙과 직제 운동을 다섯 가지로 정의하였다. 즉 운동(Movement), 위임(Commission), 과제(Agenda), 도구(Method), 장래의 헌신(Future Commitment)이다.

4) 성과와 과제

신앙과 직제 운동에서 빼놓을 수 없는 성과는 1982년 펴낸「세례, 성찬과 교역」(Baptism, Eucharist and Ministry)과 1998년 펴낸「교회의 본질과 목적」(The Nature and Purpose of the Church, 한글판은 이원재 역으로 감리회 본부 홍보 출판국에서 1999년 출간)이다. 소위 BEM으로 불리는 리마문서는 교회들의 신앙고백과 성례에 대한 합의로 인정받고 있다. 1990년까지 35개 언어로 번역 되었고, 로마 가톨릭교회를 포함하여 190개 교회가 응답하였다.

교회일치를 추구하는 신앙과 직제 신학의 기초는 교회론이다. 그래서 교회가 무엇인가 하는 물음은 교회가 존재하는 한 끊임없이 되풀이되는 질문 이며, 이 질문에 대한 응답이 신학의 발전이다. 그런 의미에서「교회의 본질과 목적」은 에큐메니칼 교회론이라 할 수 있다. 이 책은 WCC 회원교회들의 참여와 논찬, 교회들의 경험에 대한 반성으로부터 하나님이 요구하시는 일 치에 대한 통찰들을 접수하려는 노력이다. 그리고 2013년 부산에서 이 성과에 대한 후속 작업으로 "교회: 공동의 비전을 향하여"라는 문서가 제출되었고, 회원교회들의 피드백을 받고 있는 중이다. 신앙과 직제 운동은 교회의 분열을 극복하기 위한 신학작업과 함께 실천적 성과와 제안들을 지속적으로 생산해야 하는 과제를 갖고 있다.

2014년 5월 22일, 대한성공회 서울성당에서 한국기독교교회협의회와 한국 가톨릭교회가 협력하여 "한국그리스도교 신앙과 직제협의회"를 창립하였다. 한국사회와 교계에 던진 울림은 작을지 모르지만 그 의미는 결코 간과할 수 없는 큰 사건이다. 이 협의회가 갖는 의미는 교회일치를 위한 신앙과 직제 운동의 한국적 결실인 동시에 한국교회 상황에서 한 단계 올라서는 신학적 대화와 성과를 기대할 수 있기 때문이다. 이 협의회를 통하여 한국적 신앙과 직제 운동의 발전과 한국교회의 일치, 그리고 토착화 신학의 중흥을 기대할 수 있다.

3. 삶과 봉사 운동(Life and Work)

삶과 봉사 운동은 세계교회협의회(WCC)의 형성과 발전에 있어서 신앙과 직제 운동과 함께 양대 기둥으로 역할을 수행한 중요한 흐름이다. 신앙과 직제 운동이 신앙고백과 예전을 통한 교회일치에 강조점을 두었다면 삶과 봉사 운동은 세상을 향하여 하나님의 공의를 외치는 교회의 예언자적 사명을 담당함으로 에큐메니칼 운동의 한 축을 형성하였다. 삶과 봉사 운동은 인류가 공통으로 직면한 주요한 사회 문제들과 국제 문제, 그리고 구호사업 등에 초점을 맞추어 활동하였다. 1910년 에딘버러 국제선교대회에서 영감을 얻은 신앙과 직제 운동이 1927년 로잔에서 창립총회를 열고 출발한 반면, 삶과 봉사 운동은 2년 앞선 1925년 스톡홀름에서 창립총회를 가졌다. 에큐메니칼 운동의 양대 기구는 1938년 유트리히트에서 모여 WCC 합류를 결의하고, 1948년 WCC 출범에 절대적 힘을 넣어주었다.

1) 기원과 비전

삶과 봉사 운동은 교회의 사회적 책임을 강조한 신앙운동이었다. 이는 성서의 예언자적 전통에 뿌리를 두고 있다. 그러나 "Life and Work"라는 용어는 여러 가지 표현으로 번역되었다. "생활과 사업", "삶과 노동", "생활과 봉사" 등의 번역이 있으나 현재 가장 일반적인 표현은 "삶과 봉사"다. 이는 스톡홀름 대회에서 확인된 "교리는 분열을 낳지만 봉사는 일치를 가져온다."는 믿음에 가장 부합하는 번역으로 보인다. 신앙과 직제 운동이 1910년 에딘버러 세계선교대회에서 영감을 얻은 브렌트 주교의 제창으로 시작되었다면, 삶과 봉사 운동은 스웨덴의 루터교회 주교 나단 죄더블룸의 비전에서 출발하였다. 그는 1차 세계대전의 포연 속에서 교회가 세계평화를 위하여 행동해야 한다는 것을 자각하였다. 교회가 지속적인 평화를 위한 역할을 감당하고 전후세계의 경제적·사회적·도덕적 관심에 대한 기독교적 응답을 하기 위한 국제회의를 구상하였다.

2) 창립과 신학적 발전

1920년 8월, 15개국 개신교회를 대표하는 90여 명의 지도자들이 제네바에 모였다. 그들은 교회의 사회적 책임과 교회일치에 대한 열정을 갖고 있던 죄더블룸의 지도력 아래 인류의 사회문제들에 대한 교회의 일치된 목소리를 만들어 낼 국제적 조직의 필요성에 공감하였다. 죄더블룸은 준비위원장의 역할을 맡아 1925년 스톡홀름 세계대회를 진행하였다. 삶과 봉사는 이 세계가 가장 필요로 하는 "기독교적 삶의 방식"을 표현한다. 그러나 스톡홀름 대회는 복잡다단한 세계 문제에 대한 일치된 기독교적 응답이 결코 쉽지 않은 과제라는 것을 확인하는 차원에서 마쳤다. 1920년대 말과 1930년대는 세계적으로 정치·경제적 혼란과 갈등이 첨예화되던 시기였고, 그러한 상황에서 기독교의 낙관주의는 설득력을 얻지 못했다.

그러나 1937년 옥스퍼드 2차 세계대회를 준비하는 과정에서 삶과 봉사 운동은 새로운 지도자들과 함께 새로운 신학적 방향을 찾게 된다. 요크의 대주교 윌리엄 템플과 국제선교협의회 총무 올담이 대표적인 인물들이다. 그들은 다음과 같은 일곱 가지 중요한 신학적·윤리적 연구서들을 발표하였다.

1. 기독교의 인간 이해
2. 하나님 나라와 역사
3. 기독교 신앙과 공동생활
4. 교회와 공동체
5. 교회, 공동체, 국가 – 교육에 관하여
6. 보편적 교회와 민족들의 세계
7. 교회와 세계 안에서 교회의 기능

이 책들은 선구적인 신학성명이 되었으며, 교회의 사회적 역할에 대한 입장을 분명하게 정리한 중요한 기록들이다.

3) WCC 합류와 협력

1930년대의 혼란기 속에서 교회의 역할에 대한 신학적 입장을 정리한 삶과 봉사 운동은 1938년 신앙과 직제 운동과 함께 WCC 결성에 합의하였다. 그러나 비서트 후프트의 회고와 같이 WCC 출범에 결정적 역할을 한 쪽은 삶과 봉사 운동이었다. 당시 신앙과 직제 운동은 오히려 불확실한 입장을 보였다. 삶과 봉사 운동은 에큐메니칼 운동에서 평신도의 역할을 강조하면서 에큐메니칼 협력과 시도의 장을 넓혀 나갔고, 대학과 정부, 그리고 일상 생활의 영역까지 에큐메니칼 운동의 공간을 확보하였다. 선구적인 에큐메니칼 운동이 시작된 이래 삶과 봉사 영역에서는 국제관계, 인종차별, 경제정의와 경제질서, 민주주의, 종교의 자유 등과 관련된 당대의 에큐메니칼 관심사가 끊임없이 제기되었다.

한반도와 제3세계에서 WCC와 에큐메니칼 운동에 대한 오해 내지 편견이 자리하게 된 배경이 바로 삶과 봉사 운동의 활동분야일 것이다. 삶과 봉사 운동이 인간생활 속에서 하나님께서 부여하신 권리가 침해되고 부정되는 현실에 대한 교회의 신앙적 고발과 저항을 지지했기 때문이다. 그러나 에큐메니칼 운동은 삶과 봉사 운동과 함께 교회일치를 추구하는 신앙과 직제 운동, 세계선교를 논의하는 세계선교와 복음전도운동과 함께 삼위일체적 연대로 이루어지고 있다.

4) 변화와 도전

WCC로 합류한 삶과 봉사 운동은 새로운 변화와 에큐메니칼 운동 내에 새로운 영향을 주고받았다. 현실적인 사회문제에 그다지 관심을 갖지 않았던 신앙과 직제 운동은 삶과 봉사의 영향을 받아 교회의 사회적 책임을 다루기 시작했고, 삶과 봉사는 신앙과 직제의 사도적 신앙을 바탕으로 시기별로 명칭을 바꿔가며 교회의 사회적 책임을 감당하고 있다. 삶과 봉사 운동은 1968년 웁살라 총회에서 "교회와 사회"(Church and Society)로 바뀌었고, 1975년 나이로비 총회에서 "정의, 참여, 지속"(Justice, Participation, Sustainability)으로 변화하였고, 1983년 밴쿠버 총회에서 "정의, 평화, 창조질서의 보전"(Justice, Peace and Integrity of Creation)으로 발전하였으며, 1990년 서울에서 열린 JPIC 대회를 기점으로 인류의 평화가 분명한 주제가 되었다. 지난해 부산에서 열린 10차 총회의 주제인 "생명, 정의, 평화"는 삶과 봉사 운동의 뿌리에서 발전해 나온 에큐메니칼 운동의 21세기 과제라 할 수 있다.

JPIC 운동은 1993년 산티아고에서 신앙과 직제위원회와 공동연구 결과

물인 "값비싼 일치"(Costly Unity)를 발표하고, 신앙과 직제가 전제된 교회의 사회참여와 일류사회와 창조세계 문제를 논하지 않는 교회일치는 값싼 일치 운동이라는 결론을 제시하였다. 이와 같이 삶과 봉사 운동은 에큐메니칼 운동의 실천적 확장과 신학적 성숙을 가져왔다. "삶과 봉사 운동은 신앙과 직제, 혹은 세계선교와 복음전도 운동이 설정했던 한계를 훨씬 뛰어넘어 에큐메니칼 운동을 수행했다."는 평가를 받고 있다. 이러한 흐름은 WCC 부산 총회에서 "생명, 정의, 평화"라는 인류적 과제로 우리 시대 기독교인의 삶의 방향과 목표를 제시하였고, 오늘의 한국교회와 세계교회가 인류의 삶을 위하여 봉사해야 하는 범주가 되었다.

4. 국제선교운동(International Missionary Conference: IMC)

삶과 봉사 운동과 신앙과 직제 운동이 현대 에큐메니칼 운동의 중심이 된 세계교회협의회(WCC)의 설립에 중심적으로 참여하여 1948년 창립총회부터 함께 한 반면, 1910년 에딘버러 세계선교대회를 통하여 많은 이들에게 교회일치와 선교협력의 영감을 불어넣었던 국제선교협의회는 한걸음 늦게 1961년 뉴델리 총회에서 완전한 통합을 이루었다. 에딘버러에서 부산 총회의 선교문서까지 에큐메니칼 운동에서 차지하는 세계선교운동과 선교신학의 전통은 중요하고 또한 굳건하다.

1) 에큐메니칼 운동의 신기원

세계선교운동은 에큐메니칼 운동의 신기원을 열어준 흐름이었다. 서구교회가 교리적 분열과 정치적 갈등을 치유하기 위하여 소집했던 에큐메니칼 공의회의 성격을 선교사들과 신학자들이 선교지에서의 협력과 연대라는 에큐메니칼 차원으로 승화시킨 것이다. 1910년 에딘버러 세계선교대회는 에큐메니칼 운동의 분수령이 되었다. 라우즈(Rouse)는 "1910년 이전까지 문틈으로 들어오는 햇빛 같던 에큐메니칼 운동이 에딘버러대회 이후에는 활짝 열린 문으로 마구 쏟아져 들어오는 햇빛"이라고 표현하였다. 현대 에큐메니칼 운동은 세계선교에서 시작되어 교회일치로 모아졌다가 다시 교회의 사회적 책임으로 확장되는 과정으로 볼 수 있다.

2) 1910년 에딘버러의 불꽃

에딘버러대회에서 싹튼 현대 에큐메니칼 운동과 선교운동은 20세기 세계 복음화의 비전과 함께 교회의 연합과 일치의 이상을 심어주었다. 그러나 에딘버러에서 타오른 선교의 불꽃을 가능하게 한 두 번의 선교대회가 있었다. 1888년 런던과 1990년 뉴욕에서 열린 세계선교대회인데, 뉴욕대회는 "에큐메니칼 선교대회"라는 타이틀을 붙이고 있었다. 앞선 두 대회의 목적이 "선교 정보의 공유와 선교훈련, 선교역량의 과시"에 있었던 데 반해, 에딘버러대회는 선교협의체로서 불신자들에 대한 복음전도, 긴급한 주제 선정, 교리 문제 보류를 특징으로 하였다.

에딘버러는 역사상 가장 큰 규모의 선교대회였다. 42개 영국 선교단체의 500여 대표들, 60개 미국 선교단체의 500여 대표들, 41개 유럽 선교단체의 170여 대표들, 12개 남아프리카, 아시아, 호주 선교단체에서 26명의 대표들이 참석하였다. 이들은 서구교회가 주체가 되어 제3세계에 복음을 전하는 일에 관심을 가졌다. 이 대회는 1892년 학생자원운동(SVM) 세계연합이 제창한 "이 세대 안에 세계를 복음화하자"는 슬로건을 계승하였다.

3) 1928년 예루살렘 선교협의회

1910년, 에딘버러에서 일어난 선교의 불꽃은 1928년 예루살렘에서 중요한 전환을 맞이한다. 이전의 선교신학이 정통주의 복음전도에 집중한 것에 비해 예루살렘 선교협의회는 사회문제에 관심을 갖는 선교전략으로 진일보하였다. 이는 변화된 시대와 세계에 대한 교회의 선교신학적 응답이었다. 아시아, 아프리카의 산업화와 농촌문제, 인종문제에 대한 관심이 선교 개념에 포함되었고, 바르트, 불트만, 고가르텐 등의 신정통주의 신학의 영향으로 기독론에 근거한 선교론을 제시하였다. 예루살렘 선교협의회에서 발견한 그리스도 중심의 선교신학은 1952년 빌링겐 국제선교협의에서 "하나님의 선교"(Missio Dei)로 발전하였다.

1928년 예루살렘 선교대회에는 전 세계 50개국 231명의 대표 중 아시아 대표가 42명이었고, 한국 대표 6명 중 감리교회 소속 신흥우, 양주삼, 김활란, 노블 선교사가 참석하였다.

4) 세계선교와 전도위원회(CWME)

에딘버러에서 시작된 세계선교운동은 빌링겐을 거쳐 1957년 가나에서 열린 IMC 대회에서 "기독교의 선교는 우리의 것이 아니요 그리스도의 것"이라는 정신으로 WCC 세계선교와 전도국(Division on World Mission and Evangelism: DWME)과 통합을 모색하였다. 1961년 WCC의 DWME와 통합 후 세계선교와 전도위원회(Conference on World Mission and Evangelism)로 변화하여 WCC를 중심으로 에큐메니칼 운동의 선교신학과 전략을 이끌고 있다. 세계사적 격동기였던 1960년대를 지나면서 교회와 사회의 관계를 분명히 하고, 하나님의 선교 신학을 발전시켰다. 본 위원회는 1973년 방콕 회의와 1980년 멜버른 회의를 거치면서 1982년, "선교와 복음전도: 하나의 에큐메니칼 확언"을 발표하였는데 이는 WCC 선교역사에 남을 중요한 문서다.

이 문서는 1980년대 세계선교 문서들 가운데 가장 중요한 문서로 지난 30년간 에큐메니칼 선교신학의 지침이 되었다. 45개 조항으로 구성된 이 문서는 회심, 복음, 교회일치, 그리스도의 선교, 가난한 자들을 위한 복음, 6대주 안에서 6대주에 대한 선교, 타신앙인 속에서의 증거라는 7개 주제로 되어 있다.

5) 부산 총회 선교문서

2013년 10월 부산에서 열린 WCC 10차 총회는 여러 가지 면에서 WCC 역사상 가장 성공적인 총회로 평가받고 있지만, 1982년 이래 별다른 수정 없이 사용해 온 선교 문서를 새롭게 채택했다는 점에서 중요한 의미를 가진다. "선교와 복음전도"(1982) 문서가 당시까지 정리된 정통주의 신학과 포스트모던신학과 함께 제3세계와 해방신학의 영성을 담았다면, 부산 총회의 선교문서는 21세기 새로운 선교지형인 생명과 평화를 화두로 삼고 있다. 총 112개 조항으로 된 문서는 "함께 생명을 향하여"라는 주제와 "기독교의 지평 변화 속에서 선교와 전도"라는 부제를 달고 있다. 문서는 선교의 주체로서 성령을 앞세우며 성령의 네 가지 특성을 선포하고 있다. 즉 선교의 성령: 생명의 숨결, 해방의 성령: 주변으로부터의 선교, 공동체의 성령: 움직이는 교회, 오순절의 성령: 모두를 위한 좋은 소식이다. 이 문서는 WCC 회원교회의 상황에 따라 여러 단위에서 해석과 적용 작업을 행하고 있다.

부산 총회는 21세기 인류가 직면한 생태 환경 문제를 창조주 하나님의 생명의 관점에서 볼 것을 제안하였다. 때문에 부산 총회가 채택한 이 선교문서는 피조세계의 생명이 위협받는 환경 속에서 교회가 나아가야 할 신앙적·신학적 방향을 보여주고 있다. 개체교회와 국가, 지역 차원에서 다양하고 실천적인 해석과 적용이 진행되면서 새로운 지형에 적절한 선교와 전도의 내용과 방식을 모색함으로 교회의 미래를 고민하고 있다. 현대 에큐메니칼 운동에서 세계선교운동의 변화와 발전은 에큐메니칼 운동과 신학에 지대한 영향을 주고받았으며 지구촌의 생태 환경 안에서 앞으로 교회가 가야 할 방향을 보여주고 있다.

1923년 옥스퍼드 국제선교협의회에 모였던 신앙의 선배들이 내린 결론은 현대 에큐메니칼 운동에서 선교운동이 갖는 일치와 선교의 정신과 동력을 잘 보여주고 있다. "우리 가운데 존재하는 교리적 차이에도 불구하고 그것은 유익한 선교협의를 방해하지 않는다. 우리가 함께 모였을 때 우리 가운데 존재하는 일체감을 느낄 수가 있었다. 우리는 이것을 성령의 역사로 인식한다."

5. 정의, 평화, 창조질서의 보전(JPIC) 서울대회

앞에서 삶과 봉사 운동이 JPIC 운동으로 발전한 과정을 설명하였다. JPIC 서울대회 공식보고서의 내용을 중심으로 서울대회의 여러 가지 측면을 살펴보자. 우선 세계교회협의회의 6차 밴쿠버 총회는 회원교회들에게 "정의와 평화와 창조질서 보전에 공동으로 참여하는 화해의 과정에 가담하도록" 촉구했다. 그 후 WCC 비가맹 교단의 교회들, 특히 로마 가톨릭교회와 국가 단위 지역 단위의 에큐메니칼 기구들과 세계 기독교단체들과 무엇보다도 이미 이 방면에 활동하고 있는 운동 단체들까지도 이 과정에 참여하였고, 1990년 서울에서 대회가 열렸다.

공식대표, 자문위원 및 일반 참가자로 방문한 외국인 1천 2백여 명과 국내 참가자 3백여 명이 참석한 JPIC 서울대회는 2013년 WCC 부산 총회 전까지 한국에서 개최된 가장 큰 규모의 국제 에큐메니칼 회의로 기록되었다.

1) 제안과 목표

밴쿠버 총회의 결의는 어떤 과정의 시작이라기보다 어떤 상황에 대한 대응이었다. 사람들은 인류가 지금 전 세계적인 위기에 직면해 있다는 사실과 스스로 멸망시킬 능력을 획득한 새 시대에 이미 들어와 있다는 것을 알고 있다. 많은 사람들이 파국을 면하려면 철저하게 새로운 방향으로 전환할 필요가 있다는 사실을 깨닫고 있으며, 저항 운동이 각처에서 구체화되고, 교회 안에서도 자라나고 있다. 생명에 대한 전 세계적인 위협들이 각 지역에서 입증되고 있다.

이 위협들의 특징은 세 가지로 설명할 수 있는데, 정의에 대한 위협이며, 평화에 대한 위협이고, 인류와 창조계 전체에 대한 위협으로 볼 수 있다. 이 위협에 대한 응답은 정의와 평화와 창조질서 보전에 공동으로 참여하는 것이고, 세 가지 문제점들이 상호 관련되어 있기 때문에 세 분야에서의 투쟁은 생명 보전을 위한 하나의 통일적인 투쟁으로 결합되어야 한다. 이 대회는 정의와 평화와 창조질서 보전을 함께 다짐하고, 이 세 분야에서 생명을 위협하는 주요 요인들을 밝히고, 상호 관련성을 보여주고, 그에 대처하는 교회의 행동을 촉구함으로 창조질서의 보전에 도움을 준다는 목적을 지니고 있다.

폰 바이제커의 이 세 가지 개념들이 어떻게 상호 연관되는지 다음과 같은 연결성으로 설명하였다.(Ulich Duchrow·Gehard Lidke/손규태 역, 「샬롬」)

정의 없이 평화 없고, 평화 없이 자유 없다.
자유 없이 정의 없고, 정의 없이 평화 없다.
자연과의 평화 없이, 인간들 사이의 평화 없고,
인간들 사이의 평화 없이, 자연과의 평화 없다.

JPIC 운동은 실현가능한 목표들을 세우고 계획되었다. 첫 번째 목표는 상설 협의회 대신 소집 대회(Convocation)로 모이는 것이었다. 대회의 목적은 "정의, 평화, 창조질서의 보전에 관한 신학적 정립과 이러한 세 영역들에서 생명을 위협하는 주된 것들을 구분, 그들의 상호 관련성을 밝히며, 그것들에 대응하는 교회의 상호 헌신적인 행동들을 작성하고 제안하는 것"으로 세웠다.

두 번째로, 밴쿠버 총회는 정의, 평화, 창조질서의 보전이라는 세 개의 분리된 주제를 말하는 대신 하나의 실재에 대한 세 가지 모습으로 보아야 한다고 정리하였다. 세 주제는 각각 독립적으로 추구될 뿐 아니라 창조주 하나님을 고백하는 신앙 안에서 피조된 세계에 대한 책임감의 표현으로 이해할 수 있는 것이다.

세 번째, 계약 개념을 강조하였다. 즉 인간사회에서 사용하는 계약 개념을 부정하고, 성서의 통찰력으로 세상을 보는 것이다. 신실한 계약의 당사자이신 하나님이 계약을 수없이 파기하는 그의 백성들과 맺은 계약을 계속 갱신하고 자신을 세상에 드러내는 모습을 전하는 것이다. 특별히 가난한 자들과 고통당하는 자들에게 다가오시는 하나님의 계약 갱신의 모습을 인식하고 고백하는 것이 필요하다고 보았다.

밴쿠버 총회에서 출발할 때부터 JPIC 운동은 어떤 과정의 시작이라기보다 어떤 상황에 대한 반응이라는 점을 인식하고 있었다. 즉 하나님의 창조세계인 지구에 거하는 인류를 포함한 모든 피조물들이 당면한 환경과 생태계 위기 앞에서 신앙인들이 실천적으로 응답하는 모습이었다. JPIC 서울대회의 과정과 의의를 살펴보자.

2) JPIC 서울대회

밴쿠버 총회의 결정에 따라 1990년 3월 5일부터 8일 동안 잠실 역도경기장에서 서울대회가 열렸다. 개회식에는 WCC 부의장인 마쿨루 성공회 주교의 개회사, 한국준비위원장인 김성수 주교의 환영사, 에밀리오 카스트로 WCC 총무의 답사가 있었다. 이들은 모두 분단된 한반도에 모여 세계평화를 논의하고 노력하는 것은 의미 있는 일이며, 하나님의 창조세계에 대한 신앙적 응답이라고 밝혔다. 대회를 마친 참가자들은 폐막 메시지에서 한반도 통일문제에 대한 관심을 표명하고 남북한 교회의 1995년 희년준비를 기도로 지원할 것을 다짐했다.

JPIC 첫 대회를 서울에서 치른 이유가 있다. 우선 북미와 유럽 이외의 지역을 찾고자 하였고, 대회를 치를 수 있는 시설과 여건이 준비되어 있어야 했다. 또한 정의, 평화, 창조질서의 보전 문제가 가장 현실적으로 표출되고, 그 나라의 교회와 사회운동세력이 추진력과 역량을 갖추어야 했다. 서울은 한반도의 분단구조가 보여주는 불의와 평화의 부재, 산업발전과 함께 등장한 환경오염과 파괴 현상 등을 극복하려는 한국의 통일운동과 환경보전운동의 가시적 열정과 역량이 평가를 받은 것이다. 하나님과의 수직적 계약과 인간 상호간의 수평적 계약을 확인하고 결단하는 샬롬대회인 JPIC 대회를 여는 데 한반도는 최적의 장소였다.

이형기 교수는 삶과 봉사 운동에 대한 강의에서 서울 JPIC 대회의 발전을 다음과 같이 설명하였다. "제1세계는 'IC'와 평화 문제에, 개발을 계속적으로 필요로 하는 제3세계는 '정의'와 '발전' 문제에 부심하여 서로 의견의 충돌을 보였다. 일찍이 1925년 스톡홀름과 1937년 옥스퍼드의 '삶과 봉사'에서는 유럽 대륙의 비관론과 앵글로색슨의 낙관론이, 그리고 1960년대 말부터는 제1세계의 전통적인 신학과 제3세계의 해방신학이 갈등을 보였다. 하지만 서울 JPIC직후, JPIC 문제가 향후 세계교회가 감당해야 할 21세기의 과제라는 점을 확실히 하였다. 생명이 지탱되는 미래사회를 지향하는 JPIC의 과제는 "생명의 시여자시여, 당신의 창조세계를 지탱하소서."라고 하는 기도에 응답하는 경제, 정치, 사회 및 생태학적 구조의 변혁이다. 이는 전 WCC, 아니 전 인류의 과제로 인식되고 있다."(이형기, "에큐메니칼 운동의 흐름2 – 삶과 봉사 운동

〈Life and Work〉〉

　JPIC 서울대회는 다음과 같은 열 가지 확언을 선언하였다.

　1. 우리는 모든 권력행사가 하나님께 대하여 책임을 져야 한다고 확언한다.

　2. 우리는 하나님께서 가난한 자의 편에 서신다는 것을 확언한다.

　3. 우리는 모든 인종과 민족의 평등한 가치를 확언한다.

　4. 우리는 남성과 여성이 하나님의 형상대로 창조된 것을 확언한다.

　5. 우리는 진리가 자유로운 민중공동체의 토대임을 확언한다.

　6. 우리는 예수 그리스도의 평화를 확언한다.

　7. 창조자로서 하나님은 우주 전체의 근원과 유지자이다.

　8. 우리는 땅이 하나님께 속해 있다고 확언한다.

　9. 우리는 젊은 시대의 존엄성과 헌신을 확언한다.

　10. 우리는 인권이 하나님에 의해 주어진 것임을 확언한다.

　WCC가 제안하고 주관하여 치른 대회였지만 한반도에서 열린 정의, 평화, 창조질서의 보전이라는 신학적 주제는 그 후 WCC와 세계 신학계에 창조신학에 대한 관심을 불러일으켰다. 생태계 위기에 대한 신학적 관심은 생명신학으로 발전하였고, 한반도를 비롯한 세계 곳곳에서 일어나는 크고 작은 갈등과 폭력, 전쟁에 대한 응답은 평화신학으로 전개되었다. 그 바탕에 JPIC 대회의 정신과 신학적 논의가 있음은 주지의 사실이다. 23년 후 부산에서 열린 WCC 10차 총회의 주제 역시 생명, 정의, 평화라는 사실은 현대 세계교회와 신학의 관심이 여전하다는 것과 한국과 한국교회의 사명이 정의와 평화를 이루는 데 있음을 보여주었다.

　한국교회 에큐메니칼 운동의 대표자 중 한 사람인 고 오재식 선생은 JPIC 서울대회의 영향을 다음과 같이 회고했다. "80년대 후반 들어 심각해지던 환경파괴, 기후온난화 같은 지구적 차원의 생태 문제에 대한 토론과 함께 '모든 생명을 존중하고 지키고 보살펴야 한다'는 새로운 기독교인의 과제를 제시했다. 중요한 점은 그 생명이 인간의 생명뿐 아니라 하나님이 창조하신 모든 생명임을 명확히 했다는 것이다. 인간의 생명에 대한 경제적·정치적·군사적 위협은 생태적인 위협과 깊이 연관되어 있다는 인식을 공유한 이 회의는 이후 '생명신학'을 탄생시키는 씨앗을 품고 있기도 했다."(오재식 구술, 이영란 정리, 「나에게 꽃으로 다가오는 현장」)

감리교회는 교회협의회와 함께 JPIC 서울대회에 적극적으로 참여하였고, 현재 교회협의회 총무인 김영주 목사가 당시 인권위원회 사무국장으로 준비위원회에서 활동하였다.

WCC 중앙위원회 (2부 : 1990년 3월)

– 그 이상의 JPIC 과업에 대한 보고 및 건의 사항

1. JPIC에 대한 보고 (2부) – 중앙위원회 귀중

보고 2부는 정의, 평화, 창조질서의 보전운동 과정과 서울에서 개최된 세계 대회 (1990년 3월) 그리고 제7차 회의 결과에 대한 실제적이고 생산적인 토의 내용을 포함하고 있다.

세계대회는 정의·평화·창조질서 보전 과정을 지속적으로 결속시키는 계기와 열성을 마련하는 데 크게 기여하였다. 다양한 지역에서 각기 다른 단계에 직면해 있는 교회들은 정의·평화·창조질서 보전운동에 초점을 맞춘 다양한 활동을 경험하였다. 교회들은 세계대회가 그들의 노력을 향상시키는 방법과 세계교회일치운동에 대하여 서로 다른 기대를 가지고 있었다. 세계대회는 교회들과 운동들 사이에 존재하는 창조적이고 도전적인 상호작용을 보여주는 중요한 시위였다. 이때 제기된 주장들은 정의, 평화, 창조질서의 보전운동 과정의 중심 문제들과 그것들이 상호 관련되어 있다는 점에 대한 실질적인 에큐메니칼적 합의의 깊이를 확인시켜준다. 교회들은 기본적인 확신을 확언하고 죽음과 파멸의 세력에 저항하며 공동의 노력에 헌신하기 위한 지침을 마련하였다. 계약은 세계교회일치운동의 새 모델의 가능성을 지적하면서 연대의 새로운 지평을 열어놓는다. 상호간의 약속이 불가피한 일임은 분명하다. 이런 문제를 개념상으로만 이해해서는 안 되며 계속적으로 탐구할 필요가 있다.

그러나 JPIC 과정과 세계대회 자체는 뿌리 깊은 차이점들을 반영해주는 긴장들을 구체적으로 표현한다. 그 이상의 동의는 계약 체결의 의미, 화해과정, 몇몇 지역에 존재하는 광대한 여론을 충족시켜주기 위한 특별한 지침 등에서 찾을 수 있다. 계약의 구체화가 바로 그것이다. 서로 일치하지 않는 점은 우리가 공동의 성만찬에 참여할 수 없었다는 점뿐만 아니라 애석하게도(차이점에 대한 상호존중을 포함하여) 교회론에 대한 서로 다른 이해에 있음이 분명하다. 운동뿐만 아니라 교회들도 JPIC 과정과 관계를 맺으려는 그들의 노력에 있어서 각기 다른 방법론을 사용한다. 이러한 긴장관계를 표현하기 위한 창조적인 구조를 발전시키려면 다양한 배려와 조심스럽게 준비하기 위해서 협의한 WCC와 교회들로부터 나온 힘이 필요하며 깊이 생각하여 관점을 전환시킬 필요가 있을 것이다. 총회와 분회와 지회는 그러한 변화가 계속해서 일어날 수 있는 중요한 기회다. 그러므로 다른 기회도 만들어져야 한다. 이 서울대회는 정의와 평화와 창조질서 보전을 위한 상호협력(계약)의 화해적 과정에 참여하라는 밴쿠버의 요구로 시작된 오랜 과정 중에 있는 한 중요한 계기였다. 이 과정은 WCC 안에서 새로운 동력을 가지고 계속적으로 그것을 지지해 주어야 한다. 이 관심은 협의회 총회 차원의 관심이다. 분회들과 지회들 사이의 상호작용은 이 일을 성공으로 이끄는 데 절대적으로 필요하므로, 마땅히 강화되어야 한다. 1991년의 회의를 마친 이후에 JPIC의 중요성을 감안한 특수 기구는 협의회의 계속적인 일에서 발견되어야 한다. 이와 관련하여 제2부 실행단체는 이런 제안들을 캔버라 회의에 넘기기 전에 WCC 실행위원회에 제출할 것을 기대한다.

배경이 되는 보고들과 강연과 발표된 글들과 최종 결과 보고서를 포함하여, 이 대회에서 나온 문건들은 출판해서 교회들 사이에 연구와 행동을 위한 자료로 돌려보도록 하고 WCC에 비치해 둘 계획이다.

2. 중앙위원회의 인정을 받은, JPIC에 관한 2부의 추천사

2부 위원회는 다음과 같은 일들을 추천한다.

1. 이 중앙위원회는 캔버라 회의 때까지 혹은 그 이후까지 장시간 WCC가 JPIC과정에 협력할 것을 재차 단언한다. 협의회의 계속되는 일 가운데서 조직 개편과 그것의 연속을 위한 방책들은 교회들과 운동단체들의 교환과 정보와 도전의 핵심을 제공하기 위해서 찾아져야 한다.
2. 중앙위원회는 이 대회 최종문서(수정된, 중앙위원회 문서 19)를, JPIC 과정에서의 그들의 반응과 발전에 관한 보고서들과 함께 연구하고 행동하도록 교회에 보내고 WCC와 가능하다면 캔버라 회의에도 보내도록 추천한다.
3. 캔버라 회의에 파견되는 모든 대표들은 이 대회의 최종문서의 복사본을 받는다.
4. 교회들과 다른 단체들이 솔선해서 JPIC 과정을 촉진시킨 일은 환영을 받는다. 이와 관련해서, 일례로서 우리는 계약 2를 이행하기 위한 수단으로서 정의와 평화의 사역자들을 두자는 특수 제안에 관한 스웨덴 에큐메니칼 협의회의 보고에 감사한다.

5. WCC는 지역적인 JPIC 모임들을 돕고, 지역 단체들을 격려해서 네 가지 계약의 구체화에 그 단체들의 상황이 기여한 바들을 상세히 설명하도록 한다.

6. 중앙위원회는 아메리카 대륙 이민 500주년 기념행사(1992년에 개최될 예정임)에 관심을 집중시키기 위한 WCC 내부의 기존의 노력들에 감사한다. 우리는 이 회의가 서울대회로부터 이런 관심에 대한 제안들을 채택될 수 있기를 바란다.(최종문서 23면 다섯 번째 단락 ; 그리고 33면 네 번째 단락 3.5)

7. 중앙위원회는 이 대회 최종문서에 들어있는 두 번째 주장에 대한 깊은 관심을 표현한다. 어떤 사람들은 이 주장이 많은 사람들을 가난하게 만드는 소수의 부의 축적을 분명한 어조로 비난하지 않는다고 느꼈다.

8. 중앙위원회는 JPIC 과정과 관련하여 다른 중요한 지회들과 마찬가지로 신앙과 질서를 위한 지회가 다음과 같은 일을 하도록 추천한다.

   a) 계약을 맺는 것과 화해의 개념들을 더욱 탐구하고

   b) 윤리와 종말론이 상호연관되어 있는가에 대한 문제를 둘러싼 작업을 계속하고 더 강화시키라는 것이 그것이다.

   이런 작업은 제7차 총회를 준비하면서 즉시 시작해야 하며 그 후 1993년에 개최될 신앙과 질서를 위한 다가올 제5차 세계회의와 관련해서 계속되어야 한다.

9. JPIC 운동이 2000년대의 에큐메니칼 비전의 핵심을 이루고 있음을 주목하며 중앙위원회는 다음과 같이 권면한다.

   a) 캔버라 총회를 준비하는 위원회는 JPIC 운동을 반성하기 위한 WCC 캔버라 총회의 예배, 총회, 분회, 지회 등에서 실질적인 공간을 보장할 것이다. 우리는 이 점에 관해서 이미 시작된 일에 감사한다.

   b) 로마 가톨릭교회와의 앞으로의 협력은 전반적인 수준에서 구상될 것이다.

   c) 캔버라 총회는 계약 체결이 지닌 의미에 대한 앞으로의 계속적인 탐구와 JPIC 운동과 관련된 화해과정, 지역 간의 대화, 서로 다른 신앙과의 대화, 운동 상호 간의 협력망, 과학자와 정치가, 경제인 등을 포함한 JPIC 이슈와 관련되어 있는 전문가들과의 대화를 강조하면서 JPIC 과정에 헌신하라는 사명을 새롭게 할 것이다.

메시지

1. 지금은 우리가 하나님과 더불어 그리고 우리 서로 맺은 언약을 확인할 때입니다. 역사상 이 시기는 특별한 때입니다. 불의, 전쟁, 창조질서의 파괴에 의해 지구상의 모든 생명이 위협받고 있습니다. 우리가 하나님의 계약을 깨뜨렸기 때문입니다. 우리는 희망찬 변화를 목격하고 있습니다.

2. 지금은 정의, 평화 그리고 창조질서의 보전을 위한 국내적 · 지역적 투쟁들을 연결시키는 일에 있어 이루어진 바들을 환영하고 확인할 때입니다. 우리의 상황과 인식들은 서로 상이합니다. 그러나 우리는 우리의 구분들을 극복해야 합니다. 이 중에서 우리는 민중운동들을 위한 교회의 보다 광범한 지원에 힘을 북돋아 주지 않으면 안 됩니다. 정의, 평화 그리고 창조질서의 보전을 위한 노력들이 경쟁적인 것이 아닙니다. 하나의 단일한 전지구적 투쟁이 있습니다.

3. 지금은 정의, 평화 그리고 창조질서의 보전을 위한 모든 투쟁을 든든하게 강화해야 할 때입니다. 우리는 우리의 눈을 멀게 하고 파괴에 순응하도록 하는 권력구조들의 굴레로부터 우리 스스로를 자유케 하지 않으면 안 됩니다. 그리스도인들은 교회의 보호벽들을 벗어나 예수님이 오신 세상으로 나아가야만 합니다.

4. 지금은 우리가 한국민의 통일을 위한 투쟁에 동참하여 1995년 희년을 위한 그들의 간구와 기도를 지원해야만 할 때입니다.

5. 지금은 에큐메니칼 운동이 말과 행동에 있어 결속, 상호결단 및 연대의 느낌을 보다 증대시키는 것이 요청되는 때입니다. 우리 시대와 우리 세계를 위한 하나님의 언약의 약속에 대해서 응답하는 것입니다. 따라서 우리는 확언합니다.

   · 모든 권력행사는 하나님께 책임을 집니다.
   · 하나님께서는 가난한 사람들을 선호하십니다.
   · 남자와 여자는 하나님의 형상대로 지음 받았습니다.
   · 진리는 자유로운 사람들이 공동체를 이루는 기초입니다.
   · 예수 그리스도의 평화
   · 창조질서는 하나님의 사랑을 받습니다.
   · 땅은 하나님께 속한 것입니다.
   · 젊은 세대의 존엄성과 결단

· 인권은 하나님께서 주신 것입니다.

6. 지금은 에큐메니칼 운동이 지상에 살고 있는 모든 사람들에게, 각인이 온전한 삶
의 권리를 동일하게 갖는 하나의 가족으로서 창조질서를 사랑하는 모든 사람들에
게 비전을 분명하게 만들어 내어야 할 때입니다. 이러한 비전은 본질에 있어 영감
적인 것이긴 하지만 구체적 행동 가운데 표현되어야 합니다. 여기 서울에서 경험
한 우리 영성의 체험에 바탕을 두고 우리는

· 정의로운 경제질서를 위해서 그리고 외채의 굴레로부터의 해방을 위해서

· 모든 국민과 민족의 참된 안전보장을 위해서 그리고 비폭력 문화를 위해서

· 지구환경을 하나님께서 주신 그대로 보전하고 창조질서의 보전과 조화롭게 살
수 있는 문화를 만들기 위하여 일하기로 약속했습니다.

7. 지금은 우리 앞에 여전히 먼 과정이 있음을 인식해야 할 때입니다. 우리는 우리가
서울에서 행한 선언들과 약속들을 우리가 각기 속한 교회와 운동으로 갖고 갈 것
이며 다른 사람들을 우리와 함께 하도록 초대하고자 합니다. 우리는 우리 서로에
게 그리고 하나님에게 책임을 지고 있습니다. 우리는 하나님께서 우리를 인도하
여 이르게 된 이 때(Kairos)를 놓치지 않게 되길 기도합니다.

세계교회협의회
역대 총회

WCC 제2차 에반스톤 총회(1954)

현대 에큐메니칼 운동에서 세계교회협의회(WCC)가 차지하는 중요성과 지도력은 새삼 논할 필요가 없다. WCC 10차 부산 총회는 WCC 본부 준비위원회와 한국준비위원회의 긴밀한 협력 가운데 치러졌다. 9차 포르토 알레그레 총회를 준비했던 총책임자의 지휘 아래 약 4년에 걸쳐 치밀하게 준비하였다. 세계 100개 이상 국가에서 오는 2천여 명의 대표와 참가자들을 맞이하는 일은 그러한 계획과 준비를 통하여 이루어졌다.

WCC의 70여 년 역사를 통해 축적된 경험과 전통의 힘이었다. WCC의 최고 의결 기구로서 현대 에큐메니칼 운동의 정점이라 할 수 있는 WCC 총회의 역사를 살피면서 세계 에큐메니칼 운동에 주는 영향과 교훈을 살피도록 하겠다. 이형기 교수가 번역한 「WCC 역대 총회 종합보고서」(한국장로교출판사, 1996)의 내용을 중심으로 WCC 역대 총회의 주요 특징들을 살펴보도록 하자.

1. 제1차 암스테르담 총회

국제회의가 두 주간의 짧은 시간 동안 실질적인 결과들을 도출하기 위해서는 철저한 준비가 필요하다. 그러나 1948년 암스테르담에서 열린 WCC 창립총회는 겨우 2년 앞두고 준비위원회 활동을 시작하였다. 그럼에도 불구하고 교회의 연합과 일치를 향한 거대한 첫걸음이라는 역사적 의미를 담았고 이는 이전의 세계대회를 통하여 합의된 목표를 향한 일치된 전진이었다.

창립총회는 1948년 8월 22일부터 9월 4일까지 암스테르담에서 모였다. 전 세계 44개국 147개 교회에서 315명의 대표들이 참석하여 전 세계 프로테스탄트 교회를 대표하는 국제기구의 출발에 참여하였다. 이들은 대부분 서유럽과 북미에서 왔고, 아시아와 아프리카, 남미에서 30개 교회 대표들이 왔다. 총회는 중앙위원회 의장으로 조지 벨과 여섯 명의 공동의장을 선출하였고, 존 모트를 명예의장으로 위촉하였다. 또한 회원의 자격과 프로그램의 지침, 여타 에큐메니칼 기구들과의 관계와 교회를 향한 메시지를 채택하였다. 그렇게 하여 지난 2백 년간 유럽을 중심으로 기도하며 추구해 온 세계교회의 연합체가 출발하였다.

1) 주제와 선포

창립총회의 주제는 "인간의 무질서와 하나님의 섭리"(Man's Disorder and God's Design)였다. 이는 2차 세계대전 이후의 무질서와 자본주의 대 사회주의라는 세계적 대립, 남아프리카공화국을 중심한 인종차별 상황과 인도에서의 폭력 사태 등에 대한 교회의 응답이었다. 무질서한 세계와 인류를 향하여 하나님의 질서를 말하기 위해서 먼저 교회가 연대하고 일치해야 할 필요가 있었다. 그 점에서 교회일치를 위한 WCC 창립총회의 주제는 적절했고 주제에 따라 교회의 역할과 목표가 합의되었다. 신앙과 직제를 포함한 네 개의 분과가 운영되었다.

1. 하나님의 섭리 안에 있는 보편적 교회
2. 하나님의 섭리에 대한 교회의 증언
3. 교회와 사회의 무질서
4. 교회와 국제 질서

창립총회는 당시 시대상을 반영하여 교회일치라는 실천적 목표와 함께 2차 세계대전으로 무너진 세계의 "재건"을 추구하였다. WCC는 하나님의 섭리만이 인간의 무질서를 해결할 수 있고, 교회는 그 중재자가 되어야 한다고 믿었다. 그러나 증언의 책임이 있는 교회는 심각하게 분열되어 있었기에 교회의 회개를 촉구하고 자기 갱신을 통하여 일치를 추구해야 한다고 보았다. 이러한 목표는 오늘의 세계와 교회에 대해서도 여전히 유의미하다 할 것이다.

2) 창립총회에 나타난 WCC 정신

WCC는 원래 1938년 출범하기로 되어 있었다. 그러나 2차 세계대전으로 연기되었고, 네덜란드 유트레흐트에 모였던 준비위원회가 WCC 헌장을 기초하여 1948년 창립총회에서 공포하였다. WCC의 본질에 관하여 선언한 주요 내용은 다음과 같다.

"세상을 위한 말씀이 있다. 그 말씀은 세상이 살아계신 하나님의 손안에 있고, 세상을 위한 하나님의 뜻은 온전히 선하며, 예수 그리스도 안에서 성육하신 말씀으로서 사셨고 죽으셨고 죽은 자 가운데서 다시 살아나신 하나님이 악의 세력을 단번에 부수시고, 모두가 성령 안에서 자유와 기쁨을 누리도록 문을 여셨다. 그리고 모든 인간의 역사와 각 개인의 행위에 대한 최후 심판이 자비로우신 그리스도의 심판이 될 것이며, 역사의 종말은 하나님의 나라의 승리가 될 것이다. 우리는 거기에서 하나님이 얼마나 이 세상을 사랑하셨는지 알게 될 것이다. 이것은 세상을 향한 하나님의 변치 않는 말씀이다."

또한 창립총회가 채택한 성명서 역시 WCC의 본질에 대하여 분명하게 밝히고 있다.

"세계교회협의회는 예수 그리스도를 하나님이요 구세주로 인정하는 교회들로 구성된다. 교회는 그 분 안에서 그들의 일치를 발견한다. 교회는 일치를 만들 필요가 없다. 왜냐하면 일치는 하나님의 선물이기 때문이다. 그러나 생활과 봉사 속에서 그 일치의 표출을 추구하는 데 공통된 명분을 만드는 것은 교회의 과제임을 인식한다."

암스테르담에서 출범한 WCC는 당시 교회를 향한 하나님과 세계의 부름에 대한 역사적 응답이었다. 그리고 지난 70여 년간 그 부름에 부응하기 위하여 노력해 왔다. WCC는 세계와 교회를 향한 에큐메니칼 목소리와 행동을 보여주었고, 신학적 발전을 지원했다. 현재 에큐메니칼 신학은 교회와 사회의 관계에 있어서 가장 근본적이고 현실적인 내용을 보여주고 있다. 이는 1948년 암스테르담에서 시작되었으며, 지난해 부산을 거쳐 앞으로 계속될 교회의 과제다.

WCC 창립총회에 한국감리교회는 초청장을 받고 창립회원이 되었으나 대표는 참석하지 않았다.

2. 제2차 에반스톤 총회

1948년 암스테르담에서 열린 WCC 창립총회는 교회의 일치와 세계를 향한 복음증거라는 차원에서 에큐메니칼 운동의 새로운 지평을 열었다. 그리고 6년 후인 1954년 8월, 미국 에반스톤에서 두 번째 총회가 열렸다. 암스테르담에서 에반스톤까지 6년간 세계는 전쟁의 상흔을 치유하며 무너진 사회를 재건하는 데 최선을 다했지만 한편으로 동서대립과 남북 갈등의 심화를 경험했다. 중국 공산화와 인도네시아 독립, 한국전쟁이 일어났다. 한국전쟁이 발발하자 토론토에서 열린 WCC 중앙위원회는 UN이 개입하여 전쟁을 종식시켜줄 것을 요청하고, 한반도를 위한 기도를 세계교회에 부탁하였다. 그리스도의 뜻에 따라 이 땅에 평화를 이루고자 하는 WCC의 정신을 보여주는 예다.

1) 주제와 분과

WCC 창립총회가 "함께 모이는 것"(staying together)에 의미를 두었다면 두 번째 총회는 교회들이 "함께 성장하는"(growing together) 길을 찾는 단계에 들어섰다. 161개 교회에서 파견한 502명의 대표들은 보다 발전되고 집중적인 모습으로 세계대전의 상처를 치유하고 인류사회를 재건하는 교회적 참여 방식을 모색하였다. WCC 에반스톤 총회는 교회가 제시할 수 있는 유일하면서 가장 강력한 주제, 그리고 지금까지 여전히 유효한 주제를 내세웠다. 바로 "예수 그리스도 - 세상의 소망"이었다.

창립총회의 주제가 "신론"(인간의 무질서와 하나님의 섭리)이었기에 그리스도를 앞세운 "기독론"을 주제로 삼은 것은 적절하고 유익한 것이었다. 이는 당시 세계가 직면한 정치·경제사회 현실에 대한 신앙적 응답이었다. 여섯 개 분과토의의 주제는 다음과 같다.

1. 신앙과 직제 : 그리스도 안에서 우리의 하나됨과 교회로서 우리의 불일치
2. 교회 밖에 있는 사람들을 향한 교회의 선교 : 하나님 선교
3. 삶과 봉사 : 세계적 관점에서 책임사회
4. 세계공동체를 위해 투쟁하는 기독교인들
5. 인종 및 민족분쟁의 와중에 있는 교회
6. 평신도 : 그리스도인과 직업

전체주제와 함께 분과주제들은 당시 인류가 당면하고 있는 정치·경제사회 문제에 대한 진단과 기독교적 응답이었다. 에반스톤 총회는 국제적으로 심각한 사건들이 많이 일어나는 시기에 준비되고 개최되었는데, 공산주의 진영이 고착되어 서방세계와 대립하기 시작하였고, 식민지에서 독립한 제3세계 국가들의 목소리가 높아지는 시기였다. 한편으로 인종차별과 빈부격차

가 주요한 이슈가 되었다. 교회는 이러한 문제에서 자유로울 수 없었고, 오히려 적극적으로 대응해야 했다. 동시에 교회의 본질과 WCC의 정체성을 밝히는 일도 중요한 작업이었다.

2) 인종차별 반대운동

에반스톤 총회는 남아프리카공화국에서 실시되는 인종차별정책(아파르트헤이트)에 대한 반대성명을 채택하였다. 성명서는 인종과 피부색, 혹은 민족적 혈통에 기반한 차별은 "복음에 위배되며 인간에 대한 기독교의 교리, 그리고 그리스도의 교회의 본질에 부합하지 않는 것"임을 분명히 했다. 남아프리카공화국에 있던 5개의 WCC 회원교회 가운데 네덜란드개혁교회를 포함한 3개의 교회는 인종차별에 반대하는 WCC 성명서에 반대하며 WCC를 탈퇴하였다. 이는 교회가 그리스도의 가르침과 자신이 속한 체제 사이에서 어떤 선택을 할 수 있는지 보여주는 사건이었다. 1994년 만델라 대통령에 의해 남아프리카공화국의 차별정책이 공식적으로 폐지될 때까지 40년이 걸린 것을 생각하면 에반스톤 총회의 결의는 시대를 한참 앞선 것이었다.

3) 삶과 봉사

50년대 전체를 관통하며 지구적으로 진행된 동서 대립과 남북 갈등, 식민지 청산과 경제 건설은 각 지역에서 고난받는 젊은이들과 기독교인들을 생산했다. WCC는 삶과 봉사위원회를 중심으로 세계 각 지역에서 인종과 종교와 이념으로 박해당하는 이들을 지원하는 프로그램들을 운영하였다. 러시아혁명으로 종교의 자유를 찾아 중국으로 이주한 이들이 중국 공산화로 위험하게 되자 다시 신앙의 자유를 찾아 브라질로 이주하도록 지원하였다. 천 명이 넘는 이들이 브라질로 이주하여 성공적으로 정착하였고, 또 다른 이들은 아르헨티나에 정착하였다.

1950년, 60개 이상의 나라에서 온 일만 명 이상의 젊은이들이 WCC 청년 국이 조직한 47개국 400개 사역지에서 근로와 교육봉사를 하였다. 독일에서 난민들의 집을 지어주고, 프랑스에서 미션스쿨을 위하여 도로와 하수도를 설치해주고, 일본에서 어린이들을 위한 운동장을 만들어 주었다. 이러한 봉사 프로그램은 아시아, 아프리카, 남아메리카로 확대되어 1950년대 후반까지 대단히 많은 성과를 거두었다.

4) 국제 선교

WCC 합류를 앞두고 1958년 옥스퍼드에서 개최된 국제선교협의회 대회는 새로운 시대의 교회일치적 선교과제를 분명하게 하였다. 회의는 "주님 되시는 그리스도에 대한 신앙과 불신앙 사이의 경계선을 넘어서는" 선교과제를 정의하였다. 회의는 복음의 핵심이 땅 끝에 대한 교회의 관심이라는 것과 따라서 전 세계적인 문제들에 관심을 갖는 것이 선교라는 점을 밝혔다. 국제선교협의회는 WCC와 완전한 통합을 결의하였고 3차 총회에서 통합하였다. 이는 에반스톤 총회를 거치면서 선교에 대한 새로운 연구와 정의를 통한 자연스러운 과정이었다.

국제선교협의회는 효율적인 신학교육을 고민하였고, 미국에 있는 9개 선교회가 기부한 2백만 불의 기금으로 신학교육기금을 조성하였다. 이 기금은 전 세계 수많은 신학생들의 학업을 지원하는 귀중한 재원이 되었다. 국내에 WCC 장학금으로 학위과정을 마치고 교회와 사회를 위하여 공헌한 인물들이 많이 있다.

5) 교회일치

WCC의 변하지 않는 주요한 과제 중 하나는 교회일치이다. 에반스톤 총회도 이 문제를 주요하게 다뤘다. 신앙과 직제위원회는 교회분열의 중요한 요인으로 "제도주의"(Institutionalism)를 제기하고 이에 대한 연구를 시작하였고, 제도주의가 교회로 하여금 변화를 거부하고 기존 체제에 안주하게 하는 주된 요인이라는 것을 밝혔다. 이러한 성격은 현대로 오면서 더욱 강화되는 듯하다. 에반스톤 총회에서 다룬 대표적인 문서가 토론토 성명서(1950)다. "교회, 교회들, 그리고 세계교회협의회"(The Church, the churches and WCC: the ecclesiological significance of WCC)라는 제목을 가진 이 성명서는 "… 모든 것은 그리스도가 교회의 거룩한 머리라는 공동의 인식에 근거해서 해야 한다."고 WCC와 교회의 본질을 밝히고 있다. 이 문서는 WCC와 WCC 교회론에서 중요한 가치를 갖고 있다.

어느 조직이든 창립총회는 최선을 다해 준비하기 때문에 성공적으로 치를 수 있다. 문제는 창립 이후 활동과 이어지는 총회들이다. 그러한 의미에서 WCC 에반스톤 총회는 창립총회의 의의를 계승하면서 세계와 시대 앞에 교회가 관심 갖고 논의할 주제들을 제시했다는 점에서 큰 의의를 갖는다. 이는 다음 총회의 기초가 되었고, WCC의 정신과 신학이 성숙해가는 중요한 다리가 되었다.

한국감리교회 대표 : 류형기 목사(감독), 송흥국 목사(정릉교회)

3. 제3차 뉴델리 총회

"아시아 대륙에서 열린 첫 총회!" 1961년 인도 뉴델리에서 열린 WCC 제3차 총회의 역사적 성격과 특징을 한마디로 설명할 수 있는 정의다. 이 안에 얼마나 많은 의미가 들어 있는지 모른다. 아시아에서 WCC 총회를 개최한 이유는 중의적이다. 유럽에서 출발하여 미국을 거쳐 아시아로 동진하는 기독교의 성장 방향을 반영한 결정으로 볼 수 있다. 아시아 대륙의 특수성과 이 대륙에서 WCC 총회가 열리는 것은 아시아교회와 신학자들에게 많은 울림을 주었다. 세계 3대 종교의 발상지였으나 기독교가 소수종교가 되고, 서방 기독교 국가의 식민지이며 피선교지였던 아시아교회의 성장과 참여를 보여주기 때문이다. 또한 당시 세계가 직면한 냉전과 대립 속에 등장한 제3세계를 가장 분명하게 드러낸 지역이었다.

뉴델리 총회는 197개 교회, 557명의 대표가 참석하였다. 23개의 교회가 새롭게 회원으로 가입하였다. 뉴델리 총회를 기점으로 WCC 지도력의 분포가 이전 총회와 많이 달라졌다. 2차 세계대전 이전에는 지도자들 대부분이 유럽인이었으나 뉴델리 총회 시점에서는 아프리카, 아시아, 남아메리카 출신의 지도자들이 대거 등장하였다. 새로운 회원들 중 미국과 유럽의 교회는 5개였던 반면, 아프리카에서 11개, 아시아에서 3개, 남아메리카에서 2개의 교회가 가입하였다. 그중에는 칠레의 두 오순절교회가 포함되어 있다. 이들은 WCC와 복음주의 교회들의 가교 역할을 하였다. 또한 동유럽에서 4개의 거대한 정교회가 가입하였는데, 러시아 정교회, 루마니아 정교회, 불가리아 정교회, 폴란드 정교회이다.

1) 주제와 분과

뉴델리 총회는 직전 총회인 에반스톤의 주제와 기독론이라는 점에서 연결성을 가지면서 "그리스도"를 "예수 그리스도"로 확대하여 분명한 기독교 신앙고백을 주제로 삼았다. "예수 그리스도 – 세상의 빛"이라는 주제를 통하여 교회는 당시 강화되는 냉전시대의 이념갈등과 정치적 혼란기 속에서 인류의 갈 길을 보여주는 이정표로서 그리스도를 제시하였다. 예수님이 세상의 빛(요 8:12)이라는 성서의 선언과 제자로서 주님을 따르는 이들도 "세상의 빛"(마 5:14)이 되어야 하는 사명을 동시에 선포하였다.

총회는 1분과 증거, 2분과 섬김, 3분과 일치의 세 분과를 중심으로 진행되었다. 1분과는 예수 그리스도의 빛 안에서 다른 종교에 대한 이해를 다뤘다. 2분과는 정치·경제·사회적 변화 속에 있는 제3세계에 대한 교회의 관심을 다뤘다. 3분과는 교회일치를 "하나의 완전한 헌신을 바탕으로 한 친교이며, 하나의 사도적 신앙을 지키고, 하나의 복음을 선포하며, 한 덩이의 빵을 떼고, 공동의 기도에 참여하며, 모든 이들을 위한 증언과 봉사를 추구하는 공동의 삶을 영위하는 동시에 사는 곳과 연령을 불문하고 전체 그리스도인들의 친교 속에 함께 하는 것"이라고 정의했다.

2) 국제선교협의회의 합류

뉴델리 총회의 많은 성과가 있지만 가장 특별한 사건은 국제선교협의회와 WCC의 완전한 통합이 될 것이다. 이미 1910년 에딘버러에서 WCC 태동의 불씨를 던져주었던 국제선교협의회였지만 신앙과 직제, 삶과 봉사 운동보다 늦게 합류하였다. WCC 출범을 의심스럽게 보았던 초기 지도자들의 영향이 약화되면서 분리보다 통합을 지지하는 세력이 커진 것이다.

국제선교협의회 소속으로 WCC와 통합을 반대한 선교회가 있었지만 두 번의 총회를 치른 후에 뉴델리에서 WCC와 한 배를 타게 되었다. 이는 선교운동과 에큐메니칼 지평의 만남이라 할 수 있다. 에큐메니칼 운동에 대한 복음주의권의 의혹과 일맥상통하는 부분이기도 하다. 그러나 뉴델리에서 WCC 세계선교와 전도국(DWME)과 통합한 국제선교협의회는 이후 세계선교와 전도위원회(CWME)로 발전하여 에큐메니칼 관점에서 세계선교운동을 지원하며 추진하고 있다. 당시 한국감리교회의 김활란 박사는 국제선교협의회 부회장으로, 세계교회협의회 합류를 강하게 반대하였다. 그는 세계교회협의회가 지나치게 정치참여를 강조한다고 생각하고 반대했지만 많은 회원들의 찬성으로 가입이 결정되었다.

3) 제3세계와 창조세계

1960년대는 2차 세계대전 이후 세계적인 정치, 경제, 사회적 변동의 파고가 가장 높아진 시대였다. 뉴델리 총회는 그러한 상황 속에서 제3세계에 대한 관심과 신학적 지원을 보여준 총회였다. 1959년 그리스 데살로니가에서 모인 연구모임에서 WCC는 교회를 향한 시대적 도전을 네 가지로 분석하였다. 그것은 정치적 독립과 민족주의, 산업화와 도시화, 농촌의 해체, 서양의 영향이었다. 이러한 도전은 제3세계, 특별히 아시아에서 더욱 강력하게 진행되었고, WCC는 아시아에서 총회를 개최하면서 이에 대한 교회의 응답을 보여주었다.

뉴델리 총회는 이러한 문제를 정치적 해석에 머무르지 않고 과학과 기술에 의한 자연과 생명의 파괴라는 관점에서 보았다. 이는 신앙과 직제위원회를 통하여 창조와 교회의 일치라는 주제에 대한 연구로 연결되었고, 1975년 나이로비와 1983년 캔버라를 거쳐 1990년 서울 JPIC(정의, 평화, 창조세계의 보전) 세계대회로 이어졌다. 뉴델리 총회는 당시의 시대적 흐름을 정확하게 읽고 그 후에 교회가 진행하는 작업들까지 제시하였다.

4) 헌장 개정

뉴델리 총회부터 로마 가톨릭교회의 옵서버가 공식적으로 참석하였다. 이전 총회까지 로마교회는 시카고 대주교 명의로 참석을 금지하는 교서를 내렸다. 가톨릭교회 대표들이 참관한 뉴델리 총회의 또 다른 중요한 작업은 WCC 헌장 제1조에 대한 개정이었다. 향후 WCC의 신앙과 신학에 대한 오해와 비판을 반박할 수 있는 근거가 된 헌장 1조를 수정한 것은 매우 고무적인 일이었다. "세계교회협의회는 성경에 따라 주 예수 그리스도를 하나님이요 구세주로서 고백하는 교회들의 교제이다. 따라서 이 교회들은 성부, 성자,

성령의 한 하나님의 영광을 위하는 부름받은 그들의 공통된 사명을 함께 성취하고자 노력한다." 지금은 당연한 고백이지만 당시까지 WCC 신학을 주도했던 기독론 중심의 신앙고백을 삼위일체 하나님에 대한 명시적인 고백으로 표현한 것은 큰 의의가 있다.

아시아 대륙에서 열린 첫 총회! 여전히 우리에게 역사적인 의미를 갖는다. 기독교회를 변화하는 아시아 각 나라와 사회에서 책임있는 신앙공동체로 선언한 것은 여전히 유효하다. 우리 앞에서 행하시는 "세상의 빛이신 예수 그리스도"를 고백하는 것은 교회의 머리이신 그리스도를 따르며 전하겠다는 아시아 그리스도인들의 용감한 신앙고백이기 때문이다.

한국감리교회 대표 : 김광우 목사(사회국 총무), 김활란 총장(이화여대)

4. 제4차 웁살라 총회

1968년 7월 4일부터 20일까지 스웨덴 웁살라에서 WCC 제4차 총회가 열렸다. 유럽에서 출발하여 미국과 아시아를 거쳐 다시 유럽으로 온 셈이다. 네덜란드에 이어 유럽에서 열린 두 번째 총회가 스웨덴 웁살라에서 열리게 된 배경에는 삶과 봉사 운동을 주장한 죄더블롬의 영향이 컸다. 전 세계적으로 격동기였던 60년대를 마무리하는 시점에 개최된 총회는 교회와 WCC가 직면하고 있는 도전들, 베트남 전쟁과 중국 문화혁명, 나이지리아 내전과 유럽, 일본의 학생운동과 같은 심각한 사건들 속에서 교회의 신앙적 책임과 응답을 고민했다. 개회예배의 설교자로 초청된 마틴 루터 킹 목사는 총회를 4개월 앞두고 암살되어 추모예배의 대상이 되었다. 이러한 시대적 배경으로 인하여 웁살라 총회는 역대 WCC 총회 가운데 정치적 입장을 가장 두드러지게 표현한 총회로 기억되고 있다.

웁살라 총회에는 이전 총회보다 38개 회원교회가 더 늘어난 235개 교회,

704명의 대표가 참석하였다. 특별히 아르메니아 정교회를 비롯한 다른 정교회들이 가입하면서 가장 많은 동방정교회 가입이 이루어졌다. 미국장로교회 목사이며 미국 NCC 회장을 지낸 유진 블레이크(1966~1972)가 2대 총무로 선출되고 초대 총무였던 비서트 후프트는 명예의장이 되어 총회 앞머리에 연설을 하기도 했다. 이로써 WCC 지도력의 세대교체가 이루어졌다.

1) 주제와 분과

움살라 총회의 주제는 "보라 만물을 새롭게 하리라"(Behold, I Make All Things New)였다. 두 번의 직전 총회를 기독론적 주제로 치르고 난 후 다시 요한계시록 21장 5절을 인용하여 하나님의 뜻과 의지를 선언하였다. 새롭게 (new)는 질적인 변화를 의미하며, "만물"은 전통적인 교회와 세상 사이의 경계를 무너뜨리고 하나님이 일하시는 장소로서 세계를 포함한다. 이는 혼란과 격동의 60년대 인류의 정치·경제·사회 현실에 대한 교회의 선언이었다.

전체 주제 아래 다음과 같은 여섯 개 분과토의가 이루어졌다.

1. 성령과 교회의 보편성
2. 선교 갱신
3. 세계경제 및 사회적 발전
4. 국제관계 속에서 정의와 평화를 위하여
5. 예배
6. 새로운 삶의 방식

특별히 3분과는 당시 세계 정치와 경제적 상황에 응답하는 교회의 입장을 정리했다. "정치적·경제적 구조가 심각한 부정의의 짐에 짓눌려 신음하고 있으나 … 하나님께서는 그리스도 안에서 온갖 구조들을 지닌 우리의 세상

속으로 들어오시어, 이미 정사와 권세들에 승리하셨다. 그의 나라는 그의 심판과 자비를 가지고 임해온다."는 종말론적 희망을 선언하였다.

2) 성령과 교회

읍살라 총회 6개 분과위원회 보고서들 가운데 중요한 문서는 1분과에서 발표한 "성령과 교회의 보편성"이다. 이 보고서는 전체 주제와 연결하여 세계 안에서 일하시는 하나님과 성령의 역사를 설명하고 있다. "… 현대사의 번민의 현장 속에서 – 또한 상당히 자주 교인들 가운데서 – 우리는 인간의 권리와 자유에 반하여 싸우는 악마적 세력들의 역사를 본다. 그러나 우리는 또한 생명을 주시는 하나님의 영의 활동을 본다. … 우리는 이 인간 세상을 하나님께서 만물을 새롭게 하시기 위해 이미 역사하고 계신 곳으로서, 또 당신과 함께 일하도록 우리를 부르시는 곳으로서 생각하게 되었다. … 그리스도의 목적은 모든 시대, 모든 인종, 모든 장소, 모든 상황의 사람들이 그리스도 안에서, 성령에 의해서, 하나님의 보편적 아버지 되심 아래서 유기체적이며 살아 있는 하나 됨 속으로 인도하는 것이다."

읍살라 총회의 시대적 배경과 교회의 사회적 책임을 생각할 때 보고서의 내용은 자연스러운 결론으로 보인다. 한편 하나님의 영의 강조는 2013년 부산 총회의 선교문서를 떠오르게 한다. 부산 총회 선교문서의 단초가 이미 45년 전에 읍살라에서 논의되었다는 것을 생각하면 선배들의 신앙적 혜안을 인정하게 된다.

3) 예배의 정의와 강조

5분과토의에서 집중적으로 논의한 예배의 정의와 강조는 지금도 우리가 기억해야 할 유산이다. 기독교인으로서 예배는 가장 근본적인 신앙행위이다. 그러나 예배를 기독교인 자신과 비기독교인에게 어떻게 설명하고 선포할 것인지에 관한 논의는 여전히 필요하다. 그런 의미에서 총회의 분과 보고서는 의미가 있다.

이 보고서는 그리스도인들이 다른 그리스도인들의 예배에 대해 관심하고 배우도록 자신을 개방할 것을 요청하고 있다. 예배는 기본적으로 윤리적이며 사회적인 것으로, 인류의 분열과 사회적 불의에 대항해야 하며, 이에 따라 총회는 그리스도인의 예배가 인종이나 계급적 이유로 분리되는 것을 거부하는 입장을 분명히 하였다. 보고서는 "초대교회의 전통을 따라 매주일 성찬을 행할 것"을 권면하였다.

4) 기독교교육세계협의회의 합류

웁살라 총회는 교회의 실천과 성찰을 위한 새로운 연구계획들을 승인하였다. 그 가운데 하나가 교육에 대한 관심이었고, 그 열매로서 기독교교육세계협의회(The World Council of Christian Education)가 WCC에 합류하였다. 1907년 창설된 세계주일학교연합회가 1924년 기독교교육세계협의회로 발전하여 활동해 왔고, 웁살라 총회 이후 1971년 WCC에 통합하였다. WCC 안에서 기독교교육세계협의회는 종합적인 방법으로 교육을 다루며 사회적 책임을 가진 그리스도인 교육에 많은 관심을 기울였다. 웁살라 총회를 기점으로 기독교교육은 인간다움의 정의와 연구에 관심을 가졌다. 파울로 프레이리는 1970년대 에큐메니칼 교육에 대한 새로운 강조와 함께 WCC 안에서 창조적인 목소리를 낸 대표적인 학자였다.

5) 로마 가톨릭교회와의 관계

웁살라 총회에서 또 한 가지 특별한 사안은 가톨릭교회의 회원 가입 가능성이었다. 예수회 소속 로베르토 투시는 총회 연설에서 로마 가톨릭교회의 WCC 가입 가능성을 언급했다. 웁살라 총회를 기점으로 WCC는 진지하게 이 안건을 논의하였다. 총회 다음 해인 1969년 교황 바오로 6세가 제네바의 WCC 본부를 방문하였다. 웁살라 총회에서 제기된 가톨릭교회의 가입은 연기되었다. WCC는 1972년 발표한 보고서를 통하여 로마 가톨릭교회가 WCC에 가입할 수 없는 신학적·교회론적·교회법적 반대는 없다고 결론지었다. 그러나 로마 가톨릭교회는 WCC에 가입하지 않고, 신앙과 직제위원회에 회원으로 참여하고 있다.

웁살라 총회는 격동의 1960년대를 지나며 세계를 향한 하나님의 뜻을 고민하고 선포한 총회였다. 만물을 새롭게 하시는 하나님의 사역은 오늘도 계속되고 있고 특별히 우리를 부르셔서 그 일에 참여하게 하신다. 그런 의미에서 웁살라 총회의 정신과 열매들은 지금까지 교회 안에 뚜렷하게 이어져오고 있다.

한국감리교회 대표 : 박설봉 목사(감독, 상동교회), 변홍규 목사(감독, 감리교신학교 교장)

5. 제5차 나이로비 총회

유럽에서 4차 총회를 열었던 WCC는 아프리카 케냐의 나이로비에서 5차 총회를 열었다. 아프리카 대륙 최초의 WCC 총회는 그 자체로 역사적 의미가 크다. 2차 세계대전까지 서구 열강의 정치·경제적 식민지였던 아프리카는 종교적으로도 서방교회의 영향력 아래 있었다. 그러나 60년대를 지나며 남미를 중심하는 제3세계에서 일어난 해방신학의 열기는 신생독립국가들과 신생교회의 자각을 가져왔고, 아프리카는 새로운 교회 성장의 신대륙으로 관심을 받았다. 아시아교회권에서 큰 정치력을 가진 인도네시아교회가 총회 유치에 노력했지만 WCC는 처음 총회를 개최하는 아프리카를 제5차 총회 장소로 결정했다. 격동의 60년대를 지났지만 더욱 큰 정치적 혼란 속에 70년대를 보내고 있던 세계 곳곳에서 자유와 해방을 요구하는 목소리가 높아졌고, 교회는 가난하고 억압당하는 이들의 편에 서는 것을 강조했다. 이러한 경향은 직전 웁살라 총회에서 큰 울림을 터트렸고 나이로비 총회는 그에 대한 계승과 단절의 과제를 동시에 안고 있었다.

나이로비 총회는 1975년 11월 23일부터 12월 10일까지 열렸고, 30개 회원교회가 증가한 285교회, 676명의 대표들이 참석하였다. 3대 총무로 선출된 필립 포터가 총회를 준비하였는데, 그는 도미니카 출신의 감리교 목사로 세계기독학생운동과 WCC 세계전도와 복음화위원회 위원장으로 많은 활동을 하였다. 웁살라 총회가 긴장과 새로운 사상들이 분출된 총회였던 반면 나이로비 총회는 WCC 구조를 공고히 하는 총회였다. 총회 대표의 5분의 4가 처음 참석하는 이들이었다는 점에서 새로운 세대가 등장한 총회였다.

1) 주제와 분과

나이로비 총회는 "예수 그리스도는 자유케 하시고 하나되게 하신다"(Jesus Christ Frees and Unites)는 주제로 진행되었다. 이는 직전의 신론에서 다시 기독론으로 돌아간 주제였는데, 아프리카 대륙의 역사와 당시 시대적 과제에 적합한 주제였다. 여섯 개의 분과토의가 진행되었다.

1. 오늘 그리스도 고백
2. 일치의 조건
3. 공동체 추구
4. 해방교육과 공동체
5. 구조적 불의와 해방투쟁
6. 인간 개발

주제와 분과토의를 통하여 직전 총회에서 제기된 많은 문제들을 신학적으로 해석하고 설명하려고 노력하였고, 이 때문에 나이로비 총회는 WCC의 기초를 공고히 한 총회로 평가받고 있다.

2) 전도

1분과에서 열띤 논쟁을 불러일으킨 주제는 전도였다. 분과토의는 기독교인의 영성과 사회적 참여가 서로 밀접하게 연관되어 있다는 것을 밝히고자 하였다. 공동의 목표를 가지고 함께 싸우며 희망을 공유하는 과정에서 참된 동지적 사랑을 갖게 되고, 현실 상황에 대한 공통된 인식을 갖는 것이 일치의 조건이라고 밝혔다. 이 같은 합의에 기초하여 세계교회들이 신앙과 직제위원회가 발표한 「세례, 성찬과 교역」(BEM) 문서를 수용할 것을 촉구하였다.

3) 일치

분과의 중요한 과제는 그리스도의 몸된 교회들 간의 일치를 추구하는 것이다. 나이로비 총회 역시 동일한 과제를 부여받았고, 전체 주제와의 관계 속에서 선명하게 선언하였다. 즉 삼위일체의 하나님 안에서의 신앙과 사회경제적 참여, 예수 그리스도에게 돌아가고 사회경제적 구조 변화를 위하여 적극적으로 참여하는 일이 모두 하나라고 선언하였다. 나이로비 총회가 설명한 교회일치는 "진정으로 하나가 된 개체교회들의 협의회적 교제"였다. 이는 가시적이고 유기체적으로 하나가 되는 일치를 추구하는 것이 아니라 거리와 문화, 시간적 거리를 둔 교회들이 서로 연결되어 추구하는 교회의 삶의 질을 가리키는 지표의 의미였다.

4) 종교간 대화

종교간 대화는 WCC 신학에서 가장 논쟁적인 부분 중 하나다. 다른 종교에 대한 이해는 기독교인들 안에서 큰 차이를 보이기 때문이다. 그럼에도 불구하고 WCC는 인류의 평화와 공존, 하나님의 뜻이라는 관점에서 종교간 대화를 계속하였다. 나이로비 총회는 불교도, 힌두교인, 유대인, 이슬람교도, 시크교도 등 다른 종교인들이 정식으로 초청된 첫 총회였다. 종교간 대화의 근거는 "공동체"였다. 분과 보고서 초안에 따르면, "인류 공동체"의 구성원으로서 기독교인들은 "우리와 다른 신앙을 갖고 있는 이웃들과의 대화에 개방적이어야 하며, 그들이 그 대화를 침해라고 여기지 않도록 해야 한다."고 결론지었다.

그러나 보고서는 전체토의에서 채택되지 못하고 다시 분과로 돌려보내졌다. 서구 대표들은 보고서가 너무 약하고 영적인 타협으로 보일 수 있음을 우려하였고, 아시아 대표들은 종교간 대화가 신앙생활의 충실성을 저해하는 요소가 된다고 보았다. 이러한 과정을 통하여 WCC가 진행하는 종교간 대화가 종교혼합주의로 흐르지 않을 수 있었다.

5) 사회참여

총회는 당시 가장 심각한 사회문제를 다루었다. "구조악과 해방을 위한 싸움"에 관한 보고서는 인권침해와 인종차별, 그리고 성차별을 인류가 해결해야 할 심각한 구조악으로 보았다. 이는 오늘도 여전히 인류의 생존과 평화를 위협하는 심각한 구조악이다. 나이로비 총회는 교회와 사회라는 명칭으로 바뀐 이전의 삶과 봉사 운동을 다시 "정의, 참여, 사회의 지속력"(a Just, Participatory and Sustainable Society: JPSS)으로 발전시켰다. 이를 통하여 나이로비 총회는 조직적이고 구조적 불의에 대한 대립개념으로 정의를 제시하였다. 이러한 문제의식을 바탕으로 인권침해와 인종차별, 그리고 여성차별 철폐를 주장하였다. JPSS의 정신 속에서 교회는 세 가지 구조악과 맞서 싸워야 할 과제를 갖고 있었다. 나이로비 총회 이후 40년이 흘렀다. 과연 인류는 인권과 인종차별, 성차별 문제에서 얼마나 많은 진보를 이루었는지 묻고 싶다. 여전히 세계 곳곳에서 인권침해와 인종차별, 성차별이 자행되고 있지 않은가? 이러한 현상에 대해 교회는 어떠한 목소리를 내고 있는지 생각해볼 일이다.

나이로비 총회는 기존의 해방신학 전통을 부정하지 않으면서 60년대 말부터 제기된 복음주의자들의 목소리를 감안하여 웁살라 총회의 진보적인 입장을 조정하는 균형 잡힌 입장을 정리했다. 기독교인이라면 누구든지 받아들일 수 있는 사명, 즉 온 교회(the whole Church)와 전 인격(the whole Person)이 전 복음(the whole Gospel)을 전 세계(the whole world)에 전하고 증거해야 하는 사명을 강조하였다. 때때로 WCC가 이러한 사명에 관심이 없다고 오해하는 이들이 있는데 그것은 사실과 다르다. 오히려 오늘 우리가 이 사명을 얼마나 열심히 감당하고 있는지 물으며 에큐메니칼 운동의 근본정신을 회복해야 할 때이다.

한국감리교회 대표 : 표용은 목사(서대문중앙교회), 임의순 장로(세브란스 병원장)

6. 제6차 밴쿠버 총회

캐나다 밴쿠버에서 열린 제6차 총회는 웁살라의 정신을 바탕으로 암스테르담의 창립 정신을 결합시킨 총회로 인정받고 있다. 즉 "예배하는 총회"를 회복하였다. 총회 대표들과 일반 참가자 4,500여 명이 매일 대형천막에서 예배를 드리는 모습은 사람들에게 큰 감동을 주었다. 격동의 60년대와 70년대를 지나왔지만 세계는 여전히 국지적인 갈등과 전쟁의 연속이었다. 이란의

혁명과 소련의 아프간 침공이 세계인의 주목을 받는 사이 한반도에서는 광주의 통곡 속에 새로운 군사정권이 등장하였다. WCC는 인류를 분열시키고 위협하는 모든 종류의 차별들, 즉 인종차별, 성차별과 계급적 억압과 경제적 착취, 군사주의와 인권유린, 핵실험과 핵무기 개발 등을 생명을 죽이고 손상하는 죽음의 세력으로 규정하였다. 이러한 상황에서 밴쿠버 총회의 주제가 결정되었다.

밴쿠버 총회는 1983년 7월 24일부터 8월 10일까지 301개 회원교회의 847명의 대표들이 참석한 가운데 캐나다 밴쿠버의 브리티시 컬럼비아 대학교에서 열렸다. 직전 총회에 이어 필립 포터 총무가 총회를 준비하였고, 총대들의 다양한 참여가 두드러졌다. 투표권을 가진 총대들 가운데 여성이 30%를 넘었고, 30세 미만의 청년 대표가 13%를 넘었다. 또한 평신도 비율이 46%에 이르렀다. 덕분에 WCC 지도그룹에도 상당수의 여성들이 포진하게 되었다.

1) 주제와 분과

밴쿠버 총회의 주제는 "예수 그리스도 – 세상의 생명"(Jesus Christ-the Life of the World)이었다. 이는 전술한 세계 정치·경제·사회적 상황에 대한 교회의 응답이었다. 인류의 생명을 위협하는 죽음의 세력에 의한 차별과 억압에 맞서는 길은 생명의 주인 되시는 예수 그리스도를 증거하는 것이다. 생명에 대한 인식은 정의와 평화의 연관성으로 귀결되었다. 그리스도인의 관점에서 생명은 인간 삶의 가치와 의미를 질문하는 것이고 그 내용은 정의와 평화라 할 것이다. 정의 없는 평화, 혹은 평화 없는 정의는 모순이다. 정의와 평화를 위한 투쟁은 분리될 수 없는 신앙의 문제로 보아야 한다.

밴쿠버 총회는 다음과 같은 여덟 개의 분과를 진행하였다.

1. 분리된 세계 속에서 증거
2. 일치를 향한 조치
3. 참여를 향한 움직임
4. 공동체 속에서 치유와 나눔의 삶
5. 평화와 생존 위협에 대한 대처
6. 정의와 인간존엄성을 위한 투쟁
7. 공동체 안에서의 배움
8. 신뢰할 수 있는 커뮤니케이션

총회 대표들은 분과별 토론과 함께 다양한 소그룹과 소모임을 통하여 일반 참가자들과 함께 다양한 공동체를 구성하여 총회의 주제와 실천 방안을 논의하였다.

2) 정의, 평화, 창조질서의 보전(JPIC)

밴쿠버 총회의 가장 큰 특징이며 성과 중 하나는 JPIC(정의, 평화, 창조세계의 보전)를 출범시킨 것이다. 직전 나이로비 총회에서 "JPSS"(정의, 참여, 사회의 지속력)로 명칭을 바꾸고 정의와 환경문제를 강조한 변화한 삶과 봉사 운동이 다시 한 번 변화하여 "JPIC"(정의, 평화, 창조세계의 보전)으로 발전하였다. 이는 1982년 세계개혁교회연맹(WARC) 오타와 총회가 제기한 정의와 평화 문제에 창조세계의 보전 문제를 결부시킨 것이다. 오타와 총회의 논의를 기반으로 다음 해 소집된 WARC 실행위원회는 창조세계의 보전 문제를 포함한 정의와 평화 문제를 다루는 국제 에큐메니칼 대회를 제안하였고, 1983년 WCC 밴쿠버 총회와 1989년 WARC 서울 총회를 거쳐 1990년 서울 JPIC 대회가 열리게 되었다.

밴쿠버 총회는 JPIC를 WCC 전체 프로그램 가운데 가장 우선적이고 중요한 과제로 삼았다. 이는 웁살라에서 최고조에 이르렀던 해방신학적 사회참여가 환경과 생태계로 확장되는 에큐메니칼 운동과 신학에서 획기적인 전기가 되었다. 밴쿠버 총회는 WCC 회원교회들에게 정의, 평화, 창조의 보전을 위한 상호헌신이라는 협의 과정에 참여할 것을 요청하고, 그 과정의 기초로서 그리스도를 세상의 생명으로 고백하고 인간을 차별하고 억압하는 악마적 죽음의 세력에 그리스도교적으로 저항할 것을 권고하였다.

3) 교육

밴쿠버 총회는 회원교회들에게 기독교 교육의 중요성을 강조하였다. 세계교회가 교육의 에큐메니칼 차원을 신중하게 받아들이고, 여기에 모든 종류의 교육 활동과 프로그램을 담아줄 것을 요청하였다. 동시에 에큐메니칼 교육에서 언어와 문화의 중요성을 강조하고 교회들이 대안적 커뮤니케이션 형식을 실험적으로 탐구할 것을 제안하였다. 교육은 다음 세대에게 신앙을 전하는 동시에 정의와 평화 문제를 그리스도인의 관점에서 이해하도록 돕는 효과적인 방안이기에 교회가 지속적으로 수행해야 할 과제로 인식되었다.

4) 리마문서

직전 나이로비 총회에서 승인된 BEM 문서에 대한 회원교회들의 반향이 뜨거워지자 신앙과 직제위원회는 1982년 리마에서 회의를 열고 세례와 성찬, 교역에 대한 에큐메니칼 논의를 정리하였다. 이 회의 장소의 이름을 따 리마문서로 명명된 이 문서는 많은 교회의 긍정적인 응답을 받았다. 리마문서의 서문은 이렇게 설명하고 있다. "각양각색의 전통들로부터 온 신학자들이 세례, 성찬식, 교역에 관하여 그토록 조화롭게 이야기할 수 있었다는 사실은 근대 에큐메니칼 운동에서 전례가 없는 일이었다."

밴쿠버 총회에는 매일 많은 예배가 드려졌는데, 그중 가장 많은 관심을 끌었던 예배는 2차 세계대전 중 일본의 히로시마와 나가사키에 원자폭탄이 투하된 8월 6일과 8일 밤에 드려진 성찬예배였다. 리마예식서를 사용하여 진행된 성찬식은 캔터베리 대주교가 집례하고, 다른 신앙전통과 지역에서 온 6명의 목사가 동참하였다. 이 예배는 WCC와 세계 에큐메니칼 역사에서 길이 기억될 만한 일이었다. 총회는 세계교회들에게 1986년 말까지 리마문서에 대한 공식적인 입장을 발표해 달라고 요청하였다.

밴쿠버 총회는 이전 총회들과 마찬가지로 이전 총회의 성과와 과제를 동시에 수용하고 발전시켜야 했다. 에큐메니칼 신학의 해방적 정치적 성향을 지구적 차원에서 생명과 정의, 평화 문제로 확대하고 새로운 시대에 교회가 전해야 할 메시지를 분명하게 보여주었다. 그것은 함께 예배하는 가운데 세상의 생명이신 예수 그리스도를 전하는 것이었다.

이 총회에서 한국감리교회 김준영 목사가 중앙위원으로 선출되었다.

한국감리교회 대표 : 김준영 목사(총리원 선교국장), 이태영 박사(이화여대 교수)

7. 제7차 캔버라 총회

창립 40년을 넘긴 WCC는 호주 캔버라에서 7차 총회를 열었다. 당시 세계는 이데올로기의 시대가 저물고 동구와 남아프리카에서 사회주의 국가들이 무너지고 남아프리카공화국에 민주정부가 들어서는 변화의 시대를 보내고 있었다. 냉전이 종식되었지만 여전히 세계 곳곳에서 내전과 인종청소, 전쟁으로 고통 받는 이들이 있었고, 환경파괴와 생물멸종, 자연재해가 이어졌다. 여러 대륙에서 원주민과 소수민족의 생존권 문제가 심각해지는 상황 속에서 WCC 지역 분류상 아시아에 속한 호주에서 제7차 총회가 열렸다. 이는 5차 나이로비 총회 이후 남반구에서 열리는 두 번째 총회였다.

특별히 캔버라 총회는 한국교회가 WCC에 대한 부정적인 입장을 갖는 결정적인 계기가 되었는데, 총회의 주제와 진행과정을 볼 때 그러한 오해는 올바르지 못한 것이었다. 캔버라 총회의 큰 특징은 성령의 역사를 에큐메니칼 신학 안에서 적극적으로 인정하고 고백한 것이다. 하나님과 그리스도를 주제로 삼아 전통적인 신앙고백에 기초한 이전 총회의 강조점들과 균형을 맞추는 방향성이었다.

캔버라 총회는 1991년 2월 7일부터 20일까지 호주의 수도 캔버라에서 113개국 316개 회원교회의 889명 대표들이 참석한 가운데 열렸다. 한국교회 대표 10명과 북한 조선기독교도연맹의 고기준 위원장과 2명의 대표가 공식 옵서버로 참석하였다. 중국기독교협의회(CCC)가 새롭게 회원으로 가입하였다. WCC 네 번째 총무로 캔버라 총회를 준비한 에밀리오 카스트로는 우루과이 출신의 감리교 목사다. 그는 로마 가톨릭교회에서 영세를 받았으나 청년기에 감리교회에 출석하여 감동을 받아 감리교 목사가 되었다. 그는 "내가 자각적으로 그리스도를 발견한 것은 감리교 신자로서였다."고 회고하였다. 캔버라 총회는 직전 밴쿠버 총회에서 구성된 JPIC(정의, 평화, 창조세계의 보전) 신학과 서울 JPIC 대회의 영향을 많이 받았다.

1) 주제와 분과

캔버라 총회의 주제는 "성령이여 오소서-만물을 새롭게 하소서"(Come, Holy Spirit-Renew the Whole Creation)였다. 역대 WCC 총회 주제 가운데 처음으로 성령론을 채택하였고, 주제문 역시 처음으로 기도문 형식이었다. 만물을 새롭게 해달라는 간구는 성경에서 온 것이 아니라 중세 성령강림절에 부르던 찬송에서 빌려온 것이었다. 창조와 갱신의 영으로서 성령을 초청하고 의지하여 환경과 생명에 대한 경각심을 세계적으로 높이고자 하였다.

총회는 다음과 같이 네 개의 분과활동을 진행하였다.

1. 생명의 수여자 – 당신의 피조물을 보전하소서!
2. 진리의 영 – 우리를 자유케 하소서!
3. 일치의 영 – 당신의 백성을 화해케 하소서!
4. 성령 – 우리를 변화시키고 성별해 주소서!

WCC 안에서 성령에 대하여 본격적으로 신학적 조명과 실천적 제안들이 이루어졌다. 또한 세계의 구체적인 상황 속에 역사하는 성령의 능력이라는 관점에서 18개의 에큐메니칼 대화가 진행되었다.

2) 예배와 성경공부

역대 총회들과 마찬가지로 캔버라 총회 역시 예배와 성경공부에 강조점을 두었다. 이는 WCC가 건강한 신앙고백 위에 서 있음을 보여주는 것이다. 매일 아침 텐트에서 드려진 아침 기도회는 설교 없이 드리고, 이어서 75분간 성경공부를 진행하였는데, 전체 회중을 대상으로 신학자가 발표한 후에 소그룹으로 나뉘어 토의하는 방식이었다. 정오 12시 반부터 30분간 설교가 중심이 되는 예배를 드렸고, 저녁기도회로 하루 일정을 마무리하였다. 특히 2월 9일에는 직전 밴쿠버 총회에서 사용했던 리마예식서를 수정 보완한 예식서를 사용하여 2시간 동안 예배를 드렸다. 이는 세계교회가 이 예식서를 공식적으로 수용했다는 증거로 에큐메니칼 운동의 근본이 공동의 신앙고백에 있다는 것을 보여주는 강력한 예다.

3) 정현경과 초혼제

한국교회 일각에서 WCC에 대하여 극단적인 거부감을 갖게 된 사건이 총회 중에 있었으니 정현경 교수의 특강이다. 정 교수는 총회 주제를 제목으로 진행한 발표의 서두에 충격적인 퍼포먼스를 진행하였다. 한국 무속신앙의 예식에 따라 성경과 역사의 억울한 영혼들을 부르고 마지막으로 이들을 해방하는 예수의 영의 임재를 요청하였다. 이어진 강연에서 정 교수는 성령의 역사를 회개와 생명의 관점에서 설명하였다.

그러나 초혼제의 충격은 컸다. 정교회 대표들이 퇴장하고, 여러 회원교회 대표들은 신앙과 신학의 혼합주의의 위험성을 경고하였다. 신학자의 신학적 표현과 새로운 시도는 존중되어야 한다. 그러나 다른 이들의 신앙적 열정과 순수에 대한 존중은 더욱 중요하다. 인간의 언설로 표현할 수 없는 하나님의 광대한 신비에 대한 다양한 시도는 교회사에 늘 있었고 귀중한 유산으로 남아 있다. 그러나 그것이 곧 인간의 상상력과 표현을 무한정 허용하는 것은 아니다. 기독교 신학의 궁극적인 존재 이유는 교회의 존립에 기여하는 것이다. 정 교수의 발표는 오늘까지 한국교회 에큐메니칼 운동에 대한 비판의 근거로 이용되고 있다.

4) 교회의 일치

캔버라 총회에서 발표한 신앙과 직제위원회의 문서는 중요한 의미를 갖는다. 각 회원교회에 전달된 문서는 교회일치의 개념과 역할을 명료하게 정리하였다. "… 우리가 부름받은 교회의 일치란 사도적 신앙의 공동고백, 하나의 세례에 의해서 시작되고, 하나의 성만찬적 사귐으로 축하되는 공동의 성례전적 삶, 타교파 회원들의 회원권과 직제들을 인정하는 공동생활, 하나님의 은혜의 복음을 모든 사람들에게 증거하는 공동의 선교 및 전 창조세계에 대한 섬김 안에서 주어지고 표현되는 코이노니아이다."

또한 총회 기간 중 진행된 1분과 보고서는 성령과 교회의 관계를 생명의 관점에서 정의하고 있다. "… 성령의 능력은 교회로 하여금 생명을 베풀고, 치료하며, 지탱되는 공동체가 되게 한다. 그래서 상처와 깨어짐은 이 공동체에서 온전함과 갱신을 얻는다." 오늘 우리의 교회는 이러한 역할을 감당하고 있는지 물어야 한다. 이 민족과 사회의 구성원들이 교회 안에서 생명을 얻고 상처를 치유받고 있는지 물어야 한다. 성령의 능력 안에서 교회가 세상을 치유하고 있는지 물어야 한다.

한국감리교회 대표 : 강병훈 목사(선교국 총무), 박봉배 목사(목원대 총장), 안주혜 청년(감리회 청년전국연합회 총무), 엄마리 장로(감리회 여선교회전국연합회 총무)

8. 제8차 하라레 총회

WCC는 아프리카 짐바브웨 하라레에서 8차 총회를 열었다. 아프리카 대륙에서 두 번째 열린 총회며 WCC 창립 50주년을 맞는 희년 총회였다. WCC 창립 반세기가 흘렀어도 아프리카는 여전히 빈곤과 내전, 질병으로 고통받는 대륙이었다. 서구열강의 식민지 지배를 생각하면 교회 역시 아프리카 대륙에 대한 역사적인 책임에서 자유롭다고 할 수 없다. 그런 의미에서 하라레 총회는 아프리카에 대한 위로와 화해, 새로운 희망을 위한 총회라고 할 수 있다. 또한 베를린 장벽과 동구 사회주의 체제의 붕괴 결과 국제정세는 미국을 중심으로 하는 자본주의 체제로 재편되고 있었다. 그러나 인류는 점점 심해져 가는 지구온난화와 기상이변, 자원고갈의 문제들에 직면해 있었고, 에큐메니칼 운동은 새로운 비전을 제시하고자 하였다.

하라레 총회는 1998년 12월 3일부터 14일까지 아프리카 짐바브웨의 수도 하라레에서 336개 회원교회 966명의 대표들이 참석한 가운데 열렸다. 이는 역대 총회 사상 가장 많은 숫자였다. 15개 교회가 새로운 회원으로 가입하였고, 여성과 청년 대표 비율은 각각 35%, 15%로 높아졌다. 하라레 총회를 준비한 콘라드 라이저 총무는 독일 신학자로 필립 포터 총무 시절부터 WCC에서 근무하였다. 그는 에큐메니칼 운동에 투신한 것을 제2의 회심이라고 표현하였다. 두 번의 임기를 보내면서 에큐메니칼 운동의 "공동의 이해와 비전"을 정의하는 일에 많은 노력을 기울였다.

1) 주제와 분과

하라레 총회의 주제는 WCC 창립 50주년을 맞아 희년의 기쁨을 담은 "하나님께 돌아오자 – 소망 중에 기뻐하자"(Turn to God – Rejoice in Hope)였다. 이 주제는 그리스도를 세상의 소망으로 선언한 2차 에반스톤 총회의 주제와 연결하면서 이전의 기독론과 성령론 주제에 이어 성부를 선택하면서 삼위일체론적 확대라 할 수 있다. 이 주제는 아프리카 대륙에서 다시 열리는 총회를 기쁨으로 선포하면서 희년을 맞은 WCC에 대한 소망과 책임을 담고 있었다.

스리랑카감리교회의 웨슬리 아리아라자 박사(미국 드류 대학교)는 개회식 연설에서 총회의 성과와 참가자들의 관계를 분명하게 밝혀주었다. "이 총회는 바로 여러분의 총회입니다. 여러분의 활동에 따라 총회의 성과가 달라집니다." 콘라드 라이저 총무는 철저한 회개와 방향전환과 자기평가, 에큐메니칼 운동 안에서 성령을 통해 하나님이 주신 화해와 일치로 초대, 21세기의 전야에서 희망의 공동체라는 관점에서 주제를 설명하였다.

여섯 개로 진행된 분과는 다음과 같다.

1. 예배, 영성, 교회의 가시적 일치
2. 폭력, 갈등, 세계화 속에서 정의와 평화
3. 에큐메니칼 운동의 이해와 협의구조
4. 문화적 종교적 다원성 속에서 종교간의 대화와 협력
5. 효율적인 복음전파와 증언
6. 환경보존, 정의롭고 지속 가능한 공동체의 발전, 실천적 행동을 위한 교회의 참여와 연대

2) 교회론

WCC가 총회마다 다루었던 교회론 연구는 하라레 총회에서도 계속되었다. 희년을 맞은 WCC가 정의하는 교회는 기억과 사랑, 소망의 공동체다. 기억의 공동체로서 교회는 하나님과 맺은 언약을 기억하는 공동체다. 이는 각 개인의 삶에서도 하나님과 맺은 언약을 실천하는 공동체적 삶으로 연결된다. 사랑의 공동체로서 교회는 하나님의 정의와 사랑을 실천하는 공동체다. 교회는 이 땅에서 하나님의 뜻을 선포하고 실현해가는 공동체다. 또한 다가오는 종말과 함께 이미 이루어진 종말에 대한 성경적 해석을 전하는 소망의 공동체로서 종말의 소망을 미리 맛보는 공동체다.

3) 예배와 소모임

공식적으로 출판된 보고서들이 정확하게 표현하지 않았지만 많은 총회 참가자들이 큰 감동을 받은 순서가 두 가지 있었다. 하나는 예배와 소그룹 모임이었다. 텐트에서 드려진 매일의 예배와 특별한 예전과 감사를 주제로 한 예배가 드려졌고, 소그룹 모임은 성경연구와 함께 전체 주제회의에서 발표된 내용들을 생활 속에서 구체적으로 실천할 수 있는 방안을 논의하였다. 많은 참가자들은 이 순서들이 하라레에서 경험한 가장 강력한 에큐메니칼 연대의 체험이라고 평가했다. 심혈을 기울여 만들어 낸 총회 예배서는 향후 몇 년 동안 에큐메니칼 진영에서 사용하는 내용으로 만들어졌고, 총회 안내서는 이 예배서를 "가슴으로 부르는 에큐메니즘"(Ecumenism of Heart)이라고 표현했다.

4) 파다레

하라레 총회의 두 번째 특징은 파다레(Padare)였다. 파다레는 아프리카 쇼나(Shona)어로서 "장터"라는 뜻을 가지고 있었다. 이는 나이로비 총회에서 진행했던 "소코니"와 같은 의미였다. 수백 개의 발표와 공연 등이 진행되어 참가자들에게 큰 감명을 주었다. 소코니와 파다레와 같은 맥락에서, 2013년 부산에서는 우리말 "마당"(Madang)이라는 명칭으로 진행되었다. 세계 각지에서 온 수백 개의 팀들이 건강한 에큐메니칼 운동의 내용을 다양한 방식으로 나누었다. 아주 다양한 공연과 발표들이 진행되면서 각지에서 온 기자들과 작가들은 그 내용을 미처 다 담지 못하기도 하였다. 파다레는 에큐메니칼 운동의 총아로서 WCC 총회의 풍성한 내용과 선택들을 보여주는 장이었다.

5) 희년의 축하

교황 요한 바오로 2세는 WCC 창립 50주년을 축하하는 인사말을 통하여 희년의 기쁨을 함께 나누었다. 교황은 8차 총회의 주제와 관련하여 주후 2000년 대희년을 앞두고 모든 그리스도인들이 유일한 구주 예수 그리스도로 향하는 분명한 길에서 공동의 증인들이 될 수 있다고 기대하였다. 특별히 WCC와 가톨릭교회의 협력과 공동의 사역을 통하여 모든 그리스도의 가시적 일치가 가능할 것이라는 소망을 피력하였다. 교황은 "일치는 그리스도께서 당신의 교회에 주신 사명이며 이를 통하여 모든 인류를 품으시기 원하십니다. 그리스도의 선교에서 교회의 일치가 가장 중심적이라는 사실은 두말할 나위가 없는 사실입니다. … 교회일치는 신앙공동체의 가장 근본적인 사명입니다."

20세기까지 가장 많은 고통과 차별을 받은 대륙 아프리카에서 20세기 마지막이자 희년 총회를 개최한 WCC는 이제 남미 브라질로 다음 개최지를 정하며 21세기를 맞이하게 된다. 에큐메니칼 운동은 시대를 초월하여 교회가 교회 되기 위한 모든 그리스도인들의 노력이며 기도이며 소망이다. 하나님께 돌아와 기쁨을 누리는 것은 오늘도 우리가 함께 드려야 할 기도의 내용이기 때문이다.

한국감리교회 대표 : 박춘화 감독(서울연회), 이요한 목사(선교국 총무), 이원재 목사(선교국 부장), 정해선 간사(사단법인 발룬티어 21)

9. 제9차 포르토 알레그레 총회

21세기 WCC 첫 번째 총회는 "기쁨의 항구"라는 뜻의 브라질 남부 항구도시 포르토 알레그레에서 열렸다. 남아메리카는 오랫동안 가톨릭교회의 영향력 아래 있었으나 지난 세기말부터 오순절교회가 크게 성장하기 시작한 땅이다. 여전히 서구의 정치·경제적 파워 아래 신자유주의 체제의 직접적인 영향을 받으며 빈부격차가 갈수록 심화되고 있었다. 2001년 9·11사건으로 촉발된 미국의 아프가니스탄 침공과 이라크 침공, 테러와의 전쟁으로 세계는 긴장 속에 있었고, 중동을 비롯한 세계 곳곳에서 종교분쟁과 인종학살이 일어났다. 생태계 파괴로 인한 자연재해 역시 인류를 위협하는 중요한 요인이었다. 그러한 상황 속에서 남아메리카는 기독교 신앙 안에서 새로운 기쁨과 소망을 이야기하기에 적합한 곳이었다.

포르토 알레그레 총회는 2006년 2월 14일부터 23일까지 348개 회원교회 691명의 대표들이 참석한 가운데 열렸다. 직전 하라레 총회에 비하여 거의 270명가량 줄어든 숫자였다. 효율적인 의사결정과 진행을 위한 결정이었지만 여성과 청년의 수가 심각하게 감소하였다. 총회 대표들 가운데 여성은 36%, 청년 15%, 평신도 39%에 지나지 않았다. 6대 총무로 선출된 케냐감리교회의 사무엘 코비야 목사가 총회를 준비하였다.

한국감리교회에서 이요한 목사와 정해선 NCCK 국장이 총대로 참가하였다. 정해선 국장은 1983년 밴쿠버 총회에서 김준영 목사가 중앙위원으로 피선된 이후 23년 만에 중앙위원으로 선출된 동시에 첫 실행위원으로 선출되어 7년 동안 국제 에큐메니칼 운동을 위하여 활동하고, 2013년 WCC 10차 부산 총회 준비위원회 부위원장으로 수고하였다.

1) 주제와 분과

포르토 알레그레 총회의 주제는 "하나님 당신의 은혜로 세상을 변화시키소서"(God in your grace, transform the world)였다. 8차 총회에 이어 다시 한 번 성부 하나님을 주제로 삼았고, 7차 총회 주제에 이어 두 번째로 기도문 형식으로 정해졌다. 10차 부산 총회도 기도문 형식의 주제를 정한 것을 생각하면 기도문 형식의 주제가 주된 흐름이 된 것 아닌가 하는 생각과 함께 기도할 수밖에 없는 교회와 인류의 절박한 현실을 반영하는 것으로 느껴지기도 한다. 시간이 갈수록 하나님의 은혜가 절실하게 필요한 시대를 산다는 것은 인간의 본성과 밀접한 관계가 있을 것이다. 아울러 세상을 변화시키는 힘이 인간에게 있지 않고 하나님께 있다는 신앙고백이기도 하다.

포르토 알레그레 총회는 다음과 같은 네 개의 분과를 진행하였다.

1. 종교적·문화적 상황 변화
2. 교회적 에큐메니칼 상황 변화
3. 국제정치·사회적·경제적 상황 변화
4. 사회적·경제적 상황 변화

분과 활동의 기본적인 방향은 에큐메니칼 운동의 내적 위기를 극복할 수 있는 방안을 찾는 것이었다. 또한 경제정의, 환경파괴, 교회일치, 종교다원주의의 현실 속에서 기독교 신앙과 교회의 정체성을 찾고, 평화를 이룩하는 선교적 책임을 수행하려는 의지를 담고 있다.

2) 기대와 목표

WCC는 포르토 알레그레 총회를 준비하면서 다섯 가지 목표를 세웠다. 1) 기도하는 총회 2) 경청하는 총회 3) 청년들이 중심이 되는 총회 4) 라틴아메리카적인 총회 5) 지역 에큐메니칼 운동을 강화하는 총회였다.

9차 총회는 기대한 만큼 이루어졌는데, 첫 번째 기도하는 총회가 되었다. 역대 총회들 역시 찬송과 기도, 예배가 기본이 되었지만, 9차 총회는 정교회를 비롯한 다양한 신앙고백을 가진 교회 대표들의 공동의 예배를 위하여 예배위원회는 기도에 보다 많은 중점을 두고 총회를 계획하였다. 그런 의미에서 총회의 주제를 기도문으로 만든 것은 하늘의 지혜였다.

두 번째, 서로 경청하는 총회가 되었다. 중앙위원회를 비롯한 많은 위원회에서 대표들은 충분히 자기 의견을 표현할 시간을 얻고 서로 경청해 주었다. 결과적으로 많은 사안들이 큰 이견 없이 결정되었다.

세 번째, 총회준비위원회는 청년들이 중심이 되는 총회를 기획하여, 총대와 위원회 25%가 청년이었고, 모두 700명이 넘는 청년들이 모든 전체회의와 위원회에서 활동하고, 공연과 진행에 참여하였다.

네 번째, 라틴아메리카에서 처음 열리는 총회라는 점을 중시하여 지역 교회와 사회의 참여가 이루어졌다. 지역의 오순절교회의 참여는 예상보다 낮았지만 2천 명 이상의 일반 참가자들이 총회에 참석하였다.

마지막으로 총회는 브라질의 지역 교회들 간의 연합과 일치운동에 긍정적인 영향을 주는 것을 목표로 삼았고, 일정한 성과를 거두었다.

3) 하나로 부름 받은 교회(Called to be the One Church)

포르토 알레그레 총회에서 채택된 문서들 가운데 가장 중요한 문서다. 2,300여 개 단어로 이루어진 함축적인 이 문서는 모든 교회의 가시적 일치를 위하여 모든 교회가 새로운 대화와 상호협력의 장으로 나올 것을 요청하고 있다. 모든 회원교회는 이 문서에 대하여 다음 번 총회까지 공식적으로 응답해 달라고 요청하였다. 이 초대의 목적은 두 가지였다. 하나는 교회의 여러 중요한 측면에 대하여 교회가 함께 말할 수 있는 내용이 무엇인지 에큐메니칼 차원에서 공유하고, 또 하나는 여전히 교회들을 갈라지게 하는 직제와 성례, 그리고 주요한 문제들의 내용과 수위에 대하여 세계교회가 새로운 대화를 통하여 낮은 차원에서라도 공동의 이해를 추구하게 하는 것이다.

이 문서는 삼위일체 하나님의 본을 따라 교회의 완전한 가시적 일치를 추구하는 것이 사도적 신앙에 근거한 바른 걸음이라고 설명하였다. 또 그리스도 안에서 교회의 사도적 신앙과 그리스도의 몸으로서 교회가 하나라고 선언하였다. 문서는 교회들이 답해야 할 열 가지 질문을 제기하였다. 그리고 마지막으로 교회가 대화와 공동 실천을 통하여 부활의 그리스도에 대한 믿음의 여정을 걸어갈 때 엠마오에서 떡을 떼며 자신을 드러내신 그리스도께서 친교와 성찬의 깊은 의미를 보여주실 것이라는 믿음으로 마치고 있다.

21세기 첫 총회였던 포르토 알레그레 총회는 새천년을 맞았음에도 여전히 갈등과 고통 속에 있는 인류를 향한 소망의 메시지를 전하고자 했고, 세계의 복잡다단한 환경 속에서 교회의 정체성을 세우는 일에 최선의 노력을 경주하였다. 인류는 세속화의 물결 속에서 교회의 필요성을 잊을지 모르지만 교회는 변화하는 세계 속에서 인간성을 잃어가는 세계를 향하여 여전히 하나님의 복음을 외쳐야 하는 사명을 가지고 있기 때문이다. 이제 포르토 알레그레 총회를 마친 WCC는 2013년 부산을 향하여 조용한 발걸음을 내딛기 시작하였다.

한국감리교회 대표 : 이요한 목사(선교국 총무), 정해선 국장(NCCK)

세계교회협의회 제10차 부산 총회

God of life,
lead us to
justice and peace

World Council of Churches
10th Assembly
30 October to 8 November 2013
Busan, Republic of Korea

WCC 제10차 부산 총회 로고

아시아에서 두 번째로 열린 WCC 제10차 부산 총회는 2013년 10월 30일부터 11월 8일까지 115개국 345개 회원교회 741명의 대표들이 참석한 가운데 부산 벡스코에서 열렸다. 2009년 8월 스위스 제네바에서 열린 중앙위원회에서 10차 총회 개최지로 선정된 지 4년 반 후였다. 개최지를 선정한 총무 사무엘 코비야에 이어 7대 총무로 선출된 노르웨이의 울라프 픽세 트베이트 목사가 총회를 준비하였다. 국내에서는 한국준비위원회의 상임위원회, 중앙위원회, 프로그램위원회, 기획위원회, 사무국, 부산준비위원회 450여 명, 한국에큐메니칼 신학원 교수와 학생 200명, 교단별 예배 지원 인원 1,200명, 일반 참가자 6,500명가량이 부산을 찾아 세계교회 형제들과 역사적인 만남을 가졌다.

감리교회는 서호석 목사(광현교회), 이은영 청년, 유흥주 목사(너와나의교회)를 총회 대표로 파송하였다. 총회 준비를 위하여 전용재 감독회장(한국준비위원회 상임위원), 김종훈 감독(한국준비위원회 부대표상임위원장, 감리교 준비위원장), 정해선 국장(WCC 중앙위원, 실행위원, WCC 10차 총회준비위원회 부위원장), 박도웅 목사(한국준비위원회 행정사무국장) 등이 한국준비위원회(위원장 김삼환 목사)에서 다른 회원교회 대표들과 함께 수고하였다.

1) 주제와 분과

부산 총회의 주제는 "생명의 하나님, 우리를 정의와 평화로 이끄소서"(God of Life, Lead Us to Justice and Peace)였다. 9차 총회에 이어 성부 하나님을 다시 주제로 삼았고, 다시 한 번 기도문 형식으로 정했다. NCCK 신앙과 직제위원회가 중심이 되어 총회 주제 선정을 위하여 세 번의 토론회를 열고, 삼위일체 하나님 안에서 누리는 생명을 주제로 "이제 생명을 택하여라"를 제안하였다. 2011년 1월 제네바에서 열린 중앙위원회는 이 제안을 검토하여 최종적인 주제를 선정하였다. 한반도에서 열리는 총회라는 점을 감안하여 생명, 정의와 함께 평화를 중요한 주제로 인정하였다.

전체 주제와 연결하여 여섯 개의 분과모임이 진행되었다.

1. 생명의 하나님, 우리를 정의와 평화로 이끄소서
2. 아시아 : 하나님의 정의와 평화 안에서 누리는 삶
3. 선교 : 생명을 주는 증인으로 부르심
4. 그리스도 안에서 일치 : 친교의 여정
5. 생명의 하나님, 오늘의 세계 안에서 정의를 행하도록 이끄소서
6. 생명의 하나님, 오늘의 세계 안에서 평화를 세우는 길로 이끄소서

각 분과는 다양한 방식으로 주제들을 다루어 참가자들의 큰 호응을 받았다.

2) 사전 프로그램

보통 WCC 총회 시작 전에 여성, 청년, 장애인, 원주민을 주제로 사전행사를 진행한다. 한반도에는 다른 대륙과 달리 원주민이 없기 때문에 세 가지 행사가 진행되었다. 10월 28~29일 양일간 진행된 여성 사전대회에서는 해외 74개국 350명과 200명의 한국 여성들이 참가하여 여성의 시각에서 본 성경과 사회적 문제들을 다뤘다. 특별히 총회 주제에 관련하여 "생명: 성과 생식건강과 HIV", "정의: 성 정의와 평화 구축", "평화: 여성에 대한 폭력은 없다"는 주제로 회의를 진행하였다 또한 풍성한 예배와 기도회도 진행하였다. 같은 기간 진행된 청년 사전대회에는 약 320명의 전 세계 청년들이 참가하였다.

이들은 예배와 성경공부와 함께 전체주제에 대한 실천적 논의를 통하여 정의와 평화를 위한 청년들의 실천방안을 모색하였다. 청년들은 사전대회

후에 마당 공간에서 다양한 공연과 전시회, 활동을 통하여 총회 주제와 관련하여 활발하게 참여하였다. 약 100여 명의 장애인들이 참여한 장애인 사전 대회는 "장애인과 함께 – 참여, 수용, 평등을 향하여"라는 주제로 진행되었다. 장애인의 관점에서 비장애인들과 함께 이루어가는 평화와 정의의 세상을 위한 참여 방안을 진지하게 논의하였다. 각 사전 프로그램들은 WCC 본부의 담당자들과 한국준비위원회, 회원교회의 단체들이 협력하여 풍성한 내용으로 진행되었다.

3) 예배와 기도회

부산 총회를 준비하며 제네바와 한국준비위원회가 가장 많이 논의하고 연구하고 준비한 시간이 예배였다. 예배위원회는 수차례 부산을 방문하여 가장 은혜롭고 사람들의 마음을 모을 수 있는 예배를 기획하였다. 10월 30일 오전 10시 45분, 400명의 연합찬양대의 찬양 속에 개회예배가 시작되었다. 이를 시작으로 매일 아침 기도회가 드려졌고, 일정을 마감하는 저녁 기도회는 대한성공회, 한국정교회, 한국개신교 여성연합, 한국 오순절교단 주관으로 드려졌고, 특별히 한국교회와 함께 하는 수요예배는 부산 지역의 많은 교회들이 수요예배를 총회 장소에 와서 드림으로 풍성함을 더했다. 점심 후 휴식 시간에 드려진 다양한 기도회 역시 참가자들의 영성을 풍성하게 하였는데, 그중에서 떼제공동체가 주관한 찬양으로 드린 기도회는 청년들을 비롯한 많은 이들의 마음을 움직였다.

총회의 폐회예배에서 드려진 많은 기도들 역시 세계교회의 형제자매들이 전쟁과 갈등으로 신음하는 세계의 고통을 함께 느끼며 드린 간절한 기도였다. 인도자와 회중이 함께 드린 폐회예배의 마지막 축복 기도는 다음과 같다.

"부활하신 그리스도께서 저희들의 마음에 하나님의 선교를 향한 열정의 불을 붙여 주사, 생명의 하나님께서 저희들을 정의와 평화의 길로 이끄소서! 저희들이 순례의 길을 가는 동안 예수 그리스도 안에서 기쁨과 믿음이 충만하게 하시며, 삼위일체이신 하나님께 영광이 있을지어다."

4) 한국준비위원회 활동

한국준비위원회는 2011년 10월 공식적으로 출범하였다. 2009년 8월 개최지 선정 후 2년이 훌쩍 지난 시기였다. 중간기에 10차 총회를 위한 연구위원회를 조직하여 김삼환 목사(통합)가 위원장, 박종화 목사(기장)가 부위원장, 이원재 목사(기감)가 서기를 맡았다. 연구위원회는 기획위원회로 전환하여 한국준비위원회의 조직안을 제안하였고, 그 바탕 위에서 "WCC 제10차 총회 한국준비위원회"가 출범하였다. 2011년 10월 6일 명성교회에서 출범감사예배와 출범식을 가지면서 본격적인 총회 준비를 시작하였다. 감리교회의 지도력이 안정되지 않은 동안 김종훈 전 서울연회 감독이 한국준비위원회 상임위원과 WCC 감리교 준비위원장으로 활동하였다. 그러나 한국교회 연합운동에서 예장통합과 함께 상당한 책임을 가진 감리교회가 통합과 기장의 적극적인 참여에 비해 상대적으로 소극적인 모습을 보여서 아쉬웠다. 상임고문단에 김선도 전 감독회장, 상임위원회에 전용재 감독회장이 참여하고, 중앙위원회, 기획위원회 등에 여러 목회자들이 이름을 올렸지만 실질적인 총회 준비 과정에는 많이 소외되었다.

한국교회는 WCC 총회를 유치하면서 한국교회의 성장과정과 영적인 열심을 세계교회에 보여주고, 준비하는 과정에서 에큐메니칼 운동의 수준을 한 단계 높이는 것을 기대하였다. 한국준비위원회의 활동 목표 역시 총회를 잘 치르는 것에 그치지 않고 준비과정과 세계교회와의 관계, 그리고 국내교회들의 연합 수준을 높이는 것이었다. 이러한 목표들이 얼마나 충족되었는지 평가는 조금 훗날로 미루고 이를 위하여 준비한 프로그램들을 살펴보자.

5) 정부 지원과 협력

한국교회는 총회를 위하여 정부의 지원을 받아냈다. WCC 총회를 통하여 한국의 국제적인 위상이 높아지며 해외참가자들의 방문을 통하여 서울과 부산 지역의 관광자원 홍보가 이루어진다는 점을 강조하여 총 23억 원의 지원을 받았다. 그 외에도 정부는 문화체육관광부가 중심이 되어 외교부, 법무부, 경찰청, 부산시 등에 유기적으로 협력하여 입국에서 출국까지 많은 편의를 제공하였다. 역대 WCC 총회에 그 나라의 대통령이나 수상이 참석하여 축하연설을 하고, WCC 총회의 안건들이 국제연합의 주된 안건으로 채택되었던 전례들이 참고가 되었다.

WCC 대표단과 총무단, 실무진들은 청와대를 비롯하여 정부 여러 기관과 부산시를 방문하고 협력과 지원을 약속받으며 크게 고무되었다. 이러한 모습은 한국 기독교의 보수 진영을 대표하는 한기총을 자극하여 세계복음주의연맹(WEA) 총회를 2014년에 유치하였다. 그러나 WCC 부산 총회를 방문한 WEA 대표단은 한기총의 WCC 총회 반대운동을 비판하였고, 결국 준비 부족을 이유로 WEA 총회의 한국 개최를 취소하였다.

6) 한반도 평화 프로젝트

부산 총회 사전행사로 준비한 프로그램 중 총회 주제를 가장 잘 살리고 국제적인 관심을 끌었던 행사는 평화열차로 대표된 한반도 평화 프로젝트였다. 구시대 분단의 상징이었던 베를린에서 출발하여 모스크바와 몽골, 북경을 거쳐 세계 유일의 분단국가인 한반도를 통과하는 원대한 프로젝트였다. 그러나 남북관계가 경색되면서 베를린에서 북경까지 열차로 와서, 배편으로 인천을 거쳐 부산에 도착하였다. 총회를 한 달여 앞두고까지 북한 지역을 통과할 수 있는 길을 찾기 위하여 많은 사람들이 노력하였다. 마지막 구간을 성공적으로 통과하고 그 열차에 북한 대표들을 태워 함께 올 수 있었다면 부산 총회는 그야말로 평화를 향한 인류의 간절한 염원을 최대한 표현할 수 있었을 것이다. 많이 아쉬운 대목이다.

평화열차에는 해외 56명, 국내 68명, 총 124명이 참가하여 25일간의 대장정에 동행하였다. 평화열차는 한반도 분단 60년의 고통과 남북 긴장 상황 속에서 한반도 평화와 통일의 중요성을 전 세계에 알리는 평화운동으로 기획되었다. 참가자들은 각 거점 지역에서 한반도와 세계 평화를 기원하는 예배와 기도회, 캠페인을 벌였다. 이와 함께 국내에서는 감리교회 목회자들과 평신도 37명이 양화진에서 출발하여 일주일간 자전거로 부산까지 달리는 평화 라이딩을 진행하였다. 이들은 총회 개막식에 맞춰 부산 벡스코에 도착하여 한반도의 평화를 기원하였다.

7) 빛의 순례

총회 사전행사로 기획되어 세계교회 홍보와 WCC 역대 총회 개최지를 방문하는 프로그램으로 기획된 빛의 순례는 당초 9개 개최지를 방문하는 행사로 기획되었으나 경비문제와 행사의 취지에 대한 공감 부족 등으로 네 번으로 축소되어 진행되었다. 1차 예루살렘, 2차 인도네시아 자카르타, 3차 호주 캔버라, 4차 제네바와 에티오피아 아디스아바바 방문으로 진행되었다. 엄밀한 의미에서 부산 총회를 홍보하고 세계교회와 직접 만나려는 목표가 얼마나 달성되었는지 의문이 드는 행사였고, 제네바 본부를 비롯하여 국내외에서 꽤 많은 부정적인 반응을 불러일으켰다.

한국준비위원회는 방대한 조직과 대형집회 방식의 예배와 기도회 등으로 여러 번 구설수에 오르기도 했다. 평생 에큐메니칼 운동과 전혀 상관없이 살

앉던 분들이 그러한 행사에서 연합운동과 WCC의 정당성을 피력하는 모습이 낯설었다. 한국교회가 WCC 총회를 치르기에 부족하고 연약한 수준이라는 것을 많은 사람들이 느꼈지만, 때마다 준비된 사람들과 재정을 통하여 부산 총회를 치르게 하신 분은 우리 하나님이셨음을 고백하게 하였다.

8) 성경공부

예배와 기도회와 함께 총회 오전 시간에 진행된 성경공부는 WCC 총회의 중요한 순서였다. 6일 동안 오전 9시 15분부터 한 시간 동안 진행된 성경공부는 총회 주제와 아시아, 선교, 일치, 정의, 평화를 주제로 구약에서 네 곳, 신약에서 두 곳의 본문을 바탕으로 구성되었다. 각 대륙과 회원교회를 대표하는 여섯 명의 신학자들이 교안을 작성하였는데, 아프리카, 아메리카, 유럽, 아시아, 남아프리카, 남미에서 온 감리교회, 장로교회, 정교회의 저자들은 여성과 남성이 절반씩 참여하였다.

원칙적으로 성경공부는 제네바에 사전 등록한 사람들만 참여할 수 있었지만 한국준비위원회의 요청으로 한국의 일반 참가자들에게도 개방되었다. 그러나 여섯 번의 성경공부를 모두 참석한 사람은 많지 않았다. 해외 참가자들은 성경공부를 총회에서 가장 인상적인 시간으로 평하였다. 감신대 박종천 전 총장은 모두 참석한 뒤에 많은 도전과 공감이 되었다고 평가하였다. 예배와 함께 성경공부를 통한 에큐메니칼 운동의 기초 다지기는 현장과 실천을 강조하는 한국교회 연합운동에 좋은 이정표가 될 것이다.

9) 세계에큐메니칼 신학원과 한국에큐메니칼 신학원

총회 기간 중에 운영된 특별한 교육 프로그램이 두 개 있었다. 에큐메니칼 운동과 신학에 관심을 가진 박사과정 학생들을 대상으로 진행된 세계에큐메니칼 신학원(Global Ecumenical Theological Institute: GETI)과 국내의 석사과정 신학생들을 대상으로 진행된 한국에큐메니칼 신학원(Korean Ecumenical Theological Institute: KETI)이다. WCC 신학교육국에서 주관한 세계에큐메니칼 신학원은 57개국 160명의 학생과 20명의 교수들이 참가하여 의미있는 시간을 보냈다. 한국준비위원회와 회원교회 신학교 교수들이 주관한 한국에큐메니칼 신학원은 감신대, 장신대, 한신대, 이화여대 등 국내 15개 신학대학에서 학생 155명, 교수 25명이 참여하였다.

감리교회 3개 신학대학에서는 상대적으로 적은 25명의 학생들이 참여하였다. 교수진에 감신대 박충구 교수를 비롯하여 유경동, 이후천, 이세형, 권오훈 교수가 참여하였는데 통합 측 신학대학의 교수 15명에 비하면 많이 부족한 참여였다. 세계에큐메니칼 신학원 프로그램에는 목원대 김흥수 교수와 텍사스 크리스찬대학교 강남순 교수가 교수진으로 참여하였다. 이 프로그램에 등록한 한국 학생 22명 중 감리교회는 감신대와 협성대에서 각각 한 명씩 참가하였다. 한국교회 에큐메니칼 운동에서 한국감리교회가 감당할 책임을 생각하면 조금 우려가 되는 참여율이었다. 두 프로그램에 참가한 학생들과 교수들은 다양한 신앙과 신학적 배경을 가진 이들이 함께 신학수업을 하면서 느낀 연대감과 도전에 대하여 긍정적으로 평가하였고 총회 이후에도 계속 만날 수 있는 기회를 희망하였다.

10) 마당 프로그램

"마당"은 앞서 소개한 나이로비 총회의 "소코니," 하라레 총회의 "파다레"와 같은 뜻을 가진 우리말로, 부산 총회의 또 다른 볼거리로써 많은 참가자들의 관심과 호평을 받은 프로그램이다. 사람들이 만나고 어울리고 하나가 되는 자리를 위하여 세계와 한국의 많은 단체들의 신청을 받아 총 281개의 다채로운 시간들이 진행되었다. 한국교회가 준비한 12개 포함 88개 워크숍,

한국교회 24개 포함 84개의 전시회, 한국교회 4개 포함 109개의 부대행사들이 총회 기간 내내 진행되었다. 부산 벡스코의 대형 전시실 하나를 통째로 사용한 마당 행사장에는 매일 다양한 공연과 전시회, 워크숍이 열려 세계교회와 한국교회의 형제자매들이 만나는 장으로 이용되었다.

감리교회는 "고난받는 이들과 함께 하는 워크숍"(고난함께), "주안에 우린 하나"(동면교회), "세계의 십자가전"(색동교회)등으로 참여하였다. 개체교회의 참여는 향린교회의 국악예배 워크숍과 함께 감리교회가 적극적으로 참여한 모습이다. 특별히 해외참가자들에게 단청 십자가를 선물한 세계의 십자가전 부스는 인기가 높았고, 감리회 본부 출판국에서 송병구 목사의「세계의 십자가」영문판을 해외참가자들에게 선물하였다.

11) 에큐메니칼 좌담(Ecumenical Conversation)

에큐메니칼 좌담은 4일 동안 21개 주제로 진행되었다. 오늘날 교회의 일치와 선교, 그리고 증언에 영향을 미치는 중요한 이슈들에 대한 지속적이고 심도 있는 대화 프로그램이었다. WCC는 이 프로그램을 위하여 여러 분야의 전문가들과 신학자들의 참여와 지원을 이끌어냈고, 주제마다 깊이 있는 발표와 토론이 이어졌다. 대표적인 주제는 "새로운 에큐메니칼 전망들", "교회: 공동의 비전을 향하여", "변화하는 지형 속에서의 선교", "오늘날의 복음주의", "생명의 경제" 등이었다.

그중 열일곱 번째 주제 "한반도: 정의와 평화를 향한 에큐메니칼 연대"는 한국교회가 가장 공들여 준비한 시간이었고, 세계교회에 한반도의 분단현실과 통일을 위한 기도를 요청하였다. 이 시간에 논의된 내용이 한반도 평화에 관한 문서로 작성되어 채택되었고, 2014년 6월 스위스 보세이에서 열린 도잔소 선언 30주년 한반도 평화를 위한 국제협의회에서 남북한 기독교 대표들과 함께 모여 한반도 평화를 위한 교회의 기도와 노력을 확인하는 단계로 발전하는 계기가 되었다. 한국교회는 부산 총회에 참가한 세계교회에 한반도의 평화와 통일을 위하여 관심과 기도, 지원을 요청하였다.

12) 부산 총회 발표 성명서들

WCC 체계에서 총회는 최고 의결기구로 인선과 회무처리를 위해 모이지만, 두 주간의 시간 동안 세계교회 형제자매들이 자신의 특별한 관심과 활동들을 소개하고 공유하는 다양한 공간을 만들어내는 만남과 화합의 잔치이다. 부산 총회 역시 예배와 기도회, 주요한 주제를 다룬 전체회의, 회무처리와 함께 다양한 볼거리로 넘쳤던 마당을 진행하였다. 역사에 기록되는 총회의 결과물들은 문서와 성명서의 형식으로 정리된다. 부산에서는 일치와 한반도 평화통일을 비롯한 여덟 개의 성명서가 채택되었다.

(1) 총회 메시지

먼저 총회를 마치며 총회의 주제와 관련한 전체적인 성명서가 작성되었다. 누가복음 1장 78~79절의 말씀을 기초로 하나님의 긍휼 안에서 함께 평강의 순례를 떠날 것을 요청하는 메시지였다. 성명서는 부산에 온 세계교회의 형제자매들이 한반도 곳곳에서 목격한 갈등과 분열의 상처를 통하여 평화를 위한 정의, 치유를 위한 화해, 온전한 세계를 위한 마음의 변화를 확인하였다. 또한 하나의 공동체로서 WCC가 한반도에 거하는 사람들과 교회, 그리고 정의와 평화를 위하여 싸우는 사람들과 확고하게 연대할 것을 확인하였다. 동시에 생명의 근원이신 창조주 하나님을 고백하며 전 지구적 위기의 시대에 부활하신 그리스도가 주시는 성령의 불길로 세계를 밝히기를 기도하고 있다. 성명서는 부산에서 경험한 생명의 하나님께서 세계 모든 그리스도인들의 은사를 행동으로 바꾸실 것을 희망한다.

(2) 일치 성명서

총회 성명서와 함께 가장 중요한 문서가 "일치 성명서"이다. 이미 언급한 바와 같이 에큐메니칼 운동의 비전이 선교와 일치라고 할 때 일치에 관한 공동선언은 총회에서 빠질 수 없는 고백이다. 부산 총회의 일치 성명서는 "하나님의 선물과 일치로의 부르심 - 그리고 우리의 헌신"이라는 부제를 달고 있다. 성명서는 "우리의 경험", "우리가 공유하는 성서적 비전", "오늘날 일치를 향하신 하나님의 부르심", "우리의 헌신"이라는 네 개의 소제목 아래 16항의 내용으로 기독교회의 일치에 관한 신학적이고 신앙적인 근거와 고백을 정리하였다.

먼저 상처와 갈등으로 고통당하는 세계 속에서 서로 다른 전통을 가진 그리스도인들이 서로 연대하는 경험을 하나님의 은총으로 고백한다. 또한 하나님의 형상을 따라 생명을 돌보는 책임을 받고 창조된 인간에게는 하나님과의 언약을 통하여 가난한 자들과 소외된 자들을 돌볼 책임이 있음을 언급한다. 그리스도의 몸으로서 교회는 예수님이 세상을 향하여 보여주신 연합과 화해와 자기희생의 사랑을 드러내는 비전을 공유한다. 동시에 하나님께서 모든 창조세계의 일치를 위하여 섬기도록 교회를 부르신 것을 이해할 것을 요청하고 있다. 교회는 세상을 섬기는 일에 각자의 은사를 사용하고, 예언자로서 온 창조세계를 향하여 하나님이 뜻하시는 생명을 공포하고, 봉사자로서 예수 그리스도를 통해 나타난 하나님의 거룩하심과 사랑과 생명 긍정의 계획을 드러내야 한다. 교회의 일치는 인류공동체의 일치, 그리고 온 창조세계의 일치와 서로 연결되어 있다. 이러한 공동의 이해 위에서 헌신의 고백이 나타난다. WCC에 속한 모든 교회들은 성령 안에서 친교를 통하여 서로 연결하며 서로의 목소리에 귀를 기울이며 서로 배우며 세상의 도전에 대한 공동협력을 다짐한다. 성명서는 "무엇보다 우리는 예수께서 기도하신 바 일치(요 17장)를 위하여 쉬지 않고 기도할 것"을 공표하고 있다. 부산 총회 일치 성명서는 이전 총회의 일치 문서와 연장선에서 교회의 가시적 일치의 방향을 정리하면서 21세기 새로운 도전에 대한 교회의 응답을 제시하고 있다. 이 장 뒤에 전문을 실었다.

(3) 한반도의 평화와 통일에 관한 성명서

여덟 개의 성명서 가운데 한국교회의 입장이 반영된 중요한 문서이다. 한반도 평화를 위한 세계교회의 관심과 기도를 요청하고 함께 노력할 것을 공표하고 있다. 성명서는 에베소서 2장 14절의 말씀을 기초로 작성되었다. 성명서는 냉전 이후 세계의 많은 긍정적인 발전에도 불구하고 여전히 군사적 및 안보상의 위협이 가장 심각하게 집중된 동북아시아에 유엔의 안전보장이사회의 5개 상임이사국이며 핵무기 보유국가로 인정받은 네 나라가 군사기지를 보유하고 있음을 우려하고 있다. 미국, 중국, 일본, 러시아의 정치적 관계에 따라 이 지역에 새로운 긴장이 발생하고 있음을 언급하며, 전 세계 345개 교회의 5억 6천만 명의 그리스도인들을 대표하여 평화와 화해를 지원하고, 국가 지도자들과 국제 지도자들을 격려, 지원할 것을 다짐하고 있다.

이러한 상황 인식을 배경으로 성명서는 정의와 평화를 위한 그리스도인의 신앙적 헌신, 행동하는 믿음과 소망을 설명하고 있다. 1984년 WCC 국제문제위원회(CCIA)가 일본 도잔소에서 개최한 회의는 남북한의 그리스도인들이 한반도의 통일을 공개적으로 토론한 역사적인 사건이었다. 도잔소 회의를 통하여 한반도 문제가 WCC 안에서 중요한 문제로 인식되었고, 1988년 한국기독교회협의회의 민족 통일과 평화에 관한 선언으로 연결되었다. WCC의 주요한 행사들과 총회들(1991년 캔버라, 1998년 하라레, 2006년 포르토 알레그레)에서 남북한의 교회들이 참가하였고, WCC 총무가 세 차례 북한을 방문하여 평화와 통일을 위한 남북한 교회를 지원하였다는 것을 소개하고 있다. 성명서는 1953년 7월 27일 체결된 정전협정을 평화협정으로 체결할 것을 요청하고 있다.

성명서는 실천사항으로 세계교회가 함께 기도하며 도잔소 정신을 구체화하고, 8월 15일 이전 주일을 "한반도 평화통일을 위한 기도 주일"로 지키고, 남북한의 그리스도인 젊은 세대가 만나 한반도의 미래를 구상할 수 있는 만남의 장을 제공하고, 도잔소 30주년이 되는 2014년에 남북한 교회를 방문하는 것 등을 담고 있다. 성명서의 제안에 따라 2014년 6월 스위스 보세이에서 남북한 교회 대표들과 WCC 회원교회와 단체 대표들이 모여 "한반도 평화와 통일을 위한 국제협의회"를 열었다. 남한과 북한의 교회 대표들이 WCC 회원교회 대표들과 만나 한반도 평화를 위하여 논의하고 기도하는 과정을 통하여 부산 총회의 결의를 확인하는 자리였다. 이 장 뒤에 전문을 소개한다.

나머지 성명서는 제목만 소개한다. 종교적 억압이 자행되는 지역에서 신앙의 자유를 촉구하는 "종교의 정치화와 종교적 소수자들의 권리에 관한 성명서", "무국적자들의 인권에 관한 성명서", "정의로운 평화에 관한 성명서", "중동 지역 그리스도인들의 존재와 증언에 관한 성명서", "아베이에 관한 성명서". 세계교회는 부산에 모여 한반도의 평화와 통일을 위하여 기도했고, 동시에 지구촌 곳곳에서 일어나는 불의한 일들이 하나님의 은혜와 교회의 헌신을 통하여 개선될 것을 기도하였다. WCC를 중심으로 하는 에큐메니칼 운동의 특징은 성명서만으로 끝나지 않고 후속 프로그램들이 연결된다는 것이다. 차기 총회까지 이 성명서들의 제안들이 어떻게 실천적으로 구현되는지 보는 것도 에큐메니칼 운동의 지평을 확인하는 좋은 기준이 될 것이다.

WCC 제10차 부산 총회를 전체적으로 정리하면, 역대 WCC 총회 가운데 두드러진 성과들이 있었던 반면, 국내 상황에 따라 에큐메니칼하지 못한 부정적인 측면도 있었다. 그러나 한국교회와 감리교회는 적극적인 참여와 헌신으로, 그동안 받는 교회였던 한국교회가 세계교회의 빚을 어느 정도 갚는 교회가 되었음을 증명하였다. 세계교회는 민족문제를 신앙문제로 부여안고 기도하는 한국교회의 진정성을 보았고, 아시아교회를 대표하는 성숙하고 성장한 한국교회의 모습을 보았다.

13) 성과

부산 총회의 가장 큰 성과는 풍성한 문서 자료들이 통과되고 채택된 것이다. 일치 문서를 비롯하여 "교회"와 "선교" 문서 등 11개의 중요한 문서들이 제출되어 회람되고 통과되었다. 이 문서들은 금세기 에큐메니칼 운동의 중요한 지침이 되고 차기 총회까지 구체적인 프로그램으로 나타날 것이다. 한반도 평화통일에 관한 성명서를 위시하여 지구촌 곳곳에서 일어나고 있는 불의한 상황에 대한 교회적 대응을 요청한 문서들은 에큐메니칼 운동의 예언자적 성격을 잘 보여주었다. 이는 교회가 세계 속에 존재하는 의미를 다시 기억하게 하는 동시에 신앙공동체의 사회적 책임을 상기시키는 성과들이다.

또한 21개의 주제로 진행된 에큐메니칼 좌담록은 총회에 실제로 참가한 사람들의 생생한 목소리를 기록한 다큐멘터리라고 할 수 있다. 이 목소리들은 다음 총회까지 WCC와 에큐메니칼 운동의 우선순위 및 프로그램을 실질적으로 결정하는 기준이 된다. 에큐메니칼 운동은 실천적인 고백이며 운동이지만 그 내용은 문서로 남는다. 부산 총회는 풍성한 문서들을 남겼다. 수년에서 수십 년 동안 세계교회의 신학자들과 신자들이 모여 기도하고 연구하며 논의하는 수고를 통해 완성된 부산 총회의 성과들은 평화와 정의의 순례를 떠나는 세계교회 형제자매들의 발걸음을 인도하는 귀중한 표지판이 되고 있다. 또한 신학교육과 차세대 에큐메니칼 지도력 함양이라는 측면에서 큰 성과가 있었다. 앞에서 소개한 세계에큐메니칼 신학원(Global Ecumenical Theological Istitute: GETI)과 한국에큐메니칼 신학원(Korean Ecumenical Theological Istitute: KETI)이다. 감리교회와 예장을 중심으로 에큐메니칼 과목을 가르치는 신학대학 교수들과 학생들이 함께 모여 강의하고 토론한 경험은 장기적으로 한국 에큐메니칼 운동의 큰 자원이 되리라 믿는다.

14) 도전

한국교회는 WCC 총회를 경험하면서 세계교회를 이끌어가는 이들이 누구인지, 이들이 어떤 식으로 논의하고 합의를 이끌어내는지, 향후 세계 에큐메니칼 운동의 지향점이 무엇인지 어느 정도 학습하였다. 이러한 과정에서 중요한 도전들을 받았다.

첫째, 개체교회 차원까지 에큐메니칼 전통을 공유하는 자료와 프로그램 개발이 필요하다. 보수교단과 이단의 왜곡된 비방 자료를 가지고 감리교회의 에큐메니칼 전통을 부정하는 모습이 안타까웠다. 마치 옆집에 사는 모르는 사람의 얘기만 듣고 아버지나 할아버지의 행적을 부정하는 것과 같은 모습이라 할 것이다. 감리교회의 건강한 에큐메니칼 전통과 현대적 내용과 실천방안을 공유하는 것이 절실하다.

둘째, 교단간 협력과 에큐메니칼 비전의 공유가 필요하다. WCC 회원교회들 간에 파워게임이 나타나는 모습을 보면서 에큐메니칼 운동의 본래적 대의를 회복하는 일이 중요하다는 것을 깨달았다.

셋째, 감리교회의 에큐메니칼 리더십 육성이 절실하다. 부산 총회 이후 WCC 본부에 감리교회 인력 파견을 추진하였지만 재정과 후원 등의 문제가 걸림돌이 되어 중단되었다. WCC나 CCA 등의 기구에 감리교회 인력을 파견하는 일은 단지 그 기구에서 일하는 것 외에도 세계교회와 직접 소통하는 채널을 갖는다는 의미가 있다. 세계 각국의 많은 교회들과 항상적으로 소통하며 기도하고 협력하는 일은 현대의 지구화된 환경에서 필수적인 조건이다. 한국감리교회는 이상윤 목사를 WCC 본부 재정개발국(IMD)컨설턴트 (2009~2013)로 파송한 바 있다.

넷째, 장기적 관점에서 에큐메니칼 교육 강화의 필요성이다. 특별히 목회자와 신학생, 평신도 대상의 다양한 교재와 자료, 프로그램을 운영하는 것이 필요하다.

다섯째, 감리교회를 대표하는 지도력에 WCC의 권장에 따른 여성, 청년, 장애인, 그리고 평신도들의 참여 비율을 보장하는 것이 필요하다. 에큐메니칼 운동은 보다 많은 이들이 공감하며 공동의 걸음을 내딛을 때 효과와 의미가 있기 때문이다.

15) 평가

부산 총회의 공과를 한마디로 평가하는 것은 쉬운 일이 아니다. WCC 부산 총회 한국준비위원회가 발간한 백서는 부산 총회를 "눈물을 흘리며 씨를 뿌리고 기쁨으로 거둔 총회"로 평가했다. 이는 유치와 준비과정에서 드러난 한국교회의 다양한 관점들과 갈등을 함축적으로 포함하고 있다.

첫째, WCC 부산 총회 유치과정에서 한국교회는 시리아로 단일화된 동방정교회와 치열한 경쟁을 벌여 총회를 유치했다. 바울의 사역과 초대교회를 상징하는 시리아 다마스커스는 기독교의 뿌리와 역사를 상징하였고, 한국은 세계기독교에서 아직 피선교지의 이미지와 함께 급속한 부흥과 미래교회를 상징하였다. 이 대조적인 두 교회의 유치경쟁에서 한국은 처음에 7대 3 정도의 열세였다. 그러나 중앙위원회에서 70대 59로 신승할 수 있었던 것은 교회의 지나간 과거보다 앞으로 맞이할 교회의 미래를 택한 세계교회의 결정이었다. 한국교회는 부산 총회를 통하여 세계교회 형제자매들과 성공적인 총회를 치렀고, 그들의 선택이 옳았음을 보여주었다.

둘째, 부산 총회는 보수교단과 이단들의 강력한 방해활동에 맞서야 했다. 준비활동이 본격화되면서 반대운동도 강렬해졌다. 역대 총회의 성명서와 몇몇 신학자들의 진보적인 의견을 왜곡, 확대하여 전파하였다. WCC가 공산주의 성향을 가졌다든지, 종교혼합주의라든지, 동성애 지지하는 기구라든지 하는 공격들은 WCC 총회의 논의와 결정 구조를 모르거나 의도적으로 부정하면서 나타난 비난이었다. 또 한 가지 중요한 의도는 이단세력들이 한국의 주요 교단들이 가입한 WCC와 한국기독교교회협의회 등을 비난함으로 자신들의 정당성을 선전하기 위한 것이었다. 사실에 근거하지 않은 비방은 한계가 있었고, 실제로 총회 기간 중 부산에 나타난 반대집회는 개인적이거나 미미한 수준이었다.

셋째, 부산 총회 한국준비위원회의 헌신이다. 감리교회와 예장통합 측, 기장과 성공회가 중심이 되어 조직된 준비위원회가 한국기독교교회협의회(NCCK)와 협력하며 준비하였고, 회원교단의 교회들이 인적·물적 자원들을 지원해 주었다. 특별히 총회 기간 중에 세계 곳곳에서 찾아온 같은 교단 참가자들을 교단별로 환영하고 접대하였다. 한국준비위원회를 이끌어간 감리교회와 예장통합, 기장, 성공회의 지도자들은 어려운 고비마다 기도와 대화를 통하여 총회의 성공적인 개최를 위하여 마음을 모았다. 이러한 과정은 향후 한국 에큐메니칼 운동에서 모범적인 전례가 될 것이다.

넷째, WCC 회원교회가 아닌 교단들의 참여가 두드러졌다. 여의도순복음교회를 비롯한 기하성과 예장 백석, 기성의 대표들이 한국준비위원회 상임위원회에 참여하고 중요한 지원을 감당해 주었다. 이는 소위 복음주의권에 속한 교회들의 활동이 활발해지고 있는 WCC의 최근 추세와 같은 맥락이라 할 수 있다.

결론적으로 WCC 부산 총회는 성공적으로 끝났다. WCC 본부 직원들, 문체부를 위시한 정부 각 부처 직원들, 부산시 공무원들, 협력업체 대표와 담당자들, 부산 벡스코 담당자들, 부산시 준비위원회 위원들 모두가 부산 총회에 대한 자부심과 긍정적인 입장으로 협력해 주었다. 이들의 지원과 협력이 있었기에 교단간의 불협화음과 갈등, 재정적 어려움, 보수교단의 편협하고 왜곡된 이해, 이단의 끊임없는 비방과 공격에도 불구하고 총회를 무사히 치러낼 수 있었다. 여기에 감리교회를 비롯한 WCC 회원교회들의 기도와 합의, 헌신이 더해졌다. 해외참가자들은 출입국 과정에서 느낀 정부 차원의 협조와 총회 장소와 숙박시설의 수준, 프로그램 내용에 있어서 한국교회의 환대와 접대에 대하여 높은 점수를 주었고, WCC 총무를 위시한 본부 인사들은 총회 폐막식과 그 후의 여러 회의에서 부산 총회가 역대 총회 가운데 가장 성공적인 총회였다고 평가하고 있다.

　그러나 정작 한국에서는 이렇게 WCC 총회를 치른 것에 대한 자긍심과 보람이 약해 보인다. 좀 더 시간이 지난 후에 보다 정확한 평가가 이루어지리라 믿는다. 그러나 분명한 것은 우리는 차이와 분열을 크게 보지만 하나님께서는 함께 하는 걸음을 더 귀하게 보신다는 것이다. 결국 에큐메니칼 운동은 교회의 선택이 아니라 사명이라 할 것이다.

〈 자료5 : 부산 총회 등록 통계 〉

1. 국내외 등록 인원 (총 등록 인원 : 11,358명)

■ 해외참가자 : 2,801명

분류	인원
총회 대표	657명 (115개국)
WCC 본부 직원	150명
국제에큐메니칼 신학원(GETI)	교수 25명
	학생 195명
외신기자	162명
일반 참가자	1,612명 (130개국)

■ 국내참가자 : 8,557명

분류	단위		인원
한국준비위원회	상임고문		12명
	상임위원회		128명
	중앙위원회		300명
	프로그램위원회		32명
	기획위원회		24명
	사무국		38명
	NCCK		30명
	부산준비위원회		30명
	리컨벤션		30명
한국에큐메니칼 신학원 (KETI)	교수		27명
	학생		187명
예배 지원	예배음악위원회		15명
	찬양대	연합찬양대	400명
		상주찬양대	40명
	저녁예배 지원	순복음예배	600명
		성공회예배	50명
		정교회예배	50명
		여성연합예배	50명
마당	한국 부스 24개 운영 (각 5명)		120명
자원봉사	팀장 50명 포함		350명
국내 언론			317명
일일 방문자	사전 등록		4,830명
	현장 등록		897명

2. 교단별 사전등록

예장 통합	기장	감리회	성공회	기하성	백석	성결교	침례교	기타	구세군	정교회	루터교	복음 교회
2,530	1,053	640	47	18	38	54	20	361	40	4	9	16

일치 성명서

하나님의 선물과 일치로의 부르심 – 그리고 우리의 헌신

1. "태초에 하나님이 천지를 창조하시니라."(창 1:1) 창조세계는 살아 계신 하나님께서 주신 선물이다. 우리는 창조세계의 다양성 안에 깃든 그 생명력을 찬미하며, 창조세계의 선함으로 인해 감사드린다. 따라서 변화시키시는 성령을 권능을 통하여 그리스도의 사랑 안에서 화목하게 된 온 창조 세계가 일치와 평화 속에서 더불어 살아가는 것이 바로 하나님의 뜻이다.(엡 1장)

우리의 경험

2. 오늘날, 온 창조세계, 즉 이 세상과 거기 거하는 사람들은 가장 깊은 곳에서 나오는 희망과 극도의 절망, 그 사이의 긴장 속에서 살고 있다. 우리는 인간의 문화가 지닌 다양성으로 인하여, 지식과 발견으로 말미암은 경이로움으로 인하여, 많은 젊은이들이 보여주는 열정과 활력으로 인하여, 공동체들이 재건되고 적대적 관계에 있던 이들이 화해함으로 인하여, 그리고 사람들이 치유되고 주민들이 배불리 먹게 됨을 인하여 감사드린다. 서로 다른 신앙을 가진 사람들이 정의와 평화를 위하여 함께 일할 때, 우리는 기뻐한다. 이 모든 것은 희망과 새로운 시작의 징조이다. 한편 우리는 하나님이 창조하신 인간들이 울부짖는 곳이 있음에 대하여 애통한다. 사회 · 경제적 불의, 빈곤과 기근, 탐욕과 전쟁으로 우리가 사는 세상을 황폐하게 한다. 폭력과 테러리즘과 전쟁, 특히 핵전쟁의 위협이 도사리고 있는 실정이다. 많은 사람들이 HIV와 AIDS를 갖고 살아가면서 그 밖의 다른 전염병으로 인해 고통 받아야 한다. 민족들이 강제 이주를 당하고 그 땅을 박탈당하기도 한다. 숱한 여성들과 아동들이 폭력과 불평등 및 인신매매의 희생자들이 되고 있으며, 남성들 중에서도 희생당하는 이들이 있다. 사회 주변부로 쫓겨나고 배제된 사람들도 있다. 우리는 누구나 할 것 없이 자신의 문화로부터 소외되고 이 땅과 단절될 위험에 처해 있는 것이다. 창조세계는 오용되어 왔으며, 따라서 우리는 생명의 균형에 대한 위협과 점증하는 생태적 위기, 그

리고 기후변화로 말미암은 결과에 직면해 있다. 이것은 우리와 하나님, 우리와 이웃, 우리와 창조세계의 관계가 뒤틀려 버렸다는 징조이며, 따라서 우리는 이것들이 하나님이 주신 생명의 선물을 욕되게 하는 것임을 고백한다.

3. 우리는 교회 안에서도 축제와 슬픔 사이에서 그 비슷한 긴장을 경험하고 있다. 세계 도처의 기독교 공동체가 풍성한 다양성과 더불어 성장해 나가는 중에 활기 넘치는 생명력과 창조적인 에너지를 보여주는 징조들이 있다. 교회들이 서로가 서로에게 필요한 존재임은 물론 그리스도께서 하나 되라 부르셨음에 대한 자각이 교회들 가운데 점점 깊어지고 있다. 교회들이 고통과 계속되는 박해에 대한 공포를 경험하는 곳에서, 서로 다른 전통을 가진 그리스도인들이 정의와 평화를 위해 봉사하는 가운데 연대하는 것은 하나님이 주신 은총의 또 다른 표지라 할 수 있다. 그간 에큐메니칼 운동은 일치가 증대될 수 있는 모판을 만들어 줌으로써 새로운 사귐을 지원하여 왔다. 어떤 곳에서는 그리스도인들이 자신들이 속한 현지 공동체 안에서 더불어 일하면서 증인의 역할을 감당하고 있으며, 지역적 차원에서 새로이 합의된 약속 및 보다 긴밀한 교제가 있기도 하다. 우리는 우리와 다른 신앙을 가진 사람들과 더불어 나누고 서로 배움으로써 정의와 평화를 위해, 그리고 아름답지만 한편 상처받고 있는 하나님의 창조세계의 통전성을 보존하기 위해 함께 일하도록 부르심 받았음을 점점 더 깨달아가고 있다. 이렇게 심화되는 관계들은 새로운 도전을 불러일으키고 우리의 이해의 지평을 넓혀준다.

4. 다양성이 분열로 변질되고, 우리가 서로에게서 그리스도의 얼굴을 시종일관 인지하지 못하는 고통스러운 상황도 경험하고 있음을 우리는 안타깝게 여긴다. 우리 모두가 성만찬의 친교 안에서 하나의 식탁을 중심으로 모일 수 없는 형편이다. 분열을 야기하는 의제들이 여전히 남아 있고, 새로운 의제들이 날카로운 도전을 불러일으키며 교회 안과 교회들 사이에서 새로운 분열을 야기하고 있는 것이다. 이러한 의제들은 합의를 식별하는 방식을 통해 교회들이 나누는 친교 가운데 언급되어야 한다. 우리는 다른 이들이 우리에게 선사하는 선물에 의해 도전 받고 풍성해지기를 거부하는 가운데, 너무도 쉽사리 우리 각자가 속한 전통과 공동체 안으로 움츠러들어가고 있다. 이따금씩 우리는 신앙이라는 창조적이고 새로운 삶을 수용하는 듯이 보이지만, 다른 이들과의 일치를 향한 열정 내지 친교에 대한 갈망은 끌어안지 않고 있

다. 이로 인해 우리는 교회 안에서, 그리고 교회와 교회 사이에서 일어나는 불의와 심지어 갈등마저도 더 쉽게 묵인하게 된다. 몇몇 사람들이 에큐메니칼 운동의 여정에서 조금씩 지치고 실망함에 따라 우리는 주춤하고 있는 실정이다.

5. 우리는 우리의 생명의 근원이신 하나님께 늘 영광을 돌리지는 못한다. 우리가 관행적으로 사람들을 배제하거나 주변화시키고, 정의를 추구하기를 거부하며, 평화롭게 살기를 꺼리고, 일치를 추구하지 않으며, 창조세계를 착취함으로써 생명을 남용할 때마다 우리는 하나님께서 우리에게 선사하시는 선물을 거부하는 셈이다.

우리가 공유하는 성서적 비전

6. 우리가 성령의 인도를 따라, 함께 성서를 읽을 때, 창조세계 안에 있는 하나님 백성의 공동체가 처한 자리를 향하여 우리의 눈이 열린다. 남성과 여성은 하나님의 형상과 모양으로 창조되었으며, 생명을 돌보는 책임을 부여 받았다.(창 1:27~28) 이스라엘과 맺은 언약은 하나님께서 그 구원 계획을 펼치심에 있어 하나의 결정적인 계기를 표시한다. 예언자들은 하나님과 언약을 맺은 백성들이 정의와 평화를 위해 일하고, 가난한 자들과 버림받은 자들과 소외된 자들을 돌보며, 뭇 민족의 빛이 될 것을 촉구하였다.(미 6:8; 사 49:6)

7. 하나님께서는 하나님의 성육신하신 말씀이신 예수 그리스도를 보내셨다.(요 1장) 예수께서는 자신의 사역을 통해, 그리고 십자가 위에서의 죽음을 통해 분열과 증오의 장벽을 허무시고, 새로운 언약을 세우셨으며, 자신의 몸 안에서 진정한 일치와 화해를 이룩하셨다.(엡 1:9~10; 2:14~16) 그는 하나님 나라의 도래를 선포하셨고, 무리들을 긍휼히 여기셨으며, 병든 자들을 고치셨고, 가난한 자들에게 기쁜 소식을 전하셨다.(마 9:35~36; 눅 4:14~24) 그는 멸시 받는 자들, 죄인들, 이방인들에게 손을 내밀어, 그들을 용납하고 그들에게 구속을 베풀어 주셨다. 자신의 삶과 죽으심과 부활을 통해, 또한 성령의 권능을 통해, 예수는 성삼위 하나님이 지니신 생명의 친교를 계시하셨고, 모든 이들에게 하나님의 사랑 안에서 서로 교제하며 살아가는 새로운 길을 열어주셨다.(요일 1:1~3) 예수께서는 세상을 위해 그의 제자들이 하나 되기를 기도하셨다.(요 17:20~24) 예수께서는 일치와 화해를 위한 그의 메시지와 사역을 그의 제자들

에 맡기셨고, 그들을 통하여 교회에 위탁하신바, 교회는 그분의 사명을 이어가도록 부름 받았다.(고후 5:18~20) 믿는 자들의 공동체는 처음부터 더불어 살아가는 가운데, 사도들의 가르침에 전념하면서, 함께 떡을 떼며 기도하고, 가난한 자들을 돌보며, 복음을 선포하되, 불화와 분열과 맞서 싸우기도 하였다.(행 2:42: 행 15장)

8. 교회는 그리스도의 몸으로서 십자가 위에서 예수가 세상을 향하여 보여주신 연합과 화해와 자기희생의 사랑을 체현하고 있다. 하나님께서 친히 누리시는 친교의 삶, 그 핵심에 있는 십자가는 영원하며 부활도 영원하다. 그것은 우리에게, 그리고 우리를 통해 계시된 하나의 실재이다. 우리는 하나님께서 온 창조세계를 새롭게 하실 것을 간절히 기도하며 기다린다.(롬 8:19~21) 하나님은 순례의 여정 가운데 있는 우리보다 늘 앞서 계시며, 언제나 우리에게 놀라움을 주시며, 우리를 회개로 부르시고, 우리의 허다한 잘못을 용서하시고, 우리에게 새 생명의 선물을 주신다.

오늘날 일치를 향한 하나님의 부르심

9. 에큐메니칼 여정에 선 우리는 하나님께서 모든 창조세계의 일치를 위하여 섬기도록 교회를 부르신 것을 더욱 깊이 이해하게 되었다. 교회의 소명은 다음과 같다. 그것은 새 창조의 전조가 되는 것이고, 하나님께서 모든 만물을 향하여 뜻하신바 생명을 온 세계에 알리는 예언자적인 표지가 되는 것이며, 정의와 평화와 사랑에 관한 하나님 나라의 기쁜 소식을 전파하는 봉사자가 되는 것이다.

10. 하나님은 교회에 새 창조의 전조가 되는 은혜로운 선물들(은사들)을 주신다. 성경에 토대를 둔 신앙(faith)과, 우리를 그리스도 안에서 성령의 권능을 통해 새로운 피조물이 되게 하는 세례와, (우리가) 하나님과 더불어, 또한 우리 서로 간에 나누는 친교의 완벽한 표현인 성만찬─성찬은 친교를 세우며 이를 통해 우리를 선교로 파송한다─과, 모든 신자들이 가진 은사를 발굴하여 육성하고 교회의 선교를 인도하는 사도적 목회가 그것이다. 공의회적인 회합들 역시 친교(의 공동체)가 성령의 인도 아래 하나님의 뜻을 식별하고, 함께 가르침을 베풀며 서로의 필요와 세상의 필요를 따라 섬기는 가운데 희생적인 삶을 살아가도록 한다. 교회의 일치는 획일성이 아니다. 다양성 역시 생명을 주는 창조적인 은사이다. 그러나 다양성이 너무 지나쳐서 그리

스도 안에 있는 이들이 서로에게 이방인이나 원수가 되고, 이로써 그리스도 안에서 누리는 생명의 연합케 하는 실재를 해치도록 해서는 아니 된다.

11. 예언자적 표지로서의 교회에 주어진 소명은 하나님께서 온 창조세계를 향하여 뜻하시는바 생명을 공표하는 것이다. 신앙에 대한 근본적인 의견 차이에서 비롯된 교회의 분열이 남아 있는 한, 우리는 별로 신뢰할 만한 표지가 될 수 없다. 민족, 인종, 성별, 장애, 권력, 지위, 신분 및 기타 형태의 차별에 기반한 분열과 주변화가 일치에 대한 교회의 증언을 무색하게 한다. 신뢰할 만한 표지가 되려면, 더불어 사는 우리의 삶을 통해서 인내, 겸손, 관대함, 상대방에 대한 주의 깊은 경청, 상호 책임, 포용성과 "너는 내게 쓸 데가 없다."(고전 12:21)고 말하지 않고 기꺼이 함께 하려는 의지 등의 자질이 반드시 반영되어야 한다. 우리는 자신의 삶에서 정의를 세우고, 평화 속에 함께 살며, 저항과 고통을 침묵시키는 안이한 평화에 안주할 것이 아니라, 오히려 정의와 더불어 도래하는 진정한 평화를 위해 싸우는 공동체가 되도록 부르심을 받았다. 그리스도인들이 하나님의 영에 의해 화해되고 새로워질 때라야 교회는 모든 사람과 모든 창조세계가 화해된 삶을 살 수 있는 가능성에 대해 진정한 증언을 할 수 있게 될 것이다. 교회가 하나님의 은혜의 참된 표지이자 신비인 때는 다름 아니라 교회가 그리스도께서 고난당하신 것처럼 종종 고난 받아, 약하고 가난하게 된 바로 그때이다.

12. 봉사자로서의 교회는 예수 그리스도 안에 계시된, 세계를 위한 하나님의 거룩함과 사랑과 생명 긍정의 계획을 나타내 보이도록 부르심 받았다. 교회는 그 본질에 있어 선교적이며, 하나님께서 그의 나라를 통하여 모든 인류와 모든 창조계를 향해 뜻하신 친교의 선물에 대해 증거하도록 부르심을 받았고 또한 보내심을 받았다. 교회는 그리스도의 방법으로 섬기고 전도하며 선교하는 가운데, 세상에 하나님의 생명을 전하는 일에 참여한다. 성령의 권능 안에서 교회는 상이한 상황들과 언어들과 문화들 속에서 응답을 불러일으키는 방식으로 복음을 선포해야 하며, 하나님의 정의를 추구하고 하나님의 평화를 위해 일하여야 한다. 그리스도인들은 모든 민족들과 창조세계의 안녕을 위하여, 할 수 있으면, 우리와 다른 신앙 또는 신앙을 갖지 않은 사람들과도 공동으로 협력하도록 부르심 받았다.

13. 교회의 일치, 인류 공동체의 일치, 그리고 온 창조세계의 일치는 서로 연결되어 있다. 우리를 하나가 되도록 이끄시는 그리스도께서는 우리가 정의와 평화의 삶을 살도록 부르시며 우리가 하나님의 세계 안에서 정의와 평화를 위해 함께 협력하도록 하신다. 그리스도 안에서 우리에게 알게 하신 하나님의 경륜은, 때가 차면, "하늘에 있는 것이나 땅에 있는 것들" 즉 만물을 그리스도 안에서 통일되게 하시려는 것이다.(엡 1:9~10)

우리의 헌신

14. 우리는 하나님의 계획 안에 교회의 자리가 있음을 확신하며, 우리 교회 안에, 그리고 교회와 교회 간의 분열들에 대해 회개하는 가운데, 우리의 불일치로 말미암아 예수 그리스도의 복음에 대한 증거가 약화됨은 물론, 하나님께서 만물에 대하여 원하시는바, 일치에 대한 우리의 증거가 지닌 신뢰성을 떨어뜨리고 있음을 비통한 마음으로 고백한다. 우리는 정의를 행하고, 평화를 위해 일하며, 창조세계를 지탱하는 데 실패했음을 고백한다. 하지만 우리의 실패에도 불구하고, 하나님께서는 신실하시고 책망하지 않으시며 우리를 계속해서 일치를 향해 부르신다. 우리는 창조하시고 재창조하시는 하나님의 능력을 믿는 가운데, 교회가 하나님께서 세상에 주시는 새로운 생명의 전조이자 신뢰할 만한 표지이며 유능한 봉사자가 되기를 갈망한다. 우리가 생명의 모든 충만함으로 우리를 손짓하여 부르시는 하나님 안에 있을 때, 일치를 향한 기쁨과 희망과 열정이 새로워지는 것이다. 그러므로 우리는 서로가 세계교회협의회 안에서 교회들이 나누는 친교의 일차적인 목적에 계속 헌신할 것을 촉구하는 바:

   [그 목적이란] 그리스도 안에서 예배와 공동의 삶, 세상에 대한 증언과 봉사를 통해 표현되는 하나의 신앙과 하나의 성만찬적 친교 안에서의 가시적 일치를 향하여 서로를 부르고, 이러한 일치를 향하여 나아감으로써 세상이 믿도록 하기 위한 것이다.

15. 이와 같은 우리의 공동의 소명에 충실한 가운데, 우리가 주님의 한 식탁에 둘러앉아 우리의 일치를 표현할 때, 우리는 "하나이요, 거룩하고, 보편되고, 사도적인 교회"라는 완전한 가시적 일치를 추구하게 될 것이다. 교회의 일치를 추구함에 있어 우리는 다른 전통들에 속한 선물들을 받아들이도록 우리를 개방할 것이며, 아울러

우리의 선물들 또한 다른 이들에게 제공할 것이다. 우리는 우리의 공통된 신앙을 증거한 순교자들을 함께 추모하는 것을 배워나갈 것이다. 우리는 신학적 대화를 이어나가면서, 새로운 목소리들과 다른 접근 방법에도 관심을 기울일 것이다. 우리는 우리가 맺은 신학적 합의의 결과물들을 살아내고자 노력할 것이다. 우리는 정의와 평화와 창조세계의 치유를 위한 노력을 강화할 것이며, 현대의 사회적·경제적·도덕적 문제들이 제기하는 복잡한 도전들을 함께 다루어 나갈 것이다. 우리는 보다 공정하고 참여적이며 포용적으로 함께 사는 길을 찾기 위해 노력할 것이다. 우리는 다른 신앙의 공동체들과 함께 인류와 창조세계의 안녕을 위해 공동으로 협력할 것이다. 무엇보다도 우리는 예수께서 기도하신바 일치(요 17장)를 위하여 쉬지 않고 기도할 것이다. 즉 예수 그리스도께서 그의 사역을 통해 가져다주신 믿음과 사랑과 열정의 일치, 그리스도께서 성부와 더불어 나누시는 것과 같은 일치, 성삼위 하나님이 나누시는 생명과 사랑의 교제 안에 포함된 일치를 위해 기도할 것이다. 여기서, 우리는 선교와 봉사 안에 있는 일치를 위한 교회의 소명을 이루도록 권한을 부여받는다.

16. 우리는 모든 생명의 근원이신 하나님을 향하여, 기도드린다.

생명의 하나님,
우리를 정의와 평화로 이끄소서.
그리하여 고통당하는 사람들이 희망을 찾고
상처 입은 세계가 치유되고
갈라진 교회들이 가시적 일치를 이루게 하시되
우리를 위해 기도하시는 그분을 통해
우리가 한 몸을 이루는 그분 안에서 하옵소서.
하나님의 아들, 예수 그리스도는
성부와 성령과 더불어 한 분 하나님이시니
이제와 영원히 찬양을 받기에 합당하시나이다. 아멘.

한반도의 평화와 통일에 관한 성명서

"그는 우리의 화평이신지라 둘로 하나를 만드사 원수 된 것
곧 중간에 막힌 담을 자기 육체로 허시고"(에베소서 2:14)

2013년 10월 30일~11월 8일까지 부산에서 열리는 WCC 10차 총회의 총대인 우리는 수십 년 동안 전쟁에 의한 폭력과 두 나라로 갈라진 후의 적대감으로 인해 남북한의 남성, 여성, 아동들이 겪은 고통의 증인들입니다.

분열, 전쟁, 고통은 충만한 생명을 바라는 하나님의 뜻과는 모순됩니다. 따라서 우리는 세계의 교회와 사회적·경제적·정치적 힘과 정부 권력을 가진 사람들에게 남북한 국민들을 재통일시키고 화해시킬, 영구적이고 지속 가능한 정의로운 평화를 추구할 것을 요청합니다.

이번 총회의 중심주제는 "생명의 하나님, 우리를 정의와 평화로 이끄소서"라는 간단한 기도문입니다. 우리는 모든 남북한 사람들의 비전과 꿈, 그리고 치유와 화해, 평화, 통일을 향한 남북한 사람들의 공통된 열망이 이루어지기를 기원합니다.

화해와 치유를 위한 새로운 도전과제

한반도의 현재 상황은 우리가 이 지역 전체의 평화와 정의를 이룩하고, 분단된 한반도의 통일을 달성하기 위한 사역에 새롭게 참여할 것을 촉구합니다. 냉전 시대 이후 세계의 많은 긍정적인 발전에도 불구하고, 동북아시아 지역은 여전히 세계에서 군사적 및 안보상의 위협이 가장 심각하게 집중된 곳입니다. 유엔안전보장이사회의 5개 상임 이사국이면서 동시에 핵무기 보유국가로 인정받은 네 개 국가들이 이 지역에 군사기지를 보유하고 있습니다. 동북아시아의 지정학적 지도가 힘의 균형에 새로운 변화가 일어남에 따라 새로운 "신냉전"의 조짐마저 나타나고 있습니다. 이 지역에 존재하는 미국의 강력한 정치적·경제적·군사적 힘 때문에 새로운 긴장이 발생하고 있습니다. 다른 세 국가인 중국, 일본, 러시아도 이 지역의 긴장상황에 적극적으로 개입하고 있습니다.

네 개의 주요국가들 사이의 지정학적 역동성이 바뀜에 따라 평화와 통일을 향한 남북한 국민의 열망과 희망이 억압당할 수 있습니다. 핵무기와 최첨단 대량살상무기를 비롯하여 일부 아시아 국가의 무력 증강 때문에 이 지역은 세계에서 군사비 지출이 가장 빠르게 증가하는 곳이 되었습니다.

우리가 꿈꾸는 평화는 생명 전체를 포용하고 이웃간의 조화를 회복하는 정의를 조건으로 합니다. 우리는 지금이 1953년의 정전협정을 대체할 포괄적인 평화협정을 향한 새로운 과정을 시작하고 이 지역의 국가들 사이에 정의롭고 평화로운 관계를 확보하며, 남한과 북한 사이의 관계를 정상화하고, 한반도의 통일을 촉진시킬 적기라고 확신합니다.

전 세계의 345개 교회와 약 5억 6천만 명의 그리스도인들을 대표하는 우리는 평화와 화해를 새롭게 지원하고, 꼭 필요한 활동을 수행하는 국가 지도자와 국제 지도자들을 격려하고 지원할 것이라는 각오를 다짐합니다.

정의와 평화를 향한 우리의 신앙적 헌신

예수 그리스도를 믿는 신자들의 세계적 공동체인 우리는 하나님의 창조세계 전체와 인류를 목표로 하는 핵무기와 대량살상무기로 무장하여 증오와 적대의식으로 가득한 전쟁과 군사적 갈등을 벌이는 권세와 정사에 굴복하는 죄를 범했음을 고백합니다. 또한 식민지 팽창과 군사적 헤게모니를 확보하기 위한 외부 열강들의 분쟁이 야기한 한국인들의 오랜 고통에 대해 적절하게 인식하지 못한 것을 안타깝게 여깁니다.

우리는 이로써 우리의 평화가 되시기 위해 이 세상에 오신 예수 그리스도에 대한 신앙 고백 안에서 남북한의 그리스도인들과 함께 하고 있습니다.(엡 2:13~19) 예수 그리스도께서는 인류와 하나님을 화해시키고, 분열과 갈등을 극복하고, 모든 사람을 자유롭게 하고, 하나가 되게 하기 위해 고난을 당하고, 십자가에서 죽고, 장사된 후, 다시 부활하셨습니다.(행 10:36~40) 또한 예수 그리스도께서는 우리의 구세주로서 새 하늘과 새 땅을 만드실 것입니다.(계 21~22장)

이런 신앙고백과 함께 우리는 남북한 그리스도인들의 확고한 노력, 특히 남북한의 사람들과 한반도의 평화와 치유와 화해와 통일을 향한 남북한 교회의 신실한 행동에 동참합니다.

행동하는 믿음과 소망

1948년의 WCC 1차 총회와 이어서 발생한 한국전쟁 이래로, WCC는 한반도 분단의 고통을 공감했으며, 그것이 회원교회와 협력단체들 간의 긴장관계에도 어느 정도 반영된 것을 발견했습니다. 우리는 평화로 가는 길에 놓인 도전과 장애물을 잘 알고 있습니다. 그럼에도 불구하고, 우리는 남북한 그리스도인들이 지난한 노력을 기울여 온 것을 인정하며, WCC와 에큐메니칼 협력단체들도 남북한의 사람들과 동행하는 가운데 지속적이고 한결같이 노력해 왔음을 기억합니다.

극히 힘든 상황 속에서도 한국교회의 에큐메니칼 증언과 기도는 매우 중요한 역할을 해왔습니다. 한국교회의 행동하는 신앙은 기도와 더불어 희망의 새 지평을 열었습니다. WCC 국제문제위원회(CCIA)가 1984년에 마련한 도잔소(Tozanso) 회의는 한국교회가 한반도의 통일을 공개적으로 토론하기 어려운 시기에 개최되었습니다. 도잔소 회의는 WCC가 남북한의 그리스도인들과 매우 폭넓은 회원교회에 속한 그리스도인들이 함께 한반도 분단으로 인해 발생한 문제를 살펴보는 첫 시도였습니다. 이러한 WCC의 선도적인 노력은 남북한 사람들이 정의와 평화를 강화하는 방향으로 한반도의 분단과 통일문제를 다룰 수 있도록 도움을 주었습니다.

1988년 한국기독교교회협의회는 민족의 통일과 평화에 관한 선언을 통해 1995년을 평화와 통일의 희년으로 선포했습니다. 이 선언은 1) 자주통일, 2) 평화통일, 3) 신뢰와 협력을 통한 민족의 통일, 4) 민의 참여에 의한 민주적 통일, 5) 인도주의에 기초한 남북 관계 등 5가지 원칙을 확인했습니다.

WCC가 한반도의 평화와 화해, 그리고 비핵화를 이루기 위해 실천하는 선도적인 에큐메니칼 활동들은 소중합니다. 이런 활동은 남북한의 교회지도자들뿐만 아니라 아시아, 북아메리카, 유럽의 교회와 에큐메니칼 협력단체들이 함께 할 수 있는 공동의 공간을 제공합니다. WCC와 CCIA가 마련한 한반도의 평화 · 화해 · 통일에 관한 에큐메니칼 포럼에 아시아, 유럽, 북아메리카, 남한의 교회, 북한의 조선기독교연맹이 참여했습니다. 이 포럼은 평화와 통일에 대해 대화하고 교류할 수 있는 많은 기회를 제공했습니다. 다양한 차원에서 진전이 이루어졌음에도 불구하고, 한반도의 평화와 통일을 이루기 위해 가야 길은 아직도 멉니다.

우리는 WCC가 과거에 진행한 주요 행사 - 1989년의 모스크바에서 모인 중앙위원회 회의를 시작으로, WCC 캔버라 총회(1991년), 하라레 총회(1998년), 포르투 알레그레 총회(2006년) – 는 남한과 북한의 교회 지도자들이 역사적 만남을 가졌던 장소였다는 것을 기억합니다. 그 밖의 다양한 국제회의가 남북한의 교회가 참여한 가운데 개최되어 한반도의 평화와 통일에 관한 에큐메니칼 운동에 대한 진정성을 더욱 높여주었습니다. 2009년 10월 도잔소 회의 개최 25주년을 맞이하여 국제문제위원회가 마련한 국제회의는 평화, 정의, 통일이라는 목표를 향한 새로운 자극을 제공하는 데 도움을 주었습니다. 또한 이 국제회의는 분단의 비극으로 고통을 받는 모든 사람이 대화하고 참여하도록 격려했습니다. 아울러 1999년, 2009년, 2013년 WCC 총무가 북한을 방문한 것은 평화와 통일을 추구하는 남북한의 교회를 지원하고자 하는 WCC와 회원교회의 헌신적인 노력에 신뢰감을 높여주었습니다.

우리는 한반도의 지정학적 상황 때문에 에큐메니칼 운동이 새로운 방식의 동행과 참여로 발전되어야 한다는 것을 알고 있습니다. WCC가 평화와 정의, 화해, 분단된 한반도의 통일을 성취하기 위한 남북한의 교회와 사람들의 노력에 동참해 왔기 때문에, 특히 젊은 세대들에게 특별한 관심을 기울이는 가운데, 남북한의 교회가 함께 만날 수 있는 공동의 장을 제공하기 위해 모든 노력을 계속 기울여야 합니다.

우리는 한반도가 평화와 정의, 그리고 충만한 생명을 품을 수 있는 틀과 희망의 조짐을 봅니다. 한반도에서 공통적인 인간 안보(human security)와 인권이 분열적이고 경쟁적이며 군사적인 국가 안보보다 더 우선되어야 합니다. 우리는 오래전부터 핵무기의 위협을 인식했으며, 요즘에는 모든 핵 에너지에 대해 서로간에 진지하게 문제를 제기하고 있습니다. 세계의 많은 사람들과 함께 교회들은 핵무기 없는 세상이 필수적이며 가능하다는 확신을 공유합니다. 핵무기 없는 세상을 향한 우리의 공통된 희망은 한반도에 사는 사람들뿐만 아니라 세상 모든 사람들을 위한 것입니다. 우리는 핵무기를 거부하고 핵무기의 완전한 해체를 위해 함께 노력하며, 이를 다른 지역에도 적용할 길을 제시합니다. 이와 같은 희망과 가능성 때문에 교회는 하나님의 통치의 특징, 곧 우리를 정의와 평화로 인도하시겠다는 하나님의 약속에 응답하기 위해 한반도의 평화와 화해를 위해 더 많이 노력하기로 뜻을 모읍니다. "그는 우리의 화평이신지라. 둘로 하나를 만드사 원수 된 것 곧 중간에 막힌 담을 자기 육체로 허신다."(엡 2:14)

치유, 화해, 평화로 가는 길

1953년 7월 27일 정전협정으로 한국전쟁이 중단된 후 60년 동안, 남한과 북한, 미국, 중국은 핵무기 비축을 비롯한 방어적인 군사력 증강을 통해 기술적 측면에서 전쟁 상태를 계속 유지했습니다. 현재 상황은 1953년의 정전협정을 대체하는 평화협정이 긴급하게 필요하다는 것을 적시하고 있습니다.

평화협정을 체결하려면 새롭고 결정적인 조치가 필요합니다. 평화협정을 위한 과정은 한반도와 전체 동북아 지역에 매우 중요할 뿐만 아니라 이 지역에 핵무기 없는 지역을 만드는 과정에도 기여할 것입니다. 평화협정은 정전협정의 당사국과 관련국들이 논의를 통해 합의를 해야 합니다. 우리는 당사국들이 함께 한국전쟁의 종전을 선언하는 것이 평화협정을 촉진시키고, 상호 신뢰와 상호간의 신뢰 구축에 기여할 것이라고 믿습니다. 6자 회담 참가국들은 지배적인 정전체제를 구체적인 평화체제로 전환하기 위한 평화 포럼을 개최하기로 예전에 약속했습니다. 우리는 남한, 북한, 미국, 중국에게 이 약속을 준수할 것을 강력히 촉구합니다. 아울러 미국과 일본은 북한에 대한 봉쇄와 제재를 중단해야 하며, 중국은 6자회담을 비롯한 대화를 재개하기 위한 조정자 역할을 해야 합니다.

북한의 지속적인 인권 위기를 고려할 때, 우리는 국제사회가 북한 주민들에 대한 인도적 지원을 시작하고, 북한과 협력하여 지속 가능한 개발 프로젝트를 실행할 것을 촉구합니다. 경제 제재는 일차적으로 한 국가의 국민, 특히 가난한 사람들을 처벌하는 수단이 됩니다. 그러므로 우리는 북한에 대한 경제 제재의 전략적 효과뿐만 아니라 윤리적 원칙에도 의문을 제기합니다. 우리는 이런 맥락에서 유엔안전보장이사회의 대북결의안에 대해 우려를 제기합니다. 북한과 세계의 다른 국가들과의 경제 교류는 다시 재개되어야 합니다. 이를 통해 효과적인 경제 협력의 장이 새롭게 열릴 것입니다. 무엇보다도, 대화를 통해 관계를 정상화하기 위한 적극적인 참여가 촉진될 것입니다. 또한 유엔은 한반도에 평화를 건설을 하기 위한 노력을 시작하고 경제 제재와 금융 제재를 해제해야 합니다.

미래로 가는 길 – 권고안들

우리는 세계화되고 상호의존적인 세계에서 평화를 건설하는 일은 주권국가, 유엔, 교회를 비롯한 시민사회 단체들의 공동 책임이라고 믿습니다. 2013년 10월 30일부터 11월 8일까지 대한민국의 부산에서 WCC 10차 총회로 모인 회원교회들은 화평케 하는 자가 되라는 그리스도교의 소명을 확신하는 가운데, 한국사회에 희년을 선포한 한국교회의 신앙적 증언에 응답하면서 다음과 같이 다짐합니다.

1. 남북한의 사람들과 함께 그들을 위해 기도할 때, 우리는 교회와 에큐메니칼 협력 단체들이 남북한의 교회와 그리스도인들, 한국기독교교회협의회와 조선그리스도교연맹 사이의 긴밀한 협력과 투명한 관계 속에서 한반도의 평화와 화해를 위해 새롭게 힘을 내어 함께 노력해야 한다는 구체적인 책임감을 느낍니다. 이를 위해 우리는 다음과 같이 다짐합니다.

   a) 용기, 보살핌, 소통, 고백, 화해 및 헌신과 같은 도잔소 회의의 정신을 구체화한다.

   b) 8월 15일 이전 일요일을 "한반도의 평화통일을 위한 기도 주일"로 지정하여 남북한 사람들 및 교회들과 더불어 함께 기도한다.

   c) 남한과 북한의 젊은 세대들이 함께 만나서 한반도의 바람직한 미래를 구상할 수 있는 에큐메니칼적인 장을 제공한다.

   d) 남북한의 교회를 방문하는 연대 프로그램을 준비하여 화평케 하는 자와 가교를 잇는 자로서 섬기도록 한다. 첫 번 방문은 역사적인 도잔소 국제 회의 30주년을 기념하는 2014년에 조직할 수 있을 것이며,

   e) 아울러 남한과 북한의 교회들과 그리스도인들이 함께 만나서 화해와 평화를 진전시킬 수 있도록 공동의 장을 제공함으로써 남북한의 교회들과 지속적으로 동행한다. 우리는 이런 선도적인 활동을 하기 위한 역사적으로 상징성이 있는 시기가 한국이 일제로부터 해방된 지 70주년이 되는 2015년이라고 본다.

2. 아울러 우리는 다음과 같은 조치를 취할 것임을 다짐합니다.

   a) 우리는 유엔안전보장이사회가 한반도의 평화구축을 위해 새로운 노력을 시작

하고, 그와 함께 북한에 대한 기존의 경제 제재와 금융 제재를 해제하도록 각국 정부와 함께 협력한다.

b) 1953년의 정전협정을 대체하여 전쟁상태를 종식시킬 평화협정 체결을 위해 폭넓은 캠페인을 시작한다.

c) 이(동북아) 지역에 있는 모든 당사국들은 한반도와 주변에서 모든 군사훈련을 중단하며, 외세의 개입을 중단하고, 군비 축소를 통해 한반도에 평화를 구축하기 위한 창의적인 과정에 참여할 것을 요청한다.

d) 이 지역의 핵무기와 핵발전소들을 완전하고, 입증가능하며, 되돌이킬 수 없는 방식으로 제거하기 위해 동북아 지역에 핵무기 없는 구역을 설치하기 위한 조치를 취하고, 동시에 세계의 모든 지역에 핵무기에 대한 인도주의적 금지를 위한 새로운 국제협약에 가입함으로써 지구상의 어떤 지역에서도 생명이 더 이상 핵으로부터 위협을 당하지 않도록 한다.

e) 남한과 북한의 정부가 비인간적인 불의한 구조와 대립을 극복함으로써 정의와 인간 존엄이 살아 있는 인간적인 공동체를 회복하고, 이산가족의 인도주의적 이슈를 시급하게 해결하고, 이산가족의 소재 확인, 자유로운 서신 교환과 방문을 가능하게 하는 지속 가능한 사업을 확립하고, 필요할 경우 국제기구의 지원을 제공함으로써 인간적인 공동체를 치유하도록 지원한다.

f) 아울러 명실상부한 비무장지대를 유지하면서 이곳을 평화지대로 전환하기 위한 국제적인 협력을 얻어내는 일에 남북한 정부와 함께 협력한다.

아시아기독교협의회
(CCA)

CCA 로고

WCC와 함께 에큐메니칼 운동의 중요한 실천 단위인 지역별 협의회에 대하여 살펴보자. 한국교회가 속해 있는 아시아기독교협의회(Christian Conference of Asia: CCA)에 대하여 알아보자.

아시아기독교협의회는 1957년 인도네시아 프라파트에서 모인 아시아교회의 대표들과 국가별 교회협의회, 제 단체 대표들의 합의에 따라, 1959년 말레이시아 쿠알라룸푸르에서 "공동의 증언"이라는 주제로 열린 동아시아기독교협의회(East Asia Christian Conference: EACC) 창립총회를 모태로 한다. 그러나 일반적으로 프라파트에서 열린 회의를 1차 총회로 계수하고 있다. EACC는 변화된 아시아교회의 환경에 부응하기 위하여 1973년 싱가포르 총회에서 아시아기독교협의회로 명칭을 변경하였다.

EACC가 1959년 출발하였지만 아시아교회들의 협의회 구성의 필요성은 그보다 20여 년 전으로 거슬러간다. 1938년 탐바람에서 열린 국제선교대회(IMC)를 비롯하여 여러 국제대회에 참석한 아시아교회 대표들은 IMC 내에 아시아교회기구를 조직하기를 원했다. 1945년 제네바에서 모인 IMC 위원회는 이러한 요구를 숙고하고 아시아 지역 교회연합체의 필요성을 확인하여, 다음과 같은 다섯 가지 필요성을 정리하였다.

1. 동아시아 지역 교회 간 기독교 일치 정신의 증진과 표현
2. 협의회를 통한 상호방문과 동의 방식으로 동아시아 그리스도인들 사이의 교류와 협조 정신 고양
3. 이 지역에서 복음을 증거하고 교회들을 설립하기 위한 동아시아 지역 교회들의 책임의식 고취
4. 세계교회와 동아시아교회의 일치 정신 심화
5. 동아시아교회가 세계교회를 위하여 공헌

IMC와 WCC 일치위원회의 결정에 따라 1949년 아시아교회 대표들이 방콕에 모여 "동아시아에서의 그리스도교 전망"이라는 주제로 회의를 가졌다. 이 회의에서는 변화하는 동아시아에서 기독교인의 과제를 다섯 가지로 정리하였다.

1. 아시아교회의 에큐메니칼 운동 참여 문제
2. 신생교회간의 상호협력을 통한 발전 문제
3. 기독교 선교의 문제점
4. IMC와 WCC 공동의 아시아 지역 사무국 설치 문제
5. 세계평화와 질서를 증진하는 문제

이 회의는 이 과제를 2년 동안 실현할 책임자로 인도 출신 라자 마니캄을 선임하였다. 마니캄의 활약으로 아시아교회는 활기를 찾게 되었고, IMC와 WCC 공동사무소의 아시아 실무자 역할이었지만 아시아교회들이 상호 교류와 협력, 친교를 이루는 데 큰 공헌을 하였다. 1956년 방콕에서 열린 "아시아 에큐메니칼 선교협의회"는 향후 아시아 지역의 교회협의회 조직을 구상하였고, 그 결과 1957년 프라파트 회의가 열렸다. 여기에서 창립총회지만 2차 총회로 간주하는 쿠알라룸푸르 총회를 준비하였다.

쿠알라룸푸르 창립총회에서 EACC는 "동아시아 지역에 있는 교회들을 향하신 하나님의 목적은 세상 속에서 그의 뜻을 이루기 위하여 우리 모두가 함께 순종하는 삶을 사는 것이라고 믿으면서, 동아시아 그리스도교 협의회를 결성한다."고 선언하였다.

1. 역대 총회와 주제

EACC에서 CCA로 이어지는 아시아기독교협의회의 역대 총회와 주제들을 통하여 아시아 지역 교회들이 함께 추구했던 공동의 목표들을 개괄할 수 있다. 1957년 프라파트 총회 "동아시아교회들의 공동의 복음 증언 과제들", 1959년 쿠알라룸푸르 총회 "공동의 복음 증언", 1964년 방콕 총회 "인류 공동체 안에 있는 기독교 공동체", 1968년 방콕 총회 "만물은 그리스도 안에서 서로 연결된다", 1973년 싱가포르 총회 "아시아의 투쟁 속에 있는 그리스도인의 실천", 1977년 페낭 총회 "아시아의 고난과 소망 속에 있는 예수 그리스도", 1981년 방갈로 총회 "그리스도 안에서 민중과 함께 살기", 1985년 서울 총회 "예수 그리스도 자유케 하사 섬기게 하신다", 1990년 마닐라 총회 "그리스도 우리의 평화: 정의로운 사회 건설하기", 1995년 콜롬보 총회 "변화하는 아시아에서 하나님께 소망 두기", 2000년 토모혼 총회 "만물이 생명으로 충만한 때를 향하여", 2005년 치앙마이 총회 "인류를 위한 평화공동체 건설하기", 2010년 쿠알라룸푸르 총회 "예언하고 화해하고 치유하도록 부름받음"이다. 창립총회 이후 4년 혹은 5년에 한 번씩 열리던 총회는 1985년 서울 총회를 기점으로 5년마다 열리고 있으며 2015년 5월 20일부터 27일까지 인도네시아 자카르타에서 "하나님의 집에서 더불어 함께 사는 삶"이라는 주제로 14차 총회를 개최하였다.

2. 회원 자격과 활동, 그리고 감리교회

CCA의 회원 자격은 "예수 그리스도를 성경에 따라 하나님이시며 구주로 고백하고 한 분 하나님이신 성부, 성자, 성령의 부르심을 이루기 위하여 노력하는 교회"들과 각국의 교회협의회, 그리고 그에 버금가는 기독교단체들에게 주어진다. 헌장에서 고백하는 것과 같이 아시아의 교회들과 교회협의회들 사이의 지속적인 협력기관으로 CCA는 다음과 같은 활동을 하고 있다. 1) 아시아의 급변하는 사회의 도전에 대해 기독교의 효과적인 대응을 발전시킨다. 2) 아시아와 전 세계에 하나님의 선교를 성취시키기 위한 기회를 개발하고 연합활동을 증진한다. 3) 기독교 사상과 예배와 실천에서 아시아인들이 세계에 공헌할 수 있도록 격려한다. 4) 지역 교회의 상호 이해와 교류와 참여를 촉진하고 타지역 협의회 및 WCC와 관계를 발전시킨다. 5) 복음 전도, 봉사, 사회와 인간 개발, 국제관계와 같은 분야에서 공동연구와 활동을 증진시킨다. 6) 역동적인 그리스도인의 삶과 활동에 실험정신을 자극한다.

한국감리교회는 WCC와 더불어 CCA의 회원교회로서 적극적으로 참여해 왔다. 그러나 실질적인 지도력을 구체적으로 발휘하지 못해 왔다. 한국교회에서는 박상증 목사와 안재웅 목사가 총무로 시무했고, 인명진 목사, 장윤재 교수, 이홍정 목사, 허춘중 목사, 서광선 교수 등이 위원장과 공동의장 등으로 활동했으며, 기장의 박성국 목사에 이어 예장의 문정은 목사가 신앙선교일치국장으로 일하고 있다. 감리교회는 국내외 에큐메니칼 단체의 회원으로 많이 활동했고, 영향력도 적지 않다. 그러나 실제로 에큐메니칼 운동의 방향과 정책을 디자인하고 실질적으로 봉사할 수 있는 자리는 다른 형제교회들에게 많이 양보해 온 것이 아닌가 하는 생각이 든다. 세계교회협의회를 비롯한 아시아기독교협의회와 에큐메니칼 연합체에서 감리교회의 숨은 인재들이 다양하게 활동하는 날이 오기를 기대한다.

3. 아시아성의 정의

아시아는 아시아의 특별한 정체성을 가지고 있다. 이 정체성 위에서 아시아 교회론이 정립되어야 하고, 아시아 신학이 발전되어야 한다. 그러나 아시아는 단일한 차원에서 정의하기 어려운 대륙이다. 아시아는 세계에서 가장 광대한 대륙으로 초대륙이라 부르는 이들도 있다. 지리적으로 광대할 뿐 아니라 인류 문명의 역사적 관점에서도 가장 오랜 역사와 깊이를 가지고 있다. 아시아에 세계 인구의 60%가 살고 있으며 세계 3대 종교(기독교, 불교, 이슬람교)가 모두 아시아에서 발원하였다. 지구상에서 아시아가 점하는 중요성은 시간이 갈수록 더 커질 것이다. 중국과 인도의 인구가 세계 인구의 절반에 육박하고 있는 상황에서 정치, 경제, 사회, 문화적인 발전과 영향력이 예상보다 빠르게 진행되고 있다. 그러나 아시아에서 기독교는 여전히 소수다. 한국과 필리핀을 제외한 대부분의 나라에서 기독교인은 차별과 소외, 혹은 박해를 경험하며 살아가고 있다. 한국교회가 세계를 향하기 전에 아시아를 보아야 하는 이유다.

그렇다면 아시아를 전체적으로 조망하는 아시아성은 무엇일까? 쉽지 않은 질문에 대한 답을 찾아보자. 한 세대 전에 스리랑카 신학자 알로이시우스 피어리스는 아시아를 규정하는 중요한 두 가지 특징으로 "종교성"과 "빈곤"을 제기하였다. 이 두 가지 특성은 오랫동안 아시아 신학의 토대가 되었고, 지금까지 유효한 측면이 있다. 그러나 21세기 들어오면서 중국과 중동 산유국을 위시한 아시아 각국의 경제발전과 국제사회에서의 영향력 강화는 아시아성을 단순히 종교성과 빈곤으로 규정하기 어렵게 하고 있다.

WCC 국제협력국장을 지낸 인도의 신학자이며 외교문제 전문가인 나이난 코쉬(Ninan Koshy) 박사는 최근 발표한 글에서 아시아의 특징을 "제국의 잔해에서 제국으로의 변화"(from ruins of Empires to the Empire)로 설명하였다. 이는 지구화 과정에서 지역 차원의 특성보다 지구적 차원의 특성이 더 커지는 것을 보여준다. 코쉬 박사의 글을 통해 오늘날 아시아의 특징을 다양성으로 읽을 수 있다. 2차대전 이전 제국의 식민지였던 아시아 각국은 이제 지구적 차원의 제국의 일원이 되거나 그 영향 아래 있고, 아시아의 교회들은 이러한 상황에서 오는 도전을 받고 있다. 삼성이나 애플은 이미 한국과 미국의 기업을 넘어서 지구적 차원의 제국을 형성하고 있다. 중국에서 성장하고 있는 기업들도 같은 길을 갈 것이다. 아시아의 다양성은 빈부격차와 종교 갈등의 형식으로 나타난다.

4. 지역 분류와 특성

2002년부터 2004년까지 미국의 오르비스(Orbis)출판사에서 펴낸 세 권의 「아시아 기독교신학: 신학자, 신학운동, 자료 연구」 시리즈는 아시아 대륙을 세 지역으로 분류하였다. 첫 번째 남아시아와 태평양 도서 지역, 두 번째 동남아시아, 그리고 세 번째로 한국이 속한 동북아시아 지역이다. 이 책은 각 지역에 속한 국가의 교회들을 대표하는 신학자들과 그들의 저서, 신학적 특징을 소개하는 귀중한 자료다. 한국인 신학자 사광선 박사가 공동저자로 참여하고 있는 이 시리즈는 아시아 신학 연구에 귀중한 자료다. 이슬람교가 전적으로 영향력을 발휘하고 있는 중동 지역은 분류대상에서 제외되었다.

동북아시아 편에 나오는 한국교회의 신학자들 가운데 일제 강점기 상황신학자로 최병헌, 윤치호, 정경옥, 종교간 대화와 정치신학자로 윤성범, 유동식, 변선환, 여성신학자로 강남순, 20세기 말 상황신학자로 박봉배 박사의 이름이 보인다. 이들은 모두 이미 오래전 하나님 품에 안기셨거나 은퇴, 혹은 미국 대학에서 가르치는 분들로 현재 한국감리교회 신학을 대표한다고 보기 어려운 분들이다. 예장이나 기장의 젊은 학자들이 2세대, 3세대 신학자로 소개되는 것과 대조되는 부분이다. 비록 많은 분야에서 한국적인 것이 세계적이라는 명제가 통한다고 하지만, 신학에서는 아시아 신학의 범주 안에 먼저 존재감을 드러내고 세계 신학의 바다로 나아가야 할 것이다.

5. 영어의 바다로

최근의 아시아 신학 연구는 미국을 중심으로 영미권 대학에서 가르치는 아시아계 신학자들과 남아시아와 동남아시아의 신학자들을 통하여 활발하게 진행되고 있다. 특별히 인도와 스리랑카, 인도네시아교회는 아시아와 세계적 차원의 에큐메니칼 단체에서 활동하는 많은 인력을 배출하고 있다. 이 교회들이 많은 에큐메니칼 자원과 학자들을 배출하는 가장 근본적인 이유는 언어 구사 능력에 있을 것이다. 이 지역 기독교인들은 소수지만 대부분이 이중 언어를 구사하고, 아시아의 주요 이슈에 대한 분명한 입장을 가지고 있다. CCA가 펴내는 「CCA 블레틴」이라는 간행물에 실리는 발표문을 보면 최근까지 대부분의 필자가 이 지역 학자들이다. 2천년대 간행된 「블레틴」의 목차에서 눈에 띄는 한국 필자는 예장의 이홍정 박사, 장윤재 박사, 기장의 임태수 박사 정도이고, 미국 드류(Drew) 대학교의 이효동 교수가 보인다.

한국교회와 신학교육에서 중요한 책임을 감당해 온 한국감리교회의 현재는 과거에 비해 상당히 약한 모습이다. 문제는 신학적 훈련과 함께 그 내용을 정리하고 발표할 수 있는 능력을 기르는 것이다. 쉽게 말해 영어로 말하고 글 쓰는 훈련이 필요하다. 영어도 좋고, 다른 외국어도 상관없으니 우리 신학을 다른 나라 교회에 소개하고 그들과 함께 일할 수 있는 목회자들과 신학자들이 필요하다.

이제 한국감리교회는 한국사회만 감당하는 교회가 아니다. 선교 130주년을 맞으며 우리가 받은 선교의 빚을 갚아야 한다. 그 방식은 선교 현장과 교회, 신학교에서 다양하게 나타나야 할 것이다. 지금 신학을 공부하는 후배들뿐 아니라 목회와 선교의 자리에서 땀 흘리는 모든 감리교회 목회자들과 성도들의 시야가 아시아로 확장되고 그 연장선에서 지구촌을 향한 사랑의 나눔으로 연결되어야 하기 때문이다.

X

감리교회
에큐메니칼 신학교육

감리교 협성신학교(감리교신학대학교 전신) 전경

1. 에큐메니칼 신학교육과 커리큘럼

아펜젤러 선교사는 한국 도착 2년 후인 1887년 9월, 미감리교 한국선교회의 결의에 따라 한국인 목회자 양성을 위하여 한국 학생들에게 신학교육을 실시하였고, 1907년 미감리교회와 남감리교회 연합으로 서울 서대문에 협성신학교를 세웠다. 이 협성신학교가 오늘날 감리교신학대학교이다. 감리교신학대학교는 "경건, 학문, 실천"을 교육 이념으로 삼고 있으며, 교육목적으로 "복음주의"와 "에큐메니즘", 그리고 "평화주의"를 명시하고 있다. 교육이념과 목적에 따른 교육목표는 "1) 성서적·체험적 신앙의 양육 2) 기독교 에큐메니칼 전통의 확립 3) 전통문화와 간학문적 대화 4) 신앙공동체를 위한 지도력 함양 5) 사회, 민족, 국가, 세계를 위한 봉사 6) 종파, 인종, 계층, 성을 초월한 평화와 생명의 구현"이다.

목원대학교는 1954년 5월 4일, 농어촌 교역자 양성을 목적으로 한 감리교 대전신학원으로 출발하여, 1972년 개명하면서 종합대학이 되었다. 교훈은 "진리, 사랑, 봉사"이며, 교육목적은 "진리·사랑·봉사의 교훈을 바탕으로 심오한 학술이론과 그 응용 방법을 교수하고 연구함으로써 국가와 인류사회에 공헌할 인재의 양성을 목적으로 한다."이다. 이에 따른 교육목표는 "신앙인 양성, 교양인 양성, 전문인 양성, 봉사자 양성, 세계인 양성"이다.

협성대학교는 1983년 3월 4일, 기독교대한감리회 산하 여섯 개 신학교를 통합하여 입석 감리교 교육원에서 개교하였다. 1994년 명칭 변경과 함께 종합대학으로 발전한 협성대학교의 교육목적은 "미래사회를 열어갈 전문지식과 지성 및 창의성을 갖춘 민주시민으로서의 자질을 함양하고 믿음, 사랑, 봉사를 실천하여 국가와 지역사회에 기여하는 인재 양성"이며, 그에 따른 교육목표는 "영성을 갖춘 봉사인, 인격을 갖춘 세계인, 능력을 갖춘 전문인"이다. 서울 상동교회의 지원으로 수도권의 기독교 종합대학교의 위상을 높이고 있다.

한국감리교회의 목회자와 신학자들을 길러내는 세 개의 신학대학은 각기 다른 시기에 고유한 목적을 가지고 세워졌다. 오늘 감리교회 신학교육의 현실을 보기 위하여 우선 세 학교의 교훈과 교육목적, 그리고 교육목표를 일별하였다. 대학의 커리큘럼과 실제 강의가 교훈과 교육목적, 목표에 정확하게 부합하지 않는다 하더라도, 명시적인 명제들은 상징적인 지향과 가치를 가리킨다. 그런 면에서 에큐메니즘과 에큐메니칼 전통을 각각 교육목적과 목표로 명시한 감리교신학대학교의 커리큘럼에 대한 기대가 높았다.

그러나 현실은 명시적인 선언과 많이 달랐다. 본부 선교국에서 조사한 각 학교의 에큐메니칼 관련 강의 개설 현황은 실망스러웠다. 에큐메니즘과 에큐메니칼 전통을 내세운 감리교신학대학교의 에큐메니칼 관련 과목이 가장 적었고 네 학기에 한 번씩 개설되고 있었다. 목원대학교 신학과와 협성대학교 신학과에서 더욱 다양하고 심도있는 과목들이 개설되었다. 2014년 당시 세 신학대학교의 에큐메니칼 커리큘럼은 큰 충격이었다.

조사 당시 감리교신학대학교는 학부에 에큐메니칼 과목이 개설되어 있지 않았다. 교무처에서 파악하지 못한 것으로 보이며, 다음 해 필자가 강의하면서 추가하였다. 심각한 문제는 세 학교 모두 에큐메니칼 과목들을 필수가 아닌 선택과목으로 개설하고 있다는 것이다. 앞선 문제와 같은 이유겠지만, 세 학교 모두 에큐메니칼 신학을 전공한 교수가 없었다. 교회사, 기독교윤리, 조직신학 등을 전공한 교수들이 개인적인 관심과 연구에 따라 과목을 개설하는 것으로 보였다.

이것이 한국감리교회의 에큐메니칼 신학교육의 현실이다. 이러한 교육과정을 거쳐 목회지로 나오는 신학생들에게 교회연합과 일치의 에큐메니칼 정신과 사역을 기대하는 것은 어쩌면 연목구어일 수 있겠다.

학교	구분	과목명	담당교수	분류	학점	비고
감신	학부	에큐메니칼 운동사		전공선택	3	2년 주기
		에큐메닉스		교양선택	2	2년 주기
	대학원	에큐메닉스	조직신학	교양선택	3	2년 주기
목원	학부	선교와 교회일치	김칠성	전공선택	3	
		선교와 교회갱신	권오훈	전공선택	3	
	대학원	세계 속의 기독교	김홍수	전공선택	3	
		선교신학세미나	권오훈	전공선택	3	
		선교와 교회일치	장지철	기초선택	3	
		교회갱신과 선교	김홍관	전공선택	3	
협성	학부	에큐메닉스	황병배	전공선택	3	
	대학원	에큐메니칼 신학	조직신학	전공선택	3	석사과정
		근현대 에큐메니칼 교회사 연구	교회사	전공선택	3	
		에큐메니칼 운동 연구	교회사	전공선택	3	
		세계화와 에큐메니즘	조직신학	전공선택	3	박사과정
		에큐메니칼 신학	조직신학	전공선택	3	
		에큐메니칼 윤리와 교회일치운동	윤리학	전공선택	3	
		에큐메니칼 복음주의 선교신학연구	선교학	전공선택	3	

　유동식 교수는 「감리교회 사상사」에서 구한말 조국의 위기에 직면한 초기 감리교회 전도자들의 신학적 특징을 세 가지 유형으로 설명한다.

1) 이 세상에 절망한 개개 인격들의 영적 구원사상
2) 위기에 처한 현실을 개혁하고 민족을 구원하려는 사상
3) 새로운 기독교 진리의 입장에서 우리의 전통적인 종교의 의미를 해명하려는 종교변증론 또는 종교신학적 사상

이러한 유형은 감리교 사상의 3대 전통으로 연결된다. 즉 "사회적 복음 이해는 사회적 진보주의 사상의 전통으로, 영적 복음 이해는 복음적 자유주의 사상의 전통으로, 그리고 문화적 복음 이해는 종교·문화적 토착화 사상의 전통으로 전개되었다."는 것이다. 1920년대 들어 일제의 문화정책에 따라 상당수의 학자들이 미국에 유학하였는데, 이들이 에큐메니칼 정신을 배워 오면서 조선기독교연합회를 조직하고, 세계교회와 유대를 맺고, 각종 국제대회에 참석할 수 있었다.

유 교수는 이러한 시대적 흐름에 따라 1930년 한국감리교회가 미국감리교회 선교연회에서 독립하여 남북감리교회가 통합한 "기독교조선감리회"를 창설하고, 독립된 신조인 "교리적 선언"을 선포하고 독립된 감독(총리사)을 세운 교회라고 설명한다. 이 시기에 한국감리교회의 신학사상이 정립되었는데, 장로교회의 보수적 근본주의 사상과 구별되는 "복음적 자유주의 신학 노선"이라는 것이다. 이렇게 정립된 한국감리교회의 신학사상은 해방과 전쟁, 경제부흥기와 민주화 운동기를 거치며 감리교회의 정체성과 함께 신학적 특징도 상실하고 있는 것으로 보인다. 웨슬리가 가르치고 실천으로 보여준 "복음적 에큐메니즘"(Evangelical ecumenism)의 회복이 그 어느 때보다 필요한 시대다.

2. 타교파 에큐메니칼 커리큘럼

예장통합 측은 산하 일곱 개의 신학대학을 갖고 있다. 이 학교 교수들은 장로교회의 보수적인 분위기 속에서도 에큐메니칼 수업과 활동을 활발하게 진행하고 있다. 신학대학과 함께 총회 산하 에큐메니칼위원회의 권한과 책임이 크기 때문으로 보인다. 이 에큐메니칼위원회는 지난 2006년 총회의 결의에 따라 교단 내 신학생과 평신도들을 포함한 모든 교육과정에 사용할 수 있는 교재, 「21세기 한국교회의 에큐메니칼 운동」(대한예수교장로회 총회 에큐메니칼위원회, 2008)을 발간하였는데, 에큐메니칼 신학과 운동에 대한 다양한 내용을 담고 있다.

2006년 예장 총회는 또한 다음과 같이 일곱 가지 중요한 사항을 결의하였다.

1) 총회 7개 직영 신학대학과 신학교육 커리큘럼에 에큐메니칼 교육을 강화하도록 요청한다.
2) 노회 각종 고시에 에큐메니칼 과목을 시험과목으로 한다.
3) 총회 교육 주제와 교육 커리큘럼에 에큐메니칼 신학을 한 회기 주제로 구성하도록 한다.
4) 총회 훈련원에 에큐메니칼 훈련 프로그램을 두도록 한다.
5) 총회 파송 선교사 훈련 프로그램에 에큐메니칼 선교신학 강좌를 강화하도록 요청한다.
6) 남선교회 전국연합회와 여전도회 전국연합회에 속한 평신도훈련원 커리큘럼에 에큐메니칼 신학을 포함시키도록 요청한다.
7) 기구개혁위원회에 총회 에큐메니칼 관계부서 설치에 관한 검토와 연구를 요청한다.

다음은 예장통합 산하 일곱 개 신학대학과 한국기독교장로회(기장) 총회 산하 한신대학교 신학대학의 에큐메니칼 과목 개설 현황이다. 각 학교 홈페이지에 실린 교과과정을 기초로 작성하여 실제와 차이가 있을 수 있지만 대략적인 교과과정을 볼 수 있다. 각 학교에 재직 중인 교수들의 에큐메니칼 관심과 열정에 따라 과목 개설의 편차가 있는 것을 볼 수 있으며, 예장통합 측과 기장의 에큐메니칼 운동과 신학에 대한 관심과 열기를 간접적으로 느낄 수 있다. 교과과정 가운데 "에큐메니칼", "에큐메니즘" 혹은 "교회일치"라는 명칭이 들어간 과목들만 계수하였다. 그 외에 "선교, 문화, 세계, 교회사, 타종교" 등의 명칭이 들어간 과목에서도 에큐메니칼 관련 내용을 다루는 것으로 보이지만 집계에는 제외하였다.

학교	구분	과목명	분류	학점	비고
장신	학부	에큐메니칼 운동사	전공선택	3	
	대학원	에큐메니칼 신학	전공선택	3	석사과정
		선교와 에큐메니즘	전공선택	3	
		에큐메니칼 운동의 역사와 신학	전공필수	3	박사과정
서울장신	학부	복음주의와 에큐메니즘	전공선택	3	
	대학원	에큐메니칼 운동사	전공선택	3	2년
		에큐메니칼 운동사	전공필수	3	신학대학원
		에큐메니칼 운동사	전공필수	3	일반대학원
		에큐메니칼 운동사	전공필수	3	박사과정
대전신대	학부	에큐메니칼 운동사	전공선택	3	
	대학원	교회일치운동	교양선택	3	석사
		에큐메니칼 운동사	전공필수	3	
		선교와 에큐메니즘 연구	전공선택	3	석박사공통
		에큐메니칼 운동사	전공필수	3	박사
한일장신	학부	하나님의 선교와 교회의 선교	전공선택	3	
	대학원	선교와 에큐메니즘	전공선택	3	석사
		에큐메니칼 운동사	전공선택	3	
		선교와 에큐메니칼 운동	전공선택	3	박사
호남신대	대학원	에큐메니칼 운동사	전공선택	3	
		교회일치운동–에큐메니즘	전공선택	3	
부산장신	학부	에큐메니칼 신학 입문	전공선택	3	
	대학원	에큐메닉스	전공선택	3	
		에큐메니칼 운동사	전공선택	3	
		에큐메니칼 신학연구	전공선택	3	
		에큐메니칼 윤리	전공선택	3	
		에큐메니즘	전공선택	3	

영남신대	학부	에큐메니칼 운동사	전공선택	3	
		성서와 에큐메니즘	전공선택	3	
	대학원	교회일치운동의 역사	전공필수	3	
		에큐메니칼 운동사	전공선택	3	
		에큐메니칼 신학과 증언	전공선택	3	
		에큐메닉스	전공선택	3	
		에큐메니칼 신학세미나	전공선택	3	
한신	학부	에큐메니칼 사회윤리	전공선택	3	
		에큐메니칼 운동과 신학	전공선택	3	
	대학원	에큐메니칼 사회윤리사상사	전공선택	3	
		에큐메니칼 운동과 신학	전공선택	3	
		세계에큐메니칼 운동과 신학	전공선택	3	
		아시아에큐메니칼 운동과 신학	전공선택	3	
		한국에큐메니칼 운동과 신학	전공선택	3	
		복음주의와 에큐메니칼 선교신학	전공선택	3	
		목회와 에큐메니칼	전공선택	3	박사
		에큐메니칼 역사와 신학	전공선택	3	

이러한 커리큘럼과 교육과정, 교재 보급은 갑작스럽게 이루어진 것이 아니다. 장로회신학대학교의 경우, 역사신학 교수로 재직하면서 에큐메니칼 신학을 가르치고 많은 교재를 펴낸 이형기 교수의 영향이 절대적이라 보이고, 영남신학대학의 박성원 교수, 부산장신대학교의 배현주 교수 등은 한국 에큐메니칼 운동의 현재를 이끌어 온 중요한 학자들이다. 현재 예장통합 측 일곱 개 신학대학에서 이형기 교수의 제자들이 다양한 분야에서 에큐메니칼 신학을 가르치고 있다. 감리회 계통 학교에서 볼 수 없는 모습이다. 그의 제자들과 후배들은 학계에서만 활동하는 것이 아니라 교회와 여러 기구, 단체에서도 활발하게 에큐메니칼 활동을 펼치고 있다.

제네바에 있는 세계교회협의회(WCC)에 예장통합 측 금주섭 목사와 김동성 목사가 국장급 직원으로 파견되어 있다. 일정 기간이 지나면 본부에서 월급을 받지만 처음에는 파송한 교회에서 관례적으로 상당 부분을 감당한다. 때문에 예장통합 측에서 상당한 경비를 후원하였지만, 그들의 활동을 통하여 예장통합 측은 세계교회들과 유기적으로 연락관계를 맺고 있다. 단순히 세계교회협의회와의 관계뿐 아니라 세계교회협의회에 속한 전 세계 349개 교단과 항상적인 연결망을 가지고 있다. 예장통합 측에 속한 개체교회들의 에큐메니칼 마인드와 참여가 이러한 활동을 가능하게 한다. 일곱 개 신학대학을 중심으로 종합대학에서 에큐메니칼 마인드를 가진 교수들이 중심이 되어 신학생들을 대상으로 방학 기간 개최하는 에큐메니칼 캠프, "오이코스"도 중요한 프로그램이다. 이 캠프에 참가한 학생들 가운데 에큐메니칼 신학자들과 활동가들이 배출되는 구조가 되고 있다.

전통적으로 에큐메니칼 활동가들을 지속적으로 배출한 기장의 한신대는 여전히 에큐메니칼 교육에 강조를 두고 있는 것을 볼 수 있다. 학부에 두 과목을 개설한 것은 감리교회와 예장통합 측 신학대학들과 큰 차이가 없지만 대학원 과정에는 다양한 분야에서 에큐메니칼 학습을 진행하고 있다. 특히 "복음주의와 에큐메니칼 선교신학", "목회와 에큐메니칼" 과목은 다른 신학교에서 볼 수 없는 특화된 영역이라 할 것이다. 또한 세계 에큐메니칼 운동과 아시아 에큐메니칼 운동을 각각 별도의 강좌로 개설한 것도 눈에 띈다. 에큐메니칼 운동과 신학에 대한 이론적이고 실천적인 강의와 함께 목회적 접근과 복음주의와의 관련성을 추구하는 자세는 21세기 복음적 에큐메니즘의 차원에서 한국교회와 신학교육이 공유해야 할 방향으로 보인다. 감리교회 역시 교역자 진급과정에 필수과목으로 에큐메니즘을 포함하여 교육하는 프로그램이 더 많이 만들어지기를 기대한다.

XI

한국감리교회
에큐메니칼 운동의
전망과 과제

기독교대한감리회 로고

1. 감리교회 에큐메니칼 전망

우리는 한국감리교회가 물려받은 자랑스러운 에큐메니칼 유산을 살펴보았다. 그러나 오늘의 감리교회는 개체교회 중심, 물량주의, 학연 중심의 파편화된 분열상으로 성장이 멈춘 위기의 시대를 맞이하고 있다. 이러한 상황속에서 건강한 부흥과 성숙을 위하여 자랑스러운 에큐메니칼 전통을 회복하는 일이 필요하다. 웨슬리의 신앙운동과 신학에서 본 것처럼, "교회일치"와 "선교와 봉사"라는 에큐메니칼 가치를 감리교회 목회를 중심으로 삼아야 한다. 이미 많은 교회들이 선교와 봉사에 최선을 다하고 있다. 때문에 선교와 봉사에 새로운 의미를 부여하는 것이 필요하다.

에큐메니칼 운동과 신학은 현대사회의 흐름에 대한 기독교회의 응답이라고 할 수 있다. 1948년 암스테르담에서 창립되어 지난해 부산에서 10차 총회를 가진 WCC 총회의 주제들은 교회가 속한 세계와 시대의 흐름에 대한 신앙적 응답이다. 에큐메니칼 운동을 둘러싼 여러 가지 오해들이 있고, 그러한 오해는 사실에 입각하지 않은 비판을 야기하면서 교회 내외에 많은 의혹을 증가시켰다. 에큐메니칼 운동은 성경과 초대교회의 전통에서 출발하여 현대사회의 도전에 응답하는 그리스도인들의 신앙고백이며 실천이다. 에큐메니칼 신학은 에큐메니칼 운동의 목적과 내용을 신학적으로 담아내는 신학이다. 에큐메니칼 신학은 현대의 많은 실천적 신학이 그런 것처럼 운동이 먼저 시작하고 신학이 뒤를 이었다.

예수 그리스도의 복음전파는 개인의 영혼과 죄와 병에 매인 육신을 치유하여 구원하시는 동시에 당대의 불의하고 위선적인 지배계층을 향한 예언자적 저항으로 나타났다. 따라서 에큐메니칼은 에반젤리컬의 반대어가 아닌 이음동의어다. 오늘 교회가 갖추어야 할 선교의 두 가지 측면이다. WCC의 다양한 활동들 가운데 핵심은 대화다. 서로 다른 배경과 역사와 교리를 가진 그리스도인들이 서로 만나 그동안의 다툼과 분열과 상쟁의 역사를 회개하고 그리스도 안에서 한 몸이 되어가려는 대화의 장으로 이해할 수 있다. 교회일 치와 연합을 이야기하면서 대화하지 않는다면 어불성설이다.

교회는 대화의 공간이며 관계가 되어야 한다. 세상을 향해 열린 통로가 되고, 교회 안에 자유롭고 신앙적인 소통의 방식이 있어야 한다. 그런 의미 에서 에큐메니칼의 반대를 에반젤리컬이 아닌 "섹테리안"(secrtarian)으로 보 는 분별력에 전적으로 동의한다. "분파주의" 혹은 "당파주의"는 자신의 특정 한 신앙체험과 진리에 대한 이해가 마치 유일하고 보편적이며 최고의 것인 양 주장하는 태도다. 그래서 에큐메니칼적인 시각을 결여한 교회는 복음을 협소하게 해석하여 스스로 끊임없이 분열하는 교회가 될 수 있다. 분파주의 는 특정 교리를 절대화하고 복음을 '사유화' 한다. 이에 반해 에큐메니칼 정 신은 교파적 신앙고백의 부분성을 겸허히 수용하고 세계적인 지평에서 그리 스도를 통한 연합을 이루어 "몸 가운데서 분쟁이 없고 오직 여러 지체가 서 로 같이 돌보게"(고전 12:25) 하려 노력한다. 이러한 에큐메니칼 운동은 자기 초월, 자기 비움의 행위이기도 하다. 분열된 교회는 교회가 아니기에 교회의 하나 됨은 교회의 교회 됨을 위한 관건이다. 한국교회와 한국감리교회는 예 수 그리스도가 보여주신 연합과 일치의 정신으로 세계와 시대를 향하여 생 명과 정의와 평화를 선포하는 길을 가야 한다.

1) 에큐메니칼 운동과 교회일치

교회일치운동을 향한 에큐메니칼 신학은 두 가지 차원에서 이루어진다. 하나는 다른 교파 교회들과의 일치와 협력으로 교파 전통에 따른 교회들 간 에 서로 화해하고 다양성을 인정하는 교파 전통별 일치(unity as reconciled diversity) 모델이고, 또 하나는 세계교회협의회가 제시하는 모델로서, 교파 전통을 뛰어넘어 오히려 지리, 역사, 문화 등의 삶의 자리 중심으로 모든 교파가 모여 교파 전통은 살리되 하나의 공동체적 협의구조를 만드는 것이다.

그러한 일치의 틀은 사실 쉽지 않다. 구조와 제도적 수정이 필요할 수 있고, 그 과정에서 의견이 나누어지기 때문이다. 그런 의미에서 한국교회 에큐메니칼 운동의 대표적 목회자인 기장 경동교회 원로목사 박종화 목사가 말하는 "내용"의 일치에 대한 설명을 귀담아 들을 필요가 있다. 그는 세 가지 차원에서 내용의 일치를 말하고 있다.(박종화, "분열된 교회의 화해와 협력")

첫 번째, "모이는 교회의 삶"을 통한 일치, 즉 "예배 일치"이다. 이미 한국교회는 성경번역에 공동으로 참여한 경험이 있고, 통일찬송가 이후 모든 교단이 공통된 찬송가를 사용하고 있다. 여기에서 한걸음 더 나아가 신학 경향이나 교리를 말하기 전에 예배의 일치를 이루는 것인데, 박종화 목사는 "전국 교회가 주일마다 같은 성경본문(한 본문일 수도 있고 또는 여러 비슷한 본문을 주고 선택하게 할 수도 있음)으로 말씀이 선포되는 강단의 일치가 있을 수 있다."고 말한다.

두 번째, 선교와 봉사를 위한 일치다. 교회의 존재 이유와 목표가 구원의 복음을 전파하고 봉사하는 것이라 할 때, 에큐메니칼 운동의 목표 역시 선교와 봉사에 있다. 에큐메니칼 운동이 추구하는 일치의 목적은 "교회일치, 선교일치, 봉사일치"인 것이다.

세 번째, 평화와 통일을 위한 교회의 일치된 노력이다. 교파 간 갈등 못지 않게 남북 갈등은 우리 시대의 죄악이며 남북한의 주민들의 삶에 지대한 영향을 미치는 구조악이다. 그는 한국교회는 통일 지향에서 "북한동포" 역시 평화통일의 주체가 되도록 배려하고, 북한동포를 상대로 화해와 협력의 사역을 해야 한다고 주장한다.

우리는 이러한 내용적 일치를 감리교회의 에큐메니칼 비전으로 삼을 수 있다. 이러한 비전을 담아내기 위한 제도적 보완이 필요하다. 감리회 본부에 있는 선교국과 교육국, 서부연회는 예배일치와 선교일치, 평화운동을 위한 조직이다. 문제는 이 구조에 필요하고 적합한 인적·물적 자원들을 키워내고 배치하는 것이다. 그러나 감리회 본부의 구조에서 이러한 과제를 이루는 것은 어려워 보인다.

선교국 내 에큐메니칼 데스크의 현실을 보면, 사회농어촌환경부가 국내외 에큐메니칼 업무를 담당하고 있다. 한 명의 부장과 한 명의 서기가 부서의 명칭에 관련된 "사회", "농어촌", "환경"의 업무를 처리하며, 대외적으로 에큐메니칼 업무를 처리한다. 물리적으로 제대로 감당할 수 없는 구조다. 국내외 에큐메니칼 기관, 단체 및 교회들과 연락조차 제때 하기 어려운 것이 현실이다.

2) 에큐메니칼위원회 강화

이러한 상황에서 대안이 될 수 있는 구조가 "에큐메니칼위원회"의 역할이다. 현재 감리회 에큐메니칼위원회는 이원화되어 있다. 본부 선교국 내에 있는 위원회와 서울연회와 서울남연회 등 몇 개의 연회에 조직된 위원회들이다. 양자 모두 권한과 책임이 제한적이다. 연회별 조직은 조직만 되어 있는 상황으로 보이고, 선교국의 에큐메니칼위원회가 대외적인 위상을 가지고 활동하고 있다. 이 위원회를 총회나 감독회장 직속의 에큐메니칼위원회 혹은 대외협력위원회로 조정하여 재정과 인력을 지원하고, 신학대학교와 협력 프로그램을 진행해야 할 것이다.

에큐메니칼위원회가 담당해야 할 연락 파트너들과 업무를 대략적으로 정리하면 다음과 같다.

1. 연락 – 세계교회협의회(WCC), 아시아기독교협의회(CCA), 한국기독교교회협의회(NCCK), 해외 교회들, 감리교회 사회선교 단체 및 국내 기독교시민운동단체들과 연락 및 협력 등
2. 업무 – 에큐메니칼 인력 파송 및 교육, 목회자, 신학생, 평신도 지도자, 교인 대

상 교육과 홍보, 에큐메니칼 교육 교재 제작 및 홍보, 사회선교 프로그램 지원, 개체교회 필요에 따른 에큐메니칼 목회 자료 지원 등

예장 에큐메니칼위원회의 위상과 역할이 좋은 모델이 되리라 생각한다. 예장 에큐메니칼위원회는 총회 산하 특별위원회로 해외선교와 해외 에큐메니칼 관련 사업을 전담하고 있다. 국내 에큐메니칼 업무는 기획국에서 주관하고 조정한다. 목사 부총회장이 에큐메니칼 위원회의 당연직 위원장을 맡아 1년 동안 봉사하고, 총회에서 파송한 9명의 위원과 3명가량의 전문위원으로 조직되어 있다. 기획국 내에 국장 1인과 4명의 직원이 "기획 및 정책, 국내외 에큐메니칼 업무(해외 협력교회 및 기관 관계 업무), 언론홍보, 정보통신, 기획 및 정책과 관련된 특별위원회 실무를 지원"하며 에큐메니칼위원회를 지원한다. 특별히 에큐메니칼위원회는 해외선교 파트너들과 해외 에큐메니칼 교단, 단체에 소속 목회자나 인력을 파견하고, 해외 40개 교단과 업무협력, 세 개의 공교회 기구(WCC, CCA, WARC), 세 개의 해외선교단체(CWME, Mission 21, EMS)와 업무협력을 하며, 해외 교단과 기관 관계자 방한 시 비자 업무와 체류를 지원하고, 통합 측 총회에 참석하는 해외참가자들을 위한 프로그램을 담당하고 있다.

이러한 위상과 역할은 감리회 본부 선교국과 감리교회 에큐메니칼위원회의 관계와 업무 분담에 참고가 될 것이다. 2013년 세계교회협의회 부산 총회 이후 세계교회는 평화를 주제로 다양한 연령과 지역을 대상으로 여러 가지 프로그램을 진행하고 있다. 그러나 그러한 프로그램에 실제로 참가한 감리교회 목회자, 평신도, 여성, 청년, 학생들은 거의 없다. 본부와 연회나 지방회, 그리고 개체교회에 이러한 정보가 전달되고, 참여 방식과 기회가 확대되어야 한다.

2. 한국감리교회의 에큐메니칼 실천과제

많은 사람들이 에큐메니칼 운동에 있어서 변화와 개혁을 이야기하지만 어디에서 어떻게 시작해야 하는지 합의하지 못하고 있다. 개신교회는 교단의 분열만큼 다양한 입장의 차이가 존재하기 때문이다. 한국감리교회는 미국의 남북감리교회의 선교를 받고 미국의 모교회보다 먼저 통합을 이룬 빛나는 역사를 가지고 있으며, 입장 차이에도 불구하고 하나의 교회를 유지하여 왔다. 어떠한 갈등에도 한 가족이라는 정신을 지켜온 것이다. 이러한 역사와 전통에 의거하여 21세기 감리교회의 에큐메니칼 정책과 실천방안을 생각해본다.

1) 변화를 위한 걸림돌 극복

새로운 길을 가기 위하여 올바른 목표를 세우는 것이 필요하다. 그와 동시에 올바른 방향을 위하여 극복해야 할 장애를 분별하는 것도 중요하다. 감리교회의 새로운 에큐메니칼 목표를 제시하기 위하여 극복해야 할 걸림돌들을 생각해 본다.

⑴ 목회자 중심주의

에큐메니칼 운동을 위하여 먼저 극복해야 할 것은 한국교회 일반에 퍼져 있는 목회자 중심주의다. 교회의 역사와 구조를 볼 때 목회자가 중심이 되어 교회를 이끌어가야 하는 우선적인 책임이 있었지만 현대에는 새로운 인식이 필요하다. 실제로 많은 지도자들이 특정한 자리에 나설 때 공통적으로 평신도 리더십의 강화를 역설한다. 평신도 대표들의 표를 의식한 제안일 수 있지만 현대의 달라진 교회 상황을 인식하고 있다는 반증이다.

2005년, 한국교회 미래를 준비하는 모임이 갤럽에 의뢰하여 조사한 "한국교회 미래 리포트"에 따르면, 비개신교인들과 비종교인들은 한국 개신교회의 문제점이 "양적 팽창"과 더불어 "지나치게 자기중심적"(20.9%)이며, "목회자의 사리사욕"(13.6%)이라고 답했다. 98년 당시 같은 조사에서 4.1%였던 목회자에 대한 부정적 평가가 6년 사이에 13.6%로 세배 이상 뛰었다는 점은 한국사회가 교회를 보는 시각을 생각하게 한다.

그럼에도 불구하고 개체교회나 교단에서 목회자의 권한과 역할은 여전히 막강하다. 적어도 제도적으로나 외형적으로 그렇다. 때문에 평신도들의 의견이 적극적으로 반영되는 구조가 필요하다. 개체교회에서 권위적인 목회자에 대한 거부감이 커지고 있지만, 제도적으로 평신도 대표들이 의사결정이나 집행 구조에 참여하기에는 한계가 있다. 감리교회는 웨슬리의 가르침에 따라 평신도 중심의 교회로 시작하여, 평신도 설교권과 여성 안수 등을 선도적으로 시행하였다. 감리회 본부와 연회, 지방회에서 전문가들이 필요한 자리에 목회자들이 섣불리 나서는 것보다 평신도 전문가들에게 책임과 역할을 위임하는 것이 필요하다.

감리교회의 아름다운 전통을 계승하고 발전시켜 평신도 대표나 지도자들이 배출되고 그 과정에서 여성과 청년 대표들이 자연스럽게 참여하는 구조를 만들어갈 수 있다.

(2) 교파 중심주의

감리교회뿐 아니라 한국교회가 극복해야 할 대상은 교파 중심주의다. 자신이 속한 교회의 역사와 전통에 대하여 자부심을 갖고 에큐메니칼 운동에 참여하는 것은 아름다운 모습이다. 그러나 교단 중심주의는 자신이 속한 교단을 가장 우선시하고, 다른 교단을 인정하지 않거나 심지어 배척하는 경향까지 보인다. 초기 선교사들이 협력과 배려 가운데 조정했던 선교구역분할이 오늘까지 이어져 특정 지역에서는 특정 교회가 이단시되기까지 하는 비신앙적인 현상이 일어나고 있다. 현대에 들어와 개체교회의 성장과 물량주의에 빠진 교회들은 자기 교회 중심과 함께 자기 교단 중심의 경향을 강화하고 있다.

이는 에큐메니칼 운동과 교회연합사업에 커다란 걸림돌이 되고 있다. 특히 에큐메니칼 기관과 단체 안에서 교단 간 경쟁과 이기주의는 더욱 크게 나타난다. 개체교회에서 먼저 교회연합의 가치를 인정하고 전하는 일이 필요하다. 우리 역시 감리교회의 역사와 전통에 대한 자부심을 가져야 한다. 그러나 그 자부심이 다른 교단에 대한 배타심이나 경쟁심으로 나타나서는 안 될 것이다. 같은 날 인천에 함께 내렸던 아펜젤러와 언더우드 선교사의 심정을 기억하면서 이 땅의 교회들이 함께 가는 그리스도의 지체라는 사실을 명심해야 한다.

이 문제는 개인이나 개체교회가 해결하기 어려울 것이다. 한국교회라는 전체를 보고, 세계교회까지 볼 수 있는 통전적인 시각이 필요하다. 한국감리교회의 세 가지 지향인 "진정한 기독교회, 감리교회, 한국적 교회"라는 가치가 우리 안에 먼저 자리잡고 한국교회 전반에 흘러가야 할 것이다.

(3) 진영 논리

세 번째로 극복해야 할 과제는 진영 논리다. 진영 논리는 자신이 속한 진영의 이익을 가장 우선순위를 둠으로 올바른 상황 인식과 실천을 가로막는다. 한국사회 전반에 걸쳐 보수와 진보, 여성과 남성, 청년과 노년, 친정부와 반정부 등의 진영 논리가 지배하고 있다. 세계적으로 확장된 신자유주의 체제의 영향으로 경제적·사회적 간극이 깊어가며 의식의 대립도 강해지고 있다. 청년층에서 터져 나오는 부정적 시대 인식과 표현들은 그들을 허무주의와 절망으로 인도하고 있다. 기성세대와 청년세대의 간극은 선거뿐 아니라 우리 사회에서 일어나는 대부분의 중요한 문제들에 대한 심각한 견해 차이로 나타난다.

에큐메니칼 운동과 WCC에 대한 거부감도 이러한 진영 논리의 산물이다.

과거 독재정부의 경제성장주의와 친재벌 정책에 맞서 서민들의 입장을 전했던 사회선교를 진영 논리로 왜곡하여 호도하고 비판한 것이 오늘날 많은 기독교인들에게 기억되고 있다. 에큐메니칼 운동은 특정한 정치이념이나 이단사상을 수용하지 않음에도 불구하고 공산주의나 종교다원주의 등으로 비판을 받고 있다.

진영 논리를 극복하는 방안은 현실을 있는 그대로 볼 수 있는 객관적인 안목을 갖는 것이고, 다양한 자료들을 기반으로 판단하는 것이다. 예장통합의 에큐메니칼위원회가 발행하는 교재와 신학생들의 오이코스 캠프는 좋은 예가 될 것이다. 장신대 학생들은 에큐메니칼 교육과정의 일정으로 제네바 WCC 본부인 에큐메니칼 센터를 방문하기도 한다. 그들은 미국의 전설적인 재벌 록펠러 가문의 기부로 세워진 에큐메니칼 센터에서 세계 에큐메니칼 운동의 역사와 흐름을 배우고 함께 예배하며 찬양하고 기도하면서 진영 논리로 인한 에큐메니칼 운동에 대한 오해를 극복할 수 있다.

감리교회도 국내에서 그러한 기회를 만들 수 있을 것이다. 감리회 본부와 신학대학, 그리고 에큐메니칼 기관과 단체들이 연합하여 지속적인 교육과 홍보의 자리와 자료들을 만들어낼 수 있다. 에큐메니칼 운동의 출발과 목표가 분열된 교회의 일치를 위한 것이라 할 때 진영 논리는 반드시 극복해야 할 과제다. 나일스(D. T. Niles)는 남인도교회에 대한 기념 연설 중에 이렇게 말한 바 있다. "일치에 대한 어떠한 계획도 세워지지 않았지만, 교회는 일치를 이루었다."(「기독교대백과사전」 증보 4권)

2) 복음적 에큐메니즘을 향하여!

우리는 앞에서 웨슬리의 에큐메니즘을 복음적 에큐메니즘(Evangelical ecumenism)이라고 특징지었다. 그러나 18세기 영국교회 출신의 웨슬리에게 에큐메니즘이라는 개념이 있었으리라 생각하기 어렵다. 그럼에도 불구하고 웨슬리의 사역은 가장 에큐메니칼한 사역이었다. 웨슬리 신학에서 강조하는 "성화의 길"이 곧 에큐메니칼 삶의 모습이기 때문이다. 에큐메니칼이라는 설명 없이 가장 에큐메니칼하게 산 사람이 웨슬리였다. 그리스도를 따르는 길이 그런 것이다. 자기를 내세우지 않고 그리스도의 삶을 따라 사는 것이 가장 그리스도인다운 삶이기 때문이다. 웨슬리는 성서와 교회 역사에 나타난 올바른 그리스도인의 삶을 살아냈고 그러한 삶은 구체적으로 개인의 영성을 훈련하고 사회적 약자에 대한 관심과 사랑으로 나타났다. 감리교회는 웨슬리가 보여준 복음적 에큐메니즘을 회복하고 구현해야 한다.

감리교회 에큐메니칼 운동의 내용이 되는 에반젤리컬 에큐메니즘을 생각해 보자. 2016년 5월 26일부터 27일까지 일영 연수원에서 감리회 에큐메니칼위원회 주최로 열린 "시대의 요청, 에큐메니칼 목회에 새바람을!" 포럼은 그러한 요청에 대한 응답이었다. 이 모임이 감리교회 안에 에큐메니칼 목회의 새바람이 일어나는 작은 발원이 되기를 기대한다.(「기독교세계」, 2016년 9월호, 같은 제목의 특집 참조)

웨슬리가 보여준 복음적 에큐메니즘의 내용을 세 가지로 생각해 본다. 즉 개체교회 목회와 영성운동, 그리고 문화운동을 통하여 에큐메니칼 지향과 가치를 담아내는 것이다. 다음과 같은 세 영역의 강화와 확장을 감리교회 에큐메니칼 운동의 과제와 방향으로 삼아야 한다는 것을 이 책의 결론으로 삼고자 한다.

(1) 에큐메니칼 목회(Ecumenical Ministry)

목회의 사전적 정의는 "한정되고 규정된 장소 내에서 죽을 수밖에 없는 영혼들을 구원시켜 주기 위해 하나님과 교회에 주어진 법에 따라서 그리고 정당한 위임에 근거를 두고 행해지는 활동"이다.(「기독교대백과사전」 제6권) 같은 항목에서 목회를 돌봄으로 설명하면서 다음과 같이 범주를 정의한다. "보다 넓은 의미에서의 영혼의 치료는 교회 안의 사람들뿐만 아니라 교회

밖의 사람들에 대한 교회의 필수적인 모든 활동의 기초와 목적이다." 즉 한정되고 규정된 장소는 교회만이 아니라 교회와 세상을 모두 포함하는 것이다.

그러므로 목회는 교회 안팎의 모든 영혼을 치료하는 활동이다. 그러한 목회의 기초는 예수 그리스도의 사역이다. 그리스도께서 자신을 선한 목자라 칭하고, 베드로에게 자기의 양떼를 치라고 위임한 사역(요 21:15~17)이 목회다. 그리스도를 대신하여 양을 인도하는 목회자가 그리스도가 맡기신 양떼인 성도들과 일상적으로 접촉하는 장은 개체교회다.

에큐메니칼 목회라 할 때 어떤 특별한 목회를 떠올리는 경우가 많다. 정부와 관련된 정치활동이나 세계적 차원의 캠페인 등을 먼저 떠올릴 수도 있다. 실제로 WCC나 NCCK를 중심으로 교회들이 여러 나라의 정책이나 실정에 대한 비판과 고통당하는 이들을 대변하는 경우가 많기 때문에 그럴 수 있다. 그러나 에큐메니칼 운동은 그러한 활동만 포함하지 않는다. 그러한 대외적이고 정치적인 활동은 에큐메니칼 운동에서 일부분이다. 대부분의 영역은 성서와 신학적인 논의를 통한 교회적 실천과 목회적 활동이라 할 수 있다. 이미 개체교회에서 행하는 대부분의 활동들이 에큐메니칼 운동의 영역이다.

우선 예배와 예전에 있어서 교회의 일치를 이루고 있다. 개신교회가 성례전으로 인정하는 성만찬과 세례에 관한 세계교회의 공통적인 기준과 지침이 이미 "리마예식서"를 통하여 정리되었고, 많은 교회들이 사용하거나 적용하고 있다. 세계기도일(3월 첫 주간)이나 세계성찬주일(10월 첫 주일)을 지키는 것도 세계교회와 함께 드리는 기도와 예전이다. 감리회 본부 자료실이나 한국기독교교회협의회에서 절기를 앞두고 배포하는 자료집을 이용하는 교회들이 많다. 의식하지 않더라도 지구 끝에 있는 교회와 같은 주일, 같은 주제로 예배와 성례를 집례하는 것은 그리스도의 몸으로서 단일성에 참여하는 것이다. 또한 1983년부터 교파마다 각기 발간하던 찬송가를 동일하게 묶은 통일 찬송가를 사용하고 있다. 2007년, 21세기 찬송가로 개편되어 교체 중이지만 교파와 상관없이 동일한 찬송가를 사용함으로 개체교회 차원에서 교회일치에 참여하고 있다.

교회는 "주는 그리스도시요 살아계신 하나님의 아들"(마 16:16)이라는 베드로의 신앙고백 위에 서 있으며, 이는 현대의 신앙공동체도 여전히 고백하는 신앙이며 교회의 반석이다. 따라서 교회의 존재 이유는 하나님을 예배하고 이 시대를 향한 하나님의 말씀을 선포하는 것이다. 매 주일 최선을 다하여 예배를 드리는 것이 에큐메니칼 목회의 출발이다.

때문에 WCC의 신앙과 직제위원회 활동이 에큐메니칼 목회의 영역에 관련된다. 신앙과 직제위원회는 각 나라별 교회협의회에 조직되어 있으며, 또한 가톨릭교회와 협력하고 있다. 그리스도의 몸된 교회의 단일성을 추구하고 수행하는 신앙운동이며 동시에 신학운동이다. 모든 교회들이 함께 고백하는 신앙의 토대 위에서 현대적 언어로 성서의 복음을 해석하고, 교회 안과 밖에서 집행하는 성례들을 제안하는 것이 신앙과 직제 운동이라는 면에서 개체교회의 사역은 에큐메니칼 목회의 범주에 들어간다.

또한 에큐메니칼 목회가 지향하는 복음의 통전성은 예배당에서 드리는 예배로 끝나지 않고 세상에서 드리는 삶의 예배로 확장된다. 대부분의 교회들은 재정적으로 허락하는 한 최선을 다하여 어려운 이웃을 돕는다. 교회의 선교적 사명은 그리스도가 주신 마지막 명령이다.(마 28:19~20) 단순히 교회를 알리고 사람들을 교회로 인도하기 위한 것이 아니라 하나님의 선교를 위하여 세상과 접촉하는 것이다. 교회의 중요한 절기들(부활절, 추수감사절, 성탄절)마다 이웃에게 사랑을 베푸는 것은 그 자체로 "세상에 거하는 하나님의 가족들"과 맺는 에큐메니칼 관계다. 교회의 형편에 따라 그 지경을 넓히면 지역 사회의 범주를 넘어, 북한 동포나 지구 반대편에서 자연재해나 정치적 억압으로 고난당하는 이들에 대한 지원으로 확대된다. 에큐메니칼 목회는 개체교회가 통전적으로 복음의 내용과 형식을 회복하는 것을 추구한다.

2011년부터 감리회 본부 선교국의 환경선교위원회가 기독교 환경운동연대와 공동으로 진행하는 생태목회 세미나는 에큐메니칼 목회의 새로운 방향을 보여주고 있다. 이들은 "생태목회"를 지향하면서, 구약의 목회가 제사장적 목회와 예언자적 목회라면, 신약시대 목회는 예수목회라 규정할 수 있다며, "생명과 평화의 나라인 하나님 나라의 실현을 위해 하나님의 뜻을 받아 온전히 순명하고, 불의와 거짓에 저항하고, 소유를 넘어 존재를 보고, 악을 버리고 정의를 따르고, 지극히 작은 자 하나를 하나님 대하듯 섬기는 목회"를 해나가고 초청하고 있다.(감리회 본부 선교국, 환경선교위원회 자료) 생태목회를 위하여 활발하게 활동하고 있는 환경선교위원회가 정의하는 생태목회는 "자연이 하나님의 창조영성에 의해 지어졌고, 자연 안에 하나님의 녹색은총이 충만하며, 자연은 창조질서에 의해 운행됨을 믿고, 자연이 하나님의 집이며 계시이고 몸으로 간주하며, 하나님이 인간에게 주신 최초의 사명이 자연을 잘 돌보는 일이었으며, 창조세계의 청지기로 그리스도인들이 참여하는 것"이라고 설명하였다.

감리교회의 건강한 목회자들은 이미 에큐메니칼 목회를 수행하고 있다. 문제는 얼마나 많은 목회자들과 성도들이 구체적이고 현실적인 공감대를 형성하며 마음을 모아 함께 나아가느냐 하는 것이다.

(2) 에큐메니칼 영성(Ecumenical Spirituality)

에큐메니칼 운동이나 에큐메니칼 운동가들에게 부족한 것이 영성이나 영성생활이라고 비판하는 목소리가 많다. 부정할 수 없는 지적이다. 그러나 부정할 수 없는 이유는 에큐메니칼 운동이나 활동하는 이들의 영성이 부족하기 때문이 아니라 하나님 앞에서 어느 누구도 영적으로 충분하다고 자부할 수 없기 때문이다. 기독교인이라면 누구나 그리스도를 통하여 나타난 하나님의 놀라운 구원 행위 앞에 두렵고 떨리는 심정으로, 동시에 감사와 영광의 마음으로 나아간다. 이러한 생활이나 훈련을 집중적으로 수행하는 사람들을 가리켜 영성이 높다거나 영성훈련이 잘 되어 있는 사람이라 할 수 있다. 감리교회의 에큐메니즘의 방향으로 복음적 에큐메니즘을 말하기 위하여 영성을 생각해야 하는 이유다. 특별히 에큐메니칼 영성이라 칭하는 이유는 교회와 세상의 접점에서 교회성과 신앙을 지키는 한편 그리스도의 대위임과 사역을 위하여 세상을 향해 외쳐야 하는 실천적 영성을 지향하기 때문이다.

전통적으로 기독교의 영성은 중세 가톨릭교회에서 강조하던 "경건"과 다르다. 단순한 금욕생활이나 내면적 기도생활 혹은 집단적 예배나 기도훈련 같은 "수도원적 영성"만을 가리키지 않는다. 기독교적 영성에 대한 다양한 정의들이 있지만, 일반적으로 "인간의 의식 속에서 다양하게 일어나고 있는 기독교적 진리에 대한 실제적이고도 실효성 있는 이해 전반을 포함한다."(원종국, 「위대한 영성가들」) 즉 하나님 앞에서와 그가 지으신 세계 한가운데서의 실존적인 삶을 말한다. 그러한 의미에서 영성은 개별적이고 고립적인 수련이 아니다. 이미 웨슬리가 잘 보여준 것과 같이 개인적 성화와 함께 사회적 성화의 길을 가야 하는 것이다.

웨슬리의 영성에 중대한 도움과 영향을 준 책은 토마스 아 켐피스의 「그리스도를 본받아」이다. 그는 이 책을 읽고 참된 종교와 하나님의 섭리에 대한 깨달음을 얻었다고 기록하고 있다. 옥스퍼드 대학교 시절부터 신성클럽을 결성하여 규칙적인 신앙생활과 영성훈련을 했던 웨슬리는 평생 아침 4시에 기상하여 기도와 말씀으로 하루를 시작하는 생활을 잊지 않았다. 그렇게 시작한 영성생활은 성화와 완전을 추구하는 그리스도인의 모습으로 나타났다. 웨슬리는 모라비안 교도들이 세상을 등지고 고립적인 은둔 형식의 신앙생활을 지향하는 것을 수용하지 않았다. 웨슬리 신학자 김영선 교수(협성대학교)에 의하면, 웨슬리는 모라비안 교도들의 개인적이고 고독한 영성생활을 비판하면서 기독교는 사회적 거룩성(Social holiness)을 지향하는 종교라고 산상수훈 설교에서 강조하였다.(김영선, "웨슬리의 영성과 윤리", 정원범 엮음, 「기독교 영성과 윤리」) 김영선 교수는 웨슬리의 영성의 핵심이 사랑이었다고 설명하면서, 하나님에 대한 사랑을 이웃에게 확장하고, 복음을 개인의 구원에 한

정하지 않고 사회의 구원으로 확장한 것이 웨슬리의 영성이라고 알려준다.

따라서 감리교회의 에큐메니칼 영성은 웨슬리에게서 모범을 발견하면서, 현대의 다양한 실천적 담론을 참고해야 할 것이다. 지난 세기 세계 신학계에 큰 도전과 충격을 주었던 남미 해방신학의 기여 가운데 중요한 것은 실천적 영성이었다. 구티에레즈는 해방의 영성을 주장하면서, 기독교 신앙이 전통적으로 이해해 온 영성훈련의 두 가지 특징을 비판하였다.(서창원, "남미 해방신학과 영성", 「조직신학 속의 영성」) 하나는, 영성훈련을 소수 엘리트들의 수행으로 여겼다는 것이다. 즉 폐쇄적인 수도원이나 종교 단체의 생활과 관련하여 영성을 이해한 것이다. 다른 하나는, 개인주의적 경향이다. 영적 성장 과정을 개인적인 가치나 교양을 인격적인 완성으로 보아 영성생활을 완덕 또는 내면생활로 이해하는 것이다.

샌프란시스코 신학대학원 엘리자베스 리버트 교수(영성생활)는 영성훈련을 "우리가 우리 안과 우리 주변에서 매우 실제적인 현존으로 임재하시는 하나님을 경험하고 그에 대해 응답하기 위하여 우리 삶을 영위하는 방식"이라고 설명하고 있다. 그녀는 "1) 기독교의 공동유산에 충실하며, 즉 에큐메니칼(ecumenical)하고, 2) 종교개혁(늘 새롭게 개혁되는) 전통의 핵심적인 비전에 충실한, 즉 특수하며(particular), 3) 오늘날의 문화적·종교적 상황, 특히 인종, 계급, 정치, 성 등의 이유로 소외된 사람들의 문제에 예민한, 즉 예언자적인(prophetic) 영성을 재발굴하고, 되살리며 부활시켜야 한다."고 말하고 있다.

이러한 해방적 영성의 특징은 성서적이고, 그리스도 중심적이며, 귀납적이다. 현대 에큐메니칼 영성이 지향하는 바도 이와 같다. 하나님의 말씀인 성서의 가르침, 즉 복음에 기초하여, 해방자이신 예수 그리스도의 인도하심에 따라, 신앙과 삶의 의미와 실천적 가치를 발견하고 나누는 것이다. 교회는 그러한 영성을 공유하고 함께 실천하는 공동체다.

한국감리교회는 이러한 영성훈련과 실천을 위한 제도적 장치를 갖추고 있는 몇 안 되는 교회다. 아마도 한국에서 이러한 시스템을 갖춘 교단은 많지 않을 것이다.

일영에 위치한 제1연수원에서 진행하는 업무 가운데 정회원, 장로, 평신도 연수 교육을 제외하고도, 절반 이상이 영성수련에 관한 업무들이다. 우선 영성수련 프로그램 개발 및 운영 항목에서 "엠마오 가는 길"(Seoul Walk to Emmaus)과 젊은이 영성수련 프로그램 "크리샐리스"(Chrysalis), 그리고 파이브데이(5 Day) 영성아카데미 프로그램을 볼 수 있다. 이 프로그램들에 매년 여러 기수가 입소하여 영성훈련을 받고 있고, 참가자들의 만족도도 높은 편이다. 여기에 영성공동체 개발 및 영성수련원 설립을 진행하고 있으니 감리교회는 목회자와 평신도들의 영성훈련을 위한 제도와 시설, 프로그램을 모두 갖추고 있는 셈이다.

개체교회에서는 여러 가지 명칭을 가진 "트레스 디아스" 프로그램들을 운영하고 있다. 계절마다 전교인이나 연령별 모임들이 갖는 수련회도 영성을 연마하는 중요한 장이다. 타교파 목회자, 성도들과 함께 하는 "한국 샬렘 영성훈련원"에도 적지 않은 사람들이 꾸준히 참여하고 있다. 이러한 영성훈련은 개인의 영적 감수성과 성장을 돕는 유익한 프로그램들이다.

이러한 프로그램을 통하여 이루어진 영적 훈련이 그리스도께서 보여주신 보다 넓은 차원으로 확장되어야 한다. 그것이 에큐메니칼 영성이다. 개인의 회심과 영적 훈련과 함께 사회적 책임과 실천을 지향하는 기독교회, 감리교회가 되어야 한다. 그것이 세상 속에 교회를 세우신 하나님의 뜻을 이루는 길이다.

감리교회 목회자로 작가이며 영성가인 김기석 목사(청파교회)는 호이나키라는 작가의 「정의의 길로 비틀거리며 가다」를 읽다가 이러한 영성을 발견했다고 적고 있다.

"호이나키의 「정의의 길로 비틀거리며 가다」를 읽다가 '한 사람의 혁명'이라는 말에 붙들렸다. 깊이 각성된 한 사람이 검질기에 추구하는 새로운 삶의 길은 비록 좁지만 종국에는 생명 세상과 통하게 될 것이다. 아침저녁으로 식물에 물을 주고, 염천을 마다하지 않고 밴 것을 솎아내고, 벌레를 잡아주는 농부의 마음으로 사는 사람이야말로 혁명가가 아닌가? 누구는 이런 인간을 가리켜 '최초의 인간'이라 했고, 하늘의 빛과 만나 눈이 밝아진 바울은 그런 이를 가리켜 '새로운 아담'이라 했다. 시절은 바야흐로 새로운 아담을 기다리고 있다."(김기석, 「아슬아슬한 희망」)

특히 김기석 목사는 청파교회에서 녹색목회를 통한 영성훈련을 실험하고 있다. 2010년, 연세대학교 백주년기념관에서 열린 2010 미래교회 콘퍼런스 "녹색교회, 녹색목회"(Green Church, Green Ministry)의 강사로 나선 김기석 목사는 "생태계는 낭비가 없다"는 주제로 자신의 사역을 나누었다. 그는 창조주가 설계하신 생산자인 식물과 소비자인 동물 그리고 분해자인 미생물에 이르기까지 다양한 개체가 유기적으로 결합되어 협동하는 공생 공존의 생태 공동체인 지구를 만들어야 한다는 점을 강조하면서, 모든 생명이 자기 몫의 생을 온전히 살아가도록 지금 당장 나부터 행동으로 보여주어야 한다고 주장하였다. 그는 자신의 목회방향을 "정의와 평화 그리고 생명목회"라고 설명하였다.

영성공동체 모새골을 섬기고 있는 임영수 목사 역시 영성의 마지막 단계는 하나님의 창조세계를 섬기는 하나님의 동역자라고 말하고 있다.(임영수, 「영성과 삶」) "모든 피조물의 희망은 하나님께서 이 세상을 포기하지 않으셨고 하나님께서 이 세상을 향해 오고 계시며 모든 피조물이 갈구하는 새로운 것이 하나님께 있다는 데 있다. 만물을 새롭게 하시는 하나님은 인간을 그의 동역자로 부르고 계신다. 하나님 정원의 정원사로 진실하게 일할 사역자를 필요로 하신다. … 하나님의 정원에서 하나님의 부르심에 따라 하나님의 새 창조의 사역에 참여하는 사람들은 모두 하나님의 사역자들이다."

감리교회의 위대한 영성가이며 전도자였던 이용도 목사가 일기에서 고백한 예수 중심의 신앙이 감리교회의 건강한 에큐메니칼 영성의 근원이며, 교회와 세상의 경계에서 지켜야 할 기준이다.

> 우리는 지금이라도 주께서 이미 잠든 교회를 깨우며
> 죽은 교회를 살릴 수 있다는 믿음을 가지고 주의 앞에 가서 엎드리자.
> 오늘 교회에 설교는 있었다만 주님은 안 계시었고,
> 노랫소리는 요란하였다만 주의 음성만은 씻은 듯이 고요하였도다.
> 청년회 운동자도 출입하고 주일학교 선생도 내왕하고,
> 농촌 사업자도 있었다만은 신앙이 없는 이상,
> 예수가 있지 않은 이상, 어찌 생명이 있을까 보냐,
> 먼저 그 의와 그 나라를 구할 것이다.
> 그 후에 이 모든 것으로 가미할 것이다.
> 먼저 예수를 소유하라.
> 그 생명에 접하여 영이 살고 보라.(이용도, 「일기」, 1932. 4. 10.)

먼저 예수 그리스도를 마음에 모시고, 그리스도가 죽기까지 사랑하신 이 세상의 생명을 살리고, 그 세상에서 정의와 평화를 이루기 위하여 자기가 있는 곳에서부터 실천하는 신앙이 곧 녹생 영성이며, 에큐메니칼 영성이다.

(3) 에큐메니칼 문화(Ecumenical Culture)

복음적 에큐메니즘의 세 번째 영역은 교회의 문화적 선교 방안인 에큐메니칼 문화의 형성이다. 초대교회는 출발부터 유대교의 종교적 배경뿐 아니라 음식과 의복, 그리고 정결 등의 문화들과 갈등을 겪었고, 이방인들에게 전해질 때에는 더 큰 문화적 이질성을 극복해야 했다. 요한복음의 요한이나 사도행전과 여러 서신을 기록한 바울은 특별히 당시 지중해를 지배하던 그리스 로마의 문화를 매개로 기독교를 설명하고 전파했다. 그 후 2천 년 동안 기독교가 전파되는 곳마다 문화적 수용과정을 겪었고, 현대에 이르러 기독

교 선교는 대부분 문화적 방식으로 진행되고 있다.

문화는 지구 위에 거하는 모든 사람들이 사회를 구성하여 살아가는 데 필요하거나 조성된 모든 방식을 가리킨다. 인류학자들의 조사에 따르면, 문화에 대한 정의가 154가지에 이른다고 한다.(정원범, "21세기 문화의 시대와 문화선교, 「21세기 문화와 문화선교」) 그만큼 다양한 의미를 가진 용어다.

영국의 사회학자 앤서니 기든스는 문화의 힘을 설명하면서, 문화란 "우리의 삶을 모양짓는 사회적 영향력"이라고 정의했다.(앤서니 기든스, 김미순 외 역, 「현대사회학」) 동양에서 문화는 한자어 "문치교화"(文治教化)에 어원을 두고 있으며, 무력(武力)이 아닌 문력(文力)으로 백성들을 감화시키는 통치 행위를 가리킨다. 그러다가 점차로 서양식 문물 혹은 생활양식을 염두에 둔 "문명개화"가 유행하다가 "문화"라는 신조어가 탄생하였다고 본다.(이찬수, "문(文)-화(化), 그리고 적(的)의 의미", 「종교연구」, 59호) 서양에서 문화는 라틴어 "colere"에 어원을 두고 있으며, "자연을 잘 보호하고 가꾼다"는 의미를 가지고 있다.(이정배, "한국 문화신학에 대한 평가와 전망", 「한국 종교문화와 그리스도」) 이 말이 영어 "culture"와 독일어 "kultur"의 어원이 되었다. 사회학자들은 일반적으로 "지식, 신앙, 예술, 도덕, 법률, 관습 및 사회의 한 성원으로서 인간에 의하여 획득된 기타 모든 능력과 습관들을 포함하는 복합적인 총체"이며 "한 사회의 성원이 사회적으로 학습하고 공유하는 모든 것을 포함하는 개념"이라고 정의한다.(정재영, "21세기 대중문화와 기독교의 대응", 정원범 엮음, 「21세기 문화와 문화선교」)

개체교회에서 다양한 문화적 매개를 통하여 기독교 신앙을 전하고 있다. 대부분의 교회들은 음악이나 미술, 체육 등의 대중적인 방식을 사용하여 사람들의 관심과 호감을 이끌어내고 결론적으로 교회로 인도하는 것을 문화선교로 이해한다. 그러나 문화선교나 문화목회 등 교회가 기독교신앙을 전하는 매개로 문화를 사용하는 것은 보다 넓은 의미를 갖는다.

그리스도와 문화의 다섯 가지 유형으로 유명한 리처드 니버는 「그리스도와 문화」에서 문화를 다음과 같이 정의하였다. "문화란 것은 인간이 자연적인 것 위에 억지로 뒤집어씌운 '인공적인, 제이의 환경'이다. 이것은 언어, 관습, 이념, 신념, 전통, 사회조직, 전해받은 공예품, 기술적 진전 그리고 가치 등으로 구성된 것이다." 그러한 문화와 그리스도의 관계를 다섯 가지로 설명하였는데, 1) 문화와 대립하는 그리스도 2) 문화에 속한 그리스도 3) 문화 위에 있는 그리스도 4) 문화와 역설적 관계에 있는 그리스도 5) 문화를 변혁하는 그리스도다. 그리스도의 자리에 교회나 기독교를 넣어도 좋을 것이다.

그러나 니버의 이해는 그가 살았던 시대 이전, 초대교회와 중세교회에 나타난 현상에 대한 설명과 근대의 부흥기를 살면서 가졌던 희망을 반영하고 있다. 21세기 신자유주의 시대를 살아가는 교회와 기독교인들에게 문화의 변혁자 그리스도를 말하는 것이 가능한지 묻게 된다. 더 이상 교회는 세속문화보다 고급하거나 앞서가지 않는다. 세계화의 물결 앞에서 저마다 스마트폰의 화면으로 소통하는 개인주의 시대에 교회가 문화를 변혁하겠다는 것은 허망한 구호로 들린다. 교회마다 주일학교와 청년들이 줄거나 떠나는 현실 속에서 문화선교는 당장 사람들의 기호와 관심을 끌어보려는 시도로 보인다. 니버가 말한 다섯 번째 유형에 한 가지를 더 보태, "문화 속에 생존하는 그리스도(Survival)"를 말해야 하는 것이 아닌가 생각한다. 그럼에도 불구하고 기독교는 문화를 변혁하는 변혁자(Reformer) 그리스도를 말하고 추구하고 수행해야 한다.

역사적으로 기독교와 교회는 태평한 시기가 위험한 시기였고, 고난 중에 더 튼튼해지고 성장하였다. 새로운 시대마다 하나님께서 새로운 인물들을 통하여 복음을 전하셨기 때문이다. 새로운 방식을 찾는 것이 오늘날 교회에 주어진 책임이고, 에큐메니칼 운동 역시 새로운 방식을 찾아야 하는데, 중요한 매개가 문화적 적용이다. 에큐메니칼 운동의 문화적 표현은 기본적으로 교회의 활동 영역을 교회 안으로 한정하지 않고 세상으로 향할 때 자연스럽게 전환된다.

이미 개체교회 차원에서 다양한 문화 활동이 전개되고 있다. 많은 교회들이 카페를 운영하고, 주민들과 호흡하는 음악회와 초청 강연회를 연다. 주민 잔치에 직접 참여하는 교회도 있고, 녹색가게와 같은 생태신학적인 목회를 추구하는 교회도 있다. 이렇듯 사회적으로 중요한 문제들에 대한 교회적 관심을 표현하고 참여하는 것이 필요하다. 일상에서 발견하는 삶의 모든 문제들을 기독교인의 관점에서 바라보되 세상이 납득하고 공감할 수 있는 방식으로 접근하는 것이 필요하다. 그러한 과정에서 변혁적이 되어야 한다.

장로회신학대학교 총장 임성빈 교수는 복음과 문화의 대결이라는 관점에서 교회의 변혁적인 문화 이해를 제시하고 있다.(임성빈, "새천년을 맞는 한국교회의 과제로서의 문화선교", 「21세기의 도전과 문화선교」)

1. 복음은 반드시 인간의 모든 형태의 문화와 구별되어야 한다. 이것은 어떤 특정한 문화가 복음으로 동일시되어서는 안 된다는 것을 의미한다. 그러므로 나와 다른 문화들을 일방적으로 정죄해서는 안 된다.
2. 복음과 문화를 동일시하는 것은 자칫 서구 제국주의적 선교태도를 연장시킬 수 있다.
3. 복음과 문화를 동일시하면 죄마저 상대화시키는 경향을 낳게 된다. 예컨대 여성이 바지를 입는 것을 죄악시하였던 문화를 비판하다 보면 죄가 상대화되어 오늘날에는 죄를 물을 수 없게 되는 문화적 상대화의 경향을 경계하여야 한다. 즉 모든 형태의 문화의 심판자로서의 복음을 분명히 할 필요가 있다.

그러한 관점에서 독일 교회의 날(Kirchentag)은 에큐메니칼 문화 형성과 확산의 좋은 실례가 될 것이다.(부록 278쪽 독일 교회의 날 탐방기 참고) 독일을 비롯한 유럽 전체가 기독교의 역사적 배경이 되지만, 유럽교회의 감소와 쇠락에 대한 한국교회의 염려와 달리 독일교회가 매년 개최하는 독일의 날 행사는 교회와 세상이 하나로 소통하고 함께 하는 큰 축제로 자리하고 있다.

교회의 날에는 예배와 기도회, 성경공부를 위해 매일 아침과 저녁에 기본적으로 모이고, 우리 시대 가장 긴급한 주제들에 대한 전문가들의 강연, 참가자들과의 자유로운 토론이 열린다. 유럽뿐 아니라 전 세계 인류의 관심 사안을 다루고, 세계적인 명사들의 특강이 이루어진다. 동시에 행사가 열리는 도시의 장애인들이나 약자들이 참여하는 기회를 제공하고 있다. 예를 들어, 2015년 교회의 날 폐회예배의 찬양은 장애인 연합합주단이 맡아 큰 감동을 주었다. 독일 교회의 날은 독일교회의 여전한 사회적 위상과 영향력을 보여주는 시간이었다.

에큐메니칼 문화 형성은 세상을 이분법적으로 분리하여 교회와 대립시키거나 대중의 기호에 따라 무조건 수용하는 것이 아니라 복음의 기초 위에 굳게 서되 세상과 지역사회를 향한 열린 접근과 소통을 실현하는 것이다. 때문에 에큐메니칼 문화는 그리스도의 사역에서 배울 수 있는 가치들을 지향해야 한다. 그것은 세상을 향하여 열린 문화, 세상과 함께, 특별히 어렵고 힘들어 하는 이들과 함께 가는 공동체 문화, 낮은 자들을 위하여 봉사하는 섬김의 문화, 상처입은 자들을 회복시키는 치유의 문화 등이다.

마지막으로 웨슬리의 설교를 통하여 우리 시대 문화를 대하는 에큐메니칼 정신을 확인하고자 한다.

비록 우리가 똑같이 생각하지 않는다고 해서 똑같이 사랑할 수 없단 말입니까? 우리의 의견이 같지 않다고 해서 하나의 마음을 가질 수 없단 말입니까? 결코 그렇게 못할 이유가 없습니다. 여러 가지 작은 의견들에서 차이가 있더라도 하나님의 자녀들은 얼마든지 일치하고 연합할 수 있습니다. 이러한 차이들을 그대로 지니면서도 우리는 사랑과 선행에서 함께 같은 길을 가며 전진할 수 있습니다.(존 웨슬리, "보편적 정신")

부록

1. 에큐메니칼 여정(Ecumenical River)

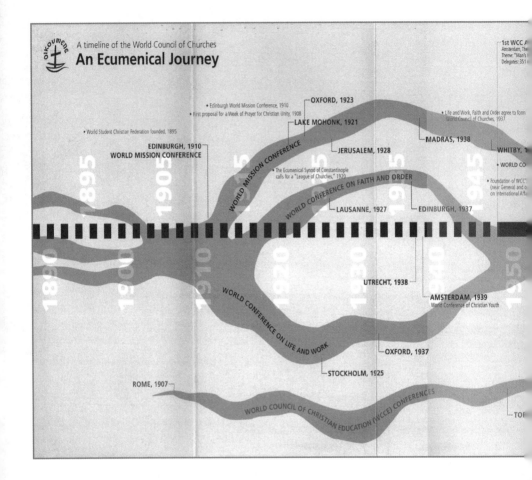

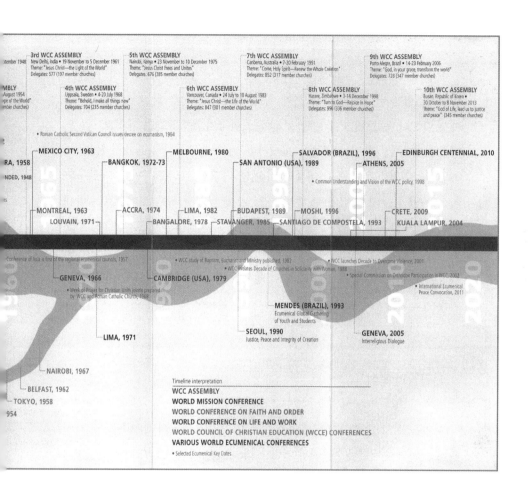

3rd WCC ASSEMBLY
New Delhi, India • 19 November to 5 December 1961
Theme: "Jesus Christ—the Light of the World"
Delegates: 577 (197 member churches)

5th WCC ASSEMBLY
Nairobi, Kenya • 23 November to 10 December 1975
Theme: "Jesus Christ Frees and Unites"
Delegates: 676 (285 member churches)

7th WCC ASSEMBLY
Canberra, Australia • 7-20 February 1991
Theme: "Come, Holy Spirit—Renew the Whole Creation"
Delegates: 852 (317 member churches)

9th WCC ASSEMBLY
Porto Alegre, Brazil • 14-23 February 2006
Theme: "God, in your grace, transform the world"
Delegates: 728 (347 member churches)

4th WCC ASSEMBLY
Uppsala, Sweden • 4-20 July 1968
Theme: "Behold, I make all things new"
Delegates: 704 (235 member churches)

6th WCC ASSEMBLY
Vancouver, Canada • 24 July to 10 August 1983
Theme: "Jesus Christ—the Life of the World"
Delegates: 847 (301 member churches)

8th WCC ASSEMBLY
Harare, Zimbabwe • 3-14 December 1998
Theme: "Turn to God—Rejoice in Hope"
Delegates: 996 (336 member churches)

10th WCC ASSEMBLY
Busan, Republic of Korea •
30 October to 8 November 2013
Theme: "God of Life, lead us to justice
and peace" (345 member churches)

• Roman Catholic Second Vatican Council issues decree on ecumenism, 1964

— MEXICO CITY, 1963
— MELBOURNE, 1980
— SALVADOR (BRAZIL), 1996
— EDINBURGH CENTENNIAL, 2010
— BANGKOK, 1972-73
— SAN ANTONIO (USA), 1989
— ATHENS, 2005

• Common Understanding and Vision of the WCC policy, 1998

— MONTREAL, 1963
— ACCRA, 1974
— LIMA, 1982
— BUDAPEST, 1989
— MOSHI, 1996
— CRETE, 2009
— LOUVAIN, 1971
— BANGALORE, 1978
— STAVANGER, 1985
— SANTIAGO DE COMPOSTELA, 1993
— KUALA LAMPUR, 2004

Conference of Asia is first of the regional ecumenical councils, 1957

• WCC study of Baptism, Eucharist and Ministry published, 1982
• WCC launches Decade to Overcome Violence, 2001
• WCC initiates Decade of Churches in Solidarity with Women, 1988

— GENEVA, 1966
— CAMBRIDGE (USA), 1979
• Special Commission on Orthodox Participation in WCC, 2002

• Week of Prayer for Christian Unity jointly prepared
by WCC and Roman Catholic Church, 1968
• International Ecumenical
Peace Convocation, 2011

MENDES (BRAZIL), 1993
Ecumenical Global Gathering
of Youth and Students

— LIMA, 1971
SEOUL, 1990
Justice, Peace and Integrity of Creation
GENEVA, 2005
Interreligious Dialogue

— NAIROBI, 1967

— BELFAST, 1962

— TOKYO, 1958

954

Timeline interpretation
WCC ASSEMBLY
WORLD MISSION CONFERENCE
WORLD CONFERENCE ON FAITH AND ORDER
WORLD CONFERENCE ON LIFE AND WORK
WORLD COUNCIL OF CHRISTIAN EDUCATION (WCCE) CONFERENCES
VARIOUS WORLD ECUMENICAL CONFERENCES
• Selected Ecumenical Key Dates

2. 2015 독일 교회의 날 탐방기

독일 개신교회가 주관하는 2015년 "교회의 날"(Kirchentag) 행사가 6월 3일부터 8일까지 "우리를 지혜롭게 하소서"라는 주제로 독일 슈투트가르트에서 열렸다. 종교개혁 500주년을 앞두고 한국의 개신교회가 개혁과 갱신의 한목소리를 낼 수 있는 방법을 모색하기 위하여 구성한 종교개혁 500주년 기념사업위원회 일원으로 예장과 기장, 루터교회 그리고 구세군 대표들과 함께 독일 남부의 중심 도시 슈투트가르트를 찾았다. 슈투트가르트는 바덴 뷔르템베르크 주의 주도로 독일 남부에서 중요한 역할을 맡고 있으며, 2006년 독일 월드컵 경기가 열린 도시 중 하나며, 주에서 가장 크고 독일에서 여섯 번째로 큰 도시다. 독일 교회의 날 행사의 기원과 역사, 목표와 내용, 그리고 한국교회와 한국감리교회에 주는 도전을 살펴보자.

1. 기원과 목적

독일 교회의 날은 1800년대 중반으로 거슬러 올라간다. 1848년 9월 21일부터 23일까지 비텐베르크에서 열린 교회의 날을 기점으로 1872년까지 열여섯 번의 교회의 날이 열렸는데 그 성격은 오늘의 교회의 날과 많이 달랐다. 주로 남성 지도자들이 중심이 되어 남성 교인들이 모여 평신도 운동과 관련된 주제들을 다뤘다. 이들은 교회와 국가의 관계, 교회일치, 디아코니아, 주일 성수 기독교인과 국가, 이단, 교육 문제 등의 주제를 다뤘다. 그 후 1919년부터 1930년까지 교회의 날 행사가 열렸는데, 주(州) 교회들이 중심이 되어 당대의 주요한 이슈들을 다뤘다. 이는 오늘의 교회의 날 행사와 많이 유사하다.

현대 교회의 날의 출발은 1949년 하노버 대회를 기점으로 한다. 독일 복음주의교회연맹(DEK)이 개최한 독일 복음주의교회 주간(독일에서 복음주의는 개신교회를 의미) 마지막 날 라인홀드 폰 태든 트리갈프는 2차 대전의 경험을 기억하며 나치 치하 국가 권력으로부터 독립적인 교회의 위상을 확립할 수 있는 평신도 중심의 "지속적인 기구"의 설립을 주장하였다. 처음 그가 그린 그림은 사람들이 자유롭게 자기의 생각을 말하고 전할 수 있는 시장의 모습이었다. 트리갈프의 제안에 담긴 정신은 "독일에 있는 교회들이 신앙 안에서 자신의 능력을 강화하고, 자신이 속한 교회 안에서 자신의 책임을 준비하고, 세계를 향하여 믿음을 증언하도록 격려하고, 그리스도 교회에 속한 모든 기관들과 연대하는 것"이었다.

이러한 목적으로 시작한 교회의 날은 초기부터 독일 교회와 사회에 큰 도전을 주고 그보다 더 큰 지지를 받았다. 1949년 1차 대회 참가자는 5천 명을 조금 상회했으나, 1950년 에센에서 열린 2차 대회 2만 5천 명, 1951년 베를린 3차 대회 7만 명, 1952년 4차 슈투트가르트 대회 4만 명, 1953년 함부르크 대회 6만 명, 1954년 라이프치히 대회 6만 명, 1956년 프랑크푸르트 대회 5만 5천 명이 참가하였고, 1957년 베를린 대회, 59년 뮌헨 대회, 61년 베를린 대회, 63년 도르트문트 대회, 65년 쾰른 대회에 이르기까지 4만 명에서 1만 2천 명 선을 오가다가 1981년 베를린 대회를 기점으로 10만 명이 넘는 참가자들이 찾아오고 있다.

교회의 날은 2차 세계대전 이후 무너진 독일교회와 사회에 그리스도의 능력으로 생명을 전하고 새로운 회복의 정신과 방향을 전하는 것을 중요한 주제로 삼고 있다. 평신도들의 자발적인 운동으로 출발해 현재 독일뿐 아니라 전 세계에서 매번 10만 명 이상이 참가하는 독일적이면서 동시에 국제적인 에큐메니칼 행사가 되었다. 2013년에 함부르크에서 열린 34차 대회에는 2천 5백 개 프로그램과 10만 명의 참가자 그리고 3만 명의 자원봉사자가 참여한 가운데 행사가 진행됐다. 아마도 전 세계에서 진행되는 기독교 행사 가운데 가장 큰 규모가 아닐까 생각된다.

2. 조직과 내용

교회의 날 준비위원회는 1명의 회장과 2명의 부회장으로 구성된 회장단과 30명의 임원회, 그리고 실무를 총괄하는 5인 콜로기움(실무책임자)이 전체적인 지도력을 가지고 있으며 대회 장소와 주제가 정해진 이후 구성되는 15개 프로그램 위원회를 통하여 구체적인 행사의 내용과 진행이 정해진다. 교회의 날을 지원한 중요한 주체 3개가 있는데, 주교회와 준비위원회, 그리고 대회를 여는 도시 정부다. 이 세 단위는 장소 선정 이후 긴밀하게 협력하며 성공적인 행사를 위하여 노력한다. 특별히 인상적인 것은 주교회와 준비위원회, 그리고 시정부의 긴밀한 협력과 함께 자신의 권한을 넘어서는 부분에 대하여 철저하게 서로를 신뢰하고 인정하는 것이었다. 준비위원회를 총괄하고 있는 코페츠 박사는 대회 준비에 있어서 시설과 운영, 내용적인 면에서 대부분 독립성을 존중받고 있다고 말하면서 동시에 회장단과 임원회에 대한 신뢰와 감사를 잊지 않았다.

2015년 교회의 날 회장단의 회장은 세계적인 제약회사 베링거 잉겔하임의 이사장 안드레아스 바르너가 회장으로 있으며, 신학자 한 명과 현직 독일 외무부 장관인 발터 스타이마이너가 부회장을 맡고 있다. 이들은 교회의 날 행사를 전적으로 지원하고 있지만 한편으로 5인 콜로기움을 중심으로 하는 실무진들의 의사를 존중하고 있다. 교회의 날이 평신도 중심으로 제안되어 평신도들의 자발적인 참여와 진행을 중심으로 이루어져 온 역사를 볼 때 이들의 역할은 상징적인 동시에 실제적으로 대회의 내용을 담보하는 중요한 울타리가 되고 있다. 교회의 날은 전체적으로 슈투트가르트 중심지와 부심지 공원, 그리고 외곽에서 진행된다. 도심지 세 곳에서 개회예배를 드리고,

부심지인 네카파크에서 중요한 공연과 전시회, 워크숍 등이 열린다. 특별히 네카파크에서 열리는 장터의 명칭은 "가능성의 시장"이다. 미래를 향한 교회와 다음 세대에 대한 관심과 대안 제시를 목적으로 하는 듯하다. 우리 시대의 교회는 지난날의 유산을 바탕으로 살아남을 수 있겠지만 세계 모든 교회의 관심과 기도는 다음 세대의 교회 모습일 것이다.

2015년 독일 교회의 날 참가 예상 인원은 12만 명이고, 이들을 돕는 자원봉사자만 5천 5백 명이다. 한 주간 동안 독일 남부의 한 도시로 몰려오는 국내외 12만 명의 기독교인들이 벌이는 이 축제는 단순히 스스로를 위로하는 자리가 아니라 세계를 향한 그리스도의 사랑과 은혜를 전하고 다음 세대에게 신앙의 유산을 증언하는 시간이다. 지난날 한국교회가 피해야 할 미래로 설정했던 유럽교회의 오늘 모습이 어쩌면 한국교회가 앞으로 배워야 할 모델로 비쳐지는 건 무슨 이유일까?

3. 치밀한 준비

독일 교회의 날을 참관하면서 가장 감동적으로 느낀 것은 준비였다. 독일 사람들의 특성으로 조직성과 준비성을 들 수 있는데, 독일 교회의 날 준비위원회 역시 치밀하고 조직적으로 준비해 왔다. 그 내용과 규모, 준비과정은 상상을 초월할 정도였다. 먼저 10만에서 12만 명의 참가인원을 수용할 수 있는 도시들 가운데 우리나라 도 단위가 되는 주 교회가 주와 시정부의 협력을 얻어 유치를 신청한다. 교회가 국가교회인 독일이기에 가능한 일이라 보인다. 개최지를 선정하면 5, 6년 전에 주요한 실내경기장, 박물관, 광장 등을 예약한다. 이번 교회의 날에도 시청 앞 광장과 네카파크 광장, 포르셰센터 등 주요한 장소뿐 아니라 시내 곳곳의 광장과 집회장소들을 미리 예약하여 사용하였다. 이를 위한 재정과 조직을 준비하는데, 크게 세 단위에서 준비위원회에 참여한다. 행사를 유치한 주교회와 주정부와 시정부, 그리고 상설 준비위원회와 지역 준비위원회가 유기적인 협력 아래 행사를 준비한다. 한 번의 교회의 날을 준비하는 기간은 대략 7년 정도다.

풀다에 본부를 둔 상설위원회가 준비하는 가운데 2년여 앞두고 지역 준비위원회를 설치하여 지역교회가 파송한 직원들과 함께 준비한다. 이 과정에서 도시의 모든 행정기관과 종교단체들이 협력하며 준비한다. 기독교인과 비기독교인을 망라하여 각계를 대표하는 120명 위원을 6년 임기로 중앙위원회 혹은 실행위원회로 선출하고, 이들 중에서 25명의 임원을 선출한다. 이들은 교회의 날 상설본부를 대표하는 5인의 콜로기움과 함께 30인 임원회를 구성하여 행사의 전반적인 사항을 준비하고 결정한다. 대부분의 사안들은 5인 콜로기움 선에서 정리하지만 교회나 사회적으로 민감한 사안들은 30인 임원회에서 다루고, 여기에서 결정된 사안을 회장단에서 보고하지만 회장단이 결정을 바꾸는 경우는 거의 없다는 점에서 30인 임원회와 120인 중앙위원회가 실질적인 준비단위라고 한다. 특이한 것은 회장단과 임원회, 중앙위원회 대부분이 평신도들이라는 것이다. 개회예배와 폐회예배에서 목회자가 맡은 순서는 설교자 한 명 정도였다.

교회의 날 준비위원회와 대회의 중요한 특징은 1) 평신도 중심 2) 사회단체 및 제조직과 협력 3) 상향식과 하향식 협력과 의사소통의 조화 4) 자원봉사자의 헌신 5) 젊은 세대의 참여 등을 꼽을 수 있다. 유럽교회가 노쇠해 간다는 평이 많지만 독일교회는 이러한 전국적인 축제를 통하여 교회와 사회의 간격을 좁히고, 세대 간의 차이보다 동질성을 확대하는 모습을 볼 수 있었다. 준비위원회는 전국에서 몰려오는 참가자들을 위하여 최대한으로 준비하였고, 도시 전체를 가득 채운 참가자들은 붐비지만 유연한 흐름 속에서 자신이 원하는 다양한 프로그램에 참여하여 기도와 찬양, 배움과 교제, 비전을 공유하는 시간을 가졌다.

4. 자발적이며 광범위한 참가

대회 기간 중 눈에 띈 것은 젊은이들의 모습이었다. 개회예배부터 폐회예배까지 젊은이들이 도시 전역에 넘쳐났다. 청년뿐 아니라 청소년들도 배낭에 침낭과 텐트를 지고 이 도시를 찾아왔다. 부모와 함께 온 젊은이들도 많았지만 또래끼리 몰려다니는 모습도 많았다. 준비위원회의 통계에 따르면, 등록자들의 평균 연령은 36.6세이며, 남자가 40퍼센트, 여자가 60퍼센트이며, 50퍼센트 이상이 고등교육을 받은 이들이라고 한다. 이들에 대한 언론의 관심도 엄청나서 교회의 날에 대한 신문과 방송 기사가 대회의 중요한 소식들을 사람들에게 전달한다.

공연장으로 이동하는 중 앞자리에 앉아 프로그램북을 꼼꼼하게 보고 있는 학생은 고등학생 정도로 보였는데, 친구와 함께 가까운 인근 도시에서 왔다고 했다. 그 학생은 관심 있는 순서들을 찾기 쉽도록 촘촘하게 북마크를 하고 다음 행선지를 보고 있었다. 옆에 있던 중년의 참가자 역시 자기의 프로그램북을 보여주면서 그렇게 북마크를 하지 않으면 보고 싶은 프로그램들을 다 찾아 볼 수 없다고 말했다. 교회의 날은 잔치를 벌여놓고 오라고 부르는 자리가 아니라 참가자들이 능동적으로 찾아가는 자리였다. 이들을 위하여 임시로 편성된 특별전철이 2~3분 간격으로 사람들을 실어 날랐고, 참가자들은 질서 있게 목적지로 이동하였다. 가족 단위, 교회나 단체 단위로 참가한 다양한 연령의 참가자들이 준비위원회에서 받은 전철 탑승권과 전시회장 입장권 등을 넣은 명찰을 목에 걸고 가벼운 걸음으로 슈투트가르트 거리를 누비는 모습은 독일교회의 밝은 미래를 보여주는 것 같았다.

5. 한국 교회의 날의 가능성

앞에서 말한 독일 교회의 날의 특징들을 한국사회와 교회의 상황에 적용해 보면 대부분이 장애로 다가온다. 대회 기간 중 한국 참가자들의 토론회가 있었다. "한국교회 평신도 문화일치운동의 가능성"이라는 제목으로 필자가 발표하였는데, 진지한 관심과 토론이 이어졌다. 필자는 한국교회에서 평신도 문화일치운동이 발전하기 위하여 극복해야 할 세 가지 현실을 이야기하였는데, 목회자 중심주의, 교파 중심주의, 그리고 진영 논리이다. 목회자의 영향에서 자유로운 평신도 운동이 가능할 것인지, 교단에 대한 자부심을 넘어 이기주의로 발전한 교단 중심주의를 극복할 수 있을 것인지, 마지막으로 가장 큰 장애라고 보이는 바, 진보와 보수 혹은 좌우, 혹은 지역적 분열 논리를 뛰어넘어 일치를 말할 수 있는가의 문제였다. 주와 시정부의 전폭적인 지원도 사실 다종교 상황에서 쉽지 않다고 할 때 교파간 갈등까지 드러낸다면 한국에서 교회의 날과 같은 행사는 불가능하다는 것이 솔직한 심정이었다.

그러나 바로 그렇기 때문에 종교개혁 500주년을 맞으며 더욱 기도하며 추구할 가치가 있는 역사가 아닌가 하는 생각이 들었다. 한국교회 선교 130년을 맞으며 교단별로 갈라지고 서로 비방하고 갈등하는 한국교회의 모습은 결코 성경적이지도 복음적이지도 않기 때문이다. 종교개혁 정신은 성경을 믿음의 기초로 회복하고 복음의 능력을 확신하며 전진하는 것이다. 그 믿음이 오늘날 전 세계 개신교회의 선교와 성장을 가져왔다. 그 과정에서 필연적으로 분열과 대립이 나타났다면 이제 원래의 정신을 회복할 때가 된 것이 아닐까? 루터와 거리는 있지만 감리교회는 한국교회에서 복음전도와 교회일치운동의 정신을 가장 잘 구현하는 건강한 교회라고 믿는다. 종교개혁 500주년을 맞으며 한국교회가 연합과 일치 속에서 종교개혁 정신을 회복하기 위하여 성경과 복음의 능력을 선포하며 세상 속으로 들어가는 일에 감리교회의 힘을 더해야 할 것이다.

본서 집필에 참고한 문헌과 서적들은 다음과 같다. 앞선 연구자들의 수고에 깊이 감사드린다. 큰 도움이 되었다.

기든스, 앤서니/김미순 외 역. 「현대사회학」. 서울: 을유문화사, 1992.

김기석. 「아슬아슬한 희망」. 서울: 꽃자리, 2014.

김진두. 「웨슬리와 우리의 교리」. 서울: KMC, 2010.

———. 「웨슬리의 실천신학」. 서울: KMC, 2000.

———. 「존 웨슬리의 생애」. 서울: KMC, 2014.

———. 「웨슬리와 사랑의 혁명」. 서울: 한들출판사, 2011.

김홍기. 「존 웨슬리의 실천신학」. 서울: 한들출판사, 2008.

노로요시오/김덕순 역. 「존 웨슬리의 생애와 사상」. 서울: 기독교대한감리회 홍보출판국, 1998.

대한예수교장로회 총회사회부. 「21세기의 도전과 문화선교」. 서울: 한국장로교출판사, 2000.

매카이, 존/민경배 역. 「에큐메닉스」. 서울: 대한기독교서회, 1966.

박상증. 「한국교회와 에큐메니칼 운동」. 서울: 대한기독교서회, 1992.

사우어 엮음/자료연구회 역. 「은자의 나라 문에서」. 서울: 한국기독교역사연구소, 2006.

서정민. 「한국교회 논쟁사」. 서울: 이레서원, 1994.

———. 「한국교회 사회운동사」. 서울: 이레서원, 1995

세계교회협의회 편/이형기 역. 「WCC의 기원과 형성」. 서울: 한국장로교출판사, 1996.

———. 「WCC 40년사」. 서울: 한국장로교출판사, 1996.

———. 「WCC 역대 총회 종합보고서」. 서울: 한국장로교출판사, 1996.

———. 「WCC BEM 문서」. 서울: 한국장로교출판사, 1996.

———. 「하나의 신앙고백」. 서울: 한국장로교출판사, 1996.

세계교회협의회 편/김동선 역. 「통전적 선교를 위한 신학과 실천」. 서울: 대한기독교서회, 2007.

NCCK 선교훈련원 역. 「에큐메니칼 운동과 신학 사전 I, II」. 서울: NCCK, 2002.

스톡스, 찰스/장지철 · 김흥수 역. 「미국감리교회의 한국선교 역사」. 서울: 한국기독교역사연구소, 2010.

신수일. 「한국교회 에큐메니칼 운동사」. 서울: 쿰란출판사, 2008.

아펜젤러 노종해 역. 「자유와 빛을 주소서 - H. G. 아펜젤러 일기(1886~1902)」. 서울: 대한기독교서회, 1988.

역사위원회 편. 「한국감리교 인물사전」. 서울: 기독교대한감리회, 2002.

유동식. 「한국감리교회의 역사1」. 서울: KMC, 1994.

———. 「한국감리교회의 역사2」. 서울: KMC, 1994.

———. 「한국감리교회 사상사」. 서울: 한국감리교회사학회, 1993.

———. 「정동제일교회의 역사」. 서울: 정동제일감리교회, 1992.

이덕주. 「쉽게 쓴 한국교회 이야기」. 서울: 신앙과지성사, 2009.

———. 「스크랜턴 – 어머니와 아들의 조선 선교 이야기」. 서울: 공옥출판사, 2015.

———. 「상동청년 전덕기」. 서울: 공옥출판사, 2016.

———. 「새로 쓴 개종이야기」. 서울: 한국기독교역사연구소, 2003.

이덕주 외. 「한국선교의 개척자」. 서울: 한들출판사, 2015.

이만열 편. 「아펜젤러」. 서울: 연세대학교 출판부, 1985.

이만열. 「아펜젤러, 한국에 온 첫 선교사」. 서울: 연세대학교 출판부, 1985.

이성덕. 「소설 아펜젤러」. 서울: KMC, 2015.

이찬석. 「글로컬 시대의 기독교 신학」. 서울: 신앙과지성사, 2013.

이형기. 「복음주의와 에큐메니칼 운동의 세 흐름에 나타난 신학」. 서울: 한국장로교출판사,
        1999.

———. 「에큐메니칼 운동의 패러다임 전환」. 서울: 한들출판사, 2011.

———. 「세계교회협의회와 신학」. 서울: 북코리아, 2013.

장로회신학대학교 에큐메닉스연구부. 「에큐메니즘 A에서 Z까지」. 서울: 대한기독교서회, 2013.

전병식 · 김언영. 「기독교와 사회」. 서울: 삼필문화사, 2015.

전용재 편. 「대한민국을 세운 위대한 감리교인」. 서울: KMC, 2016.

전택부. 「한국 에큐메니칼 운동사」. 서울: 한국기독교교회협의회, 1979.

클라이버, 마르쿠바르트 저/조경철 역. 「감리교회 신학」. 서울: KMC, 2007.

편찬위원회 편. 「기독교대백과사전」. 서울: 기독교문사, 1985.

한국그리스도인 일치포럼 자료 묶음. 「하나되게 하소서」. 서울: NCCK, 2007.

한국기독교교회협의회 신학연구위원회 편. 「에큐메니칼 신학과 운동」. 서울: NCCK, 1999.

한국기독교교회협의회 70년 역사편찬위원회 편. 「하나되는 교회 그리고 세계」. 서울:
        NCCK, 1994.

한국기독교교회협의회 신앙과직제위원회 편, 이형기·송호일 공역, 「신앙과 직제와 삶과 봉
        사의 합류」. 서울: NCCK, 2009.

한국기독교역사연구소. 「한국기독교의 역사1」. 서울: 기독교문사, 1989.

한국기독교역사연구소. 「한국기독교의 역사2」. 서울: 기독교문사, 1990.

한국기독교역사연구소. 「한국기독교의 역사3」. 서울: 한국기독교역사연구소, 2009.

한국조직신학회 편. 「조직신학 속의 영성」. 서울: 대한기독교서회, 2002.

Marlin Van Elderen/이형기 역. 「세계교회협의회 40년사」. 서울: 한국장로교출판사, 1993.

Thorsen, Don. *Calvin vs Wesley*. Nashiville: Abingdon, 2013.

Ulich Duchrow · Gehard Lidke/손규태 역. 「샬롬」. 서울: 한국신학연구소, 1989.